臺灣歷史與文化 研究輯刊

二十編

第 3 冊

史心與文情
——清代臺灣儒者吳子光的史論、文學觀研究（上）

蘇倉永 著

花木蘭文化事業有限公司

國家圖書館出版品預行編目資料

史心與文情——清代臺灣儒者吳子光的史論、文學觀研究（上）
／蘇倉永 著 -- 初版 -- 新北市：花木蘭文化事業有限公司，
2021〔民110〕
目 4+196 面；19×26 公分
（臺灣歷史與文化研究輯刊二十編；第 3 冊）
ISBN 978-986-518-550-3（精裝）
1.（清）吳子光 2. 學術思想
733.08   110011280

ISBN-978-986-518-550-3

9 789865 185503

臺灣歷史與文化研究輯刊
二十編　第 三 冊   ISBN：978-986-518-550-3

史心與文情
——清代臺灣儒者吳子光的史論、文學觀研究（上）

作　　者　蘇倉永
總 編 輯　杜潔祥
副總編輯　楊嘉樂
編　　輯　許郁翎、張雅淋、潘玟靜　美術編輯　陳逸婷
出　　版　花木蘭文化事業有限公司
發 行 人　高小娟
聯絡地址　235　新北市中和區中安街七二號十三樓
　　　　　電話：02-2923-1455／傳真：02-2923-1452
網　　址　http://www.huamulan.tw 信箱 service@huamulans.com
印　　刷　普羅文化出版廣告事業
初　　版　2021 年 9 月
全書字數　292088 字
定　　價　二十編 14 冊（精裝）台幣 35,000 元

史心與文情
——清代臺灣儒者吳子光的史論、文學觀研究(上)

蘇倉永　著

作者簡介

　　蘇倉永，臺灣雲林人，國立彰化師範大學國文學系碩士、博士，現為雲林國中教師。學術之路，從慕探明代大儒陳白沙的「自然為宗」為肇端（碩論：《陳白沙的哲理詩研究》），隨順因緣而轉轍至清代臺灣儒者吳子光的「以恕論史觀」、「古文觀」研究。著有關於臺灣儒學、文學、教育等多篇論文；文學創作嘗獲彰師文學獎新詩組第三名、雲林社區文化之旅徵文比賽新詩組第一名、紀念蔣渭水徵文活動社會組佳作等，亦曾擔任本土語（臺灣閩南語）輔導員，致力於臺、華語的教學設計與語義對譯。

提　　要

　　吳子光（1819～1883）是清代道光年間移居臺灣的客籍名儒，性耿介而存仁，被喻為「山城文獻初祖」，作品有《一肚皮集》、《小草拾遺》、《三長贅筆》和《經餘雜錄》等，《一肚皮集》為其代表著作。「一生以經史、文章為性命」，在古文觀和「恕道史論」方面獨樹一幟，堪謂是其史心與文情的表徵，亦是他勉思治學的本懷。

　　首先，在「恕道史論」方面。吳子光所理解的「道」源自於對「忠恕違道不遠」（《中庸》）的體悟。在經、史的關係上，他基於「史學經世」的目的，強調「古有史無經」的概念，並在「經世致用」這個層次上，將經史合一，以經為義理源泉，以史為實證應用。而其論史理念的特殊性，則在於以「了解之同情」做為歷史理解的準線，且藉此對傳統的「《春秋》責備賢者說」提出異議。

　　次者，在文學觀方面，吳子光是詩、古文、賦、駢文、書等文藝之能手，但更「深於古文之學」，是故本文以其「古文」為探研主體，從文、道關係和古文創作時應有的修養、心理反應，以及對古文、時文的異同辨析、反思桐城派文論關於創作戒規的合理性，最後以「古文」、「史學」能成一家之言（獨創觀、風格觀）等幾個面向探討。

　　在清代臺灣的儒林中，才學品誼兼善者不多，吳子光以其對學術的熱情和公共知識分子的用世之心，為提升臺灣的社會、文教品質而勉力的同時，也為臺灣儒學留下珍貴的資產。

目

次

圖表目次

圖目次

第一章 緒 論

　　吳子光是清代中晚期著名的客家名儒，但有關他的經史合一主張、史論
和古文觀點等核心的學術關懷，目前尚未引起學界更多注意，也少有學人討
論。本章將從東亞儒學的大視角思考臺灣儒學的發展脈絡，進而聚焦吳子光
的學思與臺灣儒學之關係，及其在社會、移民、學術、文學等課題所展現的
生命樣貌和對臺灣儒學的影響。

第一節　研究動機和目的

　　吳子光是一個值得研究的清代臺灣客家儒者，他不僅學行兼佳，所留存
的著作亦是量鉅質精，以下將從研究動機和目的加以說明研究吳子光學思的
意義，和他在臺灣儒學發展上的重要性。

一、研究動機

　　近十五、十六年來有關臺灣儒學的研究〔註1〕，逐漸引起學者的興趣。再

〔註1〕國立成功大學中國文學系分別於 1997 年、1999 年、2003 年舉行了臺灣儒學
　　　　國際學術研討會，並分別出版了國立成功大學中國文學系主編《第一屆臺灣
　　　　儒學研究國際學術研討會論文集》、廖美玉主編：《第二屆臺灣儒學國際學術
　　　　研討會論文集》、劉述先等著、國立成功大學中國文學系主編《儒學與社會實
　　　　踐：第三屆臺灣儒學研究國際學術研討會論文集》等三本論文集。又 2000 年
　　　　12 月，臺北政府文化局也出版了淡江大學中國文學系主編的《台灣儒學與現
　　　　代生活國際學術研討會論文集》，以上這些臺灣儒學國際學術研討會的舉辦，
　　　　不僅為臺灣學的研究開拓了新場域，也成為研究臺灣儒學的先聲。

者，由臺灣大學歷史學系黃俊傑教授領軍的東亞文明與東亞儒學的研究，自2000 年以來便穩健的發展，至 2006 年臺灣大學人文社會高等研究院成立之後，東亞儒學研究者就在這一個學術交流的平臺上進一步合作，為臺、中、日、韓等的儒學交涉、發展做一整體性的大視域考察。位於東亞儒學圈中的臺灣自然是這個東亞文明研究中心關注的區域之一，其研究成果多編印為東亞文明研究系列叢書，但該東亞文明與東亞儒學的研究關懷多集中在大面向的議題，如儒家經典的詮釋傳統與詮釋方法、儒家思想與政治法制（權力關係）、教育禮法、東亞朱子學和陽明學、思想文化及文學等。而該系列東亞儒學的研究中直接關聯臺灣文化與儒學的論述，則有黃俊傑的《臺灣意識與臺灣文化》[註 2]、《東亞儒家人文精神》第十四講〈儒家人文傳統在現代臺灣：發展與問題〉、《儒學與現代臺灣》[註 3]；陳昭瑛的《臺灣儒學：起源、發展與轉化》、《臺灣與傳統文化（增訂再版）》[註 4] 和《臺灣文學與本土化運動》；潘朝陽的《臺灣儒學的傳統與現代》和《儒家的環境空間思想與實踐》；黃麗生的《邊緣與非漢──儒學及其非主流傳播》[註 5] 及其主編之《邊緣儒學與非漢儒學：東亞儒學的比較視野（17〜20 世紀）》[註 6]、《東亞客家文化圈中的儒學與教育》[註 7]。以上諸書均由國立臺灣大學出版中心出版，但除此

〔註 2〕該書的論述可分為臺灣意識與臺灣文化兩大部分，臺灣意識篇主要是從日治時期臺灣的知識份子的文化認同、政治認同和祖國意識來談臺灣意識的形成。又臺灣文化篇則著墨於儒家思想在戰後臺灣文化中的存在形式、內涵與功能，以及戰後臺灣文化中儒學的保守思想傾向的討論。

〔註 3〕該書主要是討論戰後臺灣思想與文化的發展，及儒家傳統與二十一世紀臺灣的展望，並兼論徐復觀先生對中國文化、古典儒學的新詮釋和定位。

〔註 4〕該書主要透過臺灣與中國傳統文化關係的討論，直探儒家思想如華夷之辨、春秋大義等如何在日治時代成為反殖民運動的憑藉，並呈顯出臺灣儒學的本土性與現代性。

〔註 5〕該書從「核心」與「邊緣」的概念出發，檢視儒學在「邊緣與非漢」的不同傳播環境的脈絡下，由明清迄於當代儒學及其非主流傳播區域，在吸收轉納儒學內涵後表現了怎樣的歧異性或共通性。

〔註 6〕「邊緣儒學」和「非漢儒學」的視角是本書的論述主軸，臺灣屬「邊緣儒學」，而日本、蒙古、琉球、東南亞則為「非漢儒學」，相較於中原儒學，「邊緣儒學」和「非漢儒學」則展現對儒學接受、再詮釋、轉化的多層次面貌。

〔註 7〕該書基本上是從東亞的大區域眼光來察考不同時期、不同地區客家族系與儒家和教育的關聯。諸如書院、科舉、禮制空間、宅第建築、民間興學、儒紳儒學、儒家政府和宗族文化等面向都是細意稽索的範圍。一般而言，贛南、閩西、粵東山區已成為客家認同的「原鄉」，而臺灣以及東南亞各地則為客家民系較為集中的地方，故論者以為以東亞為範圍，客家人生活所在的區域已

一系列東亞文明研究叢書之外，潘朝陽另著有一本《明清臺灣儒學論》專論明清時期臺灣儒學與儒教在臺灣的傳播、進展，以及因朱子儒學從福建普及化臺灣後，已隱然成為臺灣文化主體的構成質地。

　　大體而言，陳昭瑛的《臺灣儒學：起源、發展與轉化》、《臺灣與傳統文化（增訂再版）》、潘朝陽的《臺灣儒學的傳統與現代》和黃麗生的《邊緣與非漢──儒學及其非主流傳播》、《東亞客家文化圈中的儒學與教育》等五書，均是立定在福建朱子學的根柢上來探討臺灣儒學的發展演變，並在許多層面上觸及客家生活圈的儒家文化與客家人的儒學與教育等議題。這之中，引起筆者興趣的是清代臺灣客家名士吳子光的學思及其學術成就，因其在清代臺灣儒學的發展脈絡上有特殊性，甚而在整個所謂「邊緣儒學」的視域中，朱子學對吳子光的影響反而顯得那麼不直接。換言之，清代臺灣儒學在學術傳承上，今人多主張為福建朱子理學的延續，但卻殊少關涉其與當時中國學術思潮的關係，所以在評價吳子光的學術成績時難免失諸片面，而未能充分掌握台灣儒學的面貌。如學者潘朝陽即用朱子學的框架來衡量吳子光：「臺灣地方儒士吳子光雖有臺灣名士之美譽，對於臺灣的真正人文光輝，卻遠不能有所見，陋哉！在這裏看到八股科舉下自甘於帝王術下面被扭曲的朱子學者的悲哀；也看到了清代邊陲臺灣儒學的邊緣性。」〔註8〕筆者以為朱子學容或為清代臺灣儒學的主流，不管是官方儒學、書院、私塾、義學、社學等的教育內容，確實多呈現此朱子理學傳統的傾向，如陳昭瑛便以臺灣儒學發展的歷史進程明言：

> 就臺灣儒學史本身來看，臺灣儒學共經歷了『起源』、『發展』與『轉化』三大階段，臺灣儒學起源於明鄭時期第一座孔廟的建立，其思想繼承南明儒學之經學與經世之學的傳統。清代是臺灣儒學的發展期，經過兩百多年的墾殖，儒學已在臺灣的土壤生根，此期的思想

　　形成了具有客家特色的文化圈。而書中唯一一篇和臺灣有關的論文是邱榮裕的〈從客家宅院檢視儒家文化的傳承與實踐──以梅縣丙村溫家、屏東佳冬蕭宅、新竹新埔劉宅為例〉，文中主要是藉由廣東梅縣丙村溫家仁厚祠圍龍屋、臺灣北部新竹新埔劉宅以及南部的屏東佳冬蕭宅三處宅院，以其「廳堂」建築空間的運用、楹聯文字的施飾等所反映的儒家思想，深入地觀察客家宅院的生活小傳統，如何實踐延續儒家文化的大傳統。參見黃麗生：《東亞客家文化圈中的儒學與教育》（臺北：國立臺灣大學出版中心，2012年11月）

〔註8〕潘朝陽：《臺灣儒學的傳統與現代》（臺北：國立臺灣大學出版中心，2008年9月），頁109。

主流是福建朱子學。〔註9〕

按陳昭瑛之見，鄭氏王朝時期，在臺灣推展的是南明儒學的經學與經世之學的傳統。清領臺灣後，因科舉考試教材、範圍的限定及朱子學被頒立為官方哲學之故，朱子學就成為臺灣儒學的代表。

又潘朝陽也以為有功臺灣儒學草創的陳璸，其〈新建朱文公祠記〉一文表達了朱子儒學從閩地渡海至臺傳播的伊始，「自康熙時期閩學或朱子儒學的儒生、儒吏之來臺始播及敷演儒學儒教之後，臺灣即開始漸以孔孟常道慧命為其文化主體。」〔註10〕。又或如龔鵬程反思臺灣儒學的推展過程，於〈朱子學與臺灣儒學傳統〉一文也認為「朱子與臺灣儒學傳統」連繫甚深，即臺灣儒學的內涵和功能受到朱子學的莫大影響，甚至可以說朱子學是臺灣儒學的主體，龔氏揭示其原因有三：

> 第一大原因，是明清時期朱子學本來就代表了儒學之正宗，所以通過朱子去理解孔孟乃至整個儒學傳統，可說是最自然不過的事。〔註11〕

> 朱子學最盛的第二個原因，是朱子與整個書院教育的關係，本來就無人能及。……乾隆元年上諭：「書院之制，酌倣朱子〈白鹿洞規條〉立之儀節」，講得最為清楚。〔註12〕

> 第三個原因，在於臺灣與福建的淵源。朱子本是閩人，臺灣人對朱子較有感情，也有學脈上的關聯，以致臺灣儒學實質上便是朱子學。乾隆四二年蔣元樞〈重修臺灣府孔子廟學碑記〉……明顯地把臺灣納入福建儒學的源流中。〔註13〕

龔鵬程同陳昭瑛、潘朝陽對臺灣儒學的傳承源流看法一致，不過在此，筆者想表明的是：朱子學果真牢籠了清代臺灣所有的文人士子心志？因為科舉取士之法的限制，必須熟讀《四書》義理，使得讀書人全都縛於朱子學而別無他法了嗎？或許欲對此問題有一初步的答案，只要覽閱《一肚皮集》18卷、

〔註9〕陳昭瑛：〈初版自序・斯人千古不磨心〉，收入氏著：《臺灣儒學：起源、發展與轉化》（臺北：國立臺灣大學出版中心，2008年4月），頁V。

〔註10〕潘朝陽：《明清臺灣儒學論・從閩學到臺灣的傳統文化主體》（臺北：台灣學生書局，2001年10月），頁148。

〔註11〕龔鵬程：《儒學反思錄・朱子學與臺灣儒學傳統》（臺北：臺灣學生書局，2001年9月），頁578。

〔註12〕龔鵬程：《儒學反思錄・朱子學與臺灣儒學傳統》，頁579。

〔註13〕龔鵬程：《儒學反思錄・朱子學與臺灣儒學傳統》，頁580。

《三長贅筆》16 卷、《經餘雜錄》12 卷和《小草拾遺》、《芸閣山人集》等吳子光的著作，就會發現其學思歷程有同於同時代儒者的地方，但更有異於他者且保有個人獨特思維之處。衡諸清代學術實情，其治學取向是多元的，就儒學學統而言，也不專主四書，而見經學的復興；就學術方向而言，也有經史兼顧，經世致用的傳統。而這些取向也反映在吳子光的博通之學，他不專主於儒家，而旁涉諸子，兼及二氏之學，就其出入百家而言，不得不謂之博，但也不能稱之為雜，因吳子光仍能謹守儒學精神，而這一取向，又非朱子學所能全部籠罩。筆者本文所關心著意的亦在此一特異處，遂而對一般台灣儒學是福建朱子學的基本看法產生了疑惑，這也是吳子光之學思值得重視、探究的根由。

吳子光著作甚豐，若按傳統四庫的知識分類，其所涉及的領域橫跨了經、史、子、集四部，因此要判定吳子光的學思行誼，不能僅從臺灣儒學為朱子學支裔這個小傳統來看，更要由清學發展遞衍的大格局來檢視儒者如何與其互動融攝，而檢證這個互動融攝成果的方法，就在於考察吳子光的著作說了什麼？即在清學的脈絡下，吳子光的思想與之相較呈現怎樣的同異、傳承和新變之處。

首先，觀察、分析、歸納、比對其各部著作所敘述的內容有共同的交集嗎？吳子光是否運用考據學方法治學，而不是走程朱理學一系？故鄉的地理環境、學風是否影響其治學態度、方向，啟蒙其思想？

次者，道光壬寅 22 年（1842），吳子光第三次渡臺後便正式移居臺灣〔註14〕，而那時也是清帝國即將面臨天翻地覆巨變的開始，同樣地，臺灣也因優越的戰略地理位置和豐富資源而受西人覬覦，對於當時西方勢力入侵（鴉片戰爭、英法聯軍之役）或域外知識（對耶教、傳教士的觀察）的傳播流入，吳子光是以怎樣的態度因應呢？

其三、《臺灣紀事》一書選錄了所有他著作中有關臺灣的地理山川、事件、礦產資源、文化風俗、漢番生活、治理臺地策略等文章，這似乎意味一種儒學生活化、在地化的過程，即《臺灣紀事》代表怎樣的儒學在地化，此等具有經世精神的在地儒學和晚清學術思潮有潛在的關聯嗎？實學、西學、方志、異族旁觀、漢族中心等概念於《臺灣紀事》中均有一定程度的顯現，尤其是

〔註14〕吳子光首次來臺是道光丁酉 17 年（1837），與彰化縣三角仔富戶呂世芳一見如故，結為知交；第二次來臺則是道光己亥 19 年（1839）。

吳子光對當時在原住民區域傳教的基督教（天主教）是否有接觸？怎樣評論西方宗教，是用儒學立場回應西方宗教嗎？又以怎樣的眼光來看待原住民（平埔族），其體驗是什麼？有何特殊觀點是不同於早期陳第、六十七等對原住民的形象認知呢？就此而言，吳子光對清代臺灣儒學的貢獻是什麼？有何突破之處？為何現今知名的臺灣儒學研究者大多遺忘、忽略其在臺灣儒學上的價值或貢獻？

其四、筆者意欲揭櫫吳子光的學術重心在於史學與文學，這一部分是當今有關吳子光的研究中所欠缺的，但卻是其學術思想中最菁華的內蘊且值得細思探究的，只要交叉參據其著作便能很快感受到他「一生以經史為性命」〔註15〕、「余生平以文章視性命，不以存歿視性命。」〔註16〕的學術執定，可知文史之學順理成章地成為他生命中最至關重要的一切，也是超越性命存歿的支持力量。故由史學、經學到文學，以史學開經學，自史學導文學，階層清楚而相互表裡，吳子光的學思關懷核心就此清晰可辨。

二、研究目的

為了深一層釐清吳子光那幾部質量均優的著作，為臺灣儒學的進展提供了怎樣的特殊貢獻，筆者將以吳子光一生念茲在茲的學術關懷：「一生以經、史、文章為性命，而不以存歿視性命。」為論述軸心，試圖勾勒出其在臺灣儒學、文學史上的新形象，或者說只是還其本來面目罷了。因不論是陳昭瑛、黃麗生或潘朝陽在其臺灣儒學相關的專著論述中〔註17〕，所呈現的是一個臺灣儒學大體的態勢，但在這個態勢裡吳子光的學思特立處卻被平板化、誤解或忽略。

〔註15〕〈寄張子訓同年書〉，王國璠執行編輯：《吳子光全書（下）·一肚皮集》（台北：中華民國臺灣史蹟中心印行，1979 年 6 月），卷 3，頁 139。《吳子光全書》是本論文引文的主要依據，但並無頁碼，頁碼為筆者自標。有時又為了比較版本內容差異，或讓讀者能查閱較普及的龍文版《一肚皮集》，筆者會將相對重要的篇章另加註龍文版的頁碼以為輔助、對照之用。〔清〕吳子光：《一肚皮集（一）·寄張子訓同年書》（臺北縣：龍文出版社，2001 年 6 月），卷 3，頁 137。

〔註16〕王國璠執行編輯：《吳子光全書（下）·一肚皮集·答客問》，頁 90～91。

〔註17〕如陳昭瑛：《臺灣儒學的當代課題：本土性與現代性》（2001 年）、《臺灣儒學：起源、發展與轉化》（2008 年）、《臺灣文學與本土化運動》（2009 年）；黃麗生：《邊緣與非漢──儒學及其非主流傳播》（2010）、潘朝陽：《明清臺灣儒學論》（2001 年）、《臺灣儒學的傳統與現代》（2008 年）

　　事實上，若把吳子光在史學、經學、文學的造詣一一予以聚焦凸顯，那麼就能看到他和當時其他儒者一些差異性的東西，而這差異性恰恰豐富了台灣儒學的內涵，基於如此理解，筆者擬從史學、文學的角度建構他所體會的儒道，這包括了下列幾個面向的探索：

　　一、吳子光在台灣儒學史上的地位：主要是從清代史學、經學、思想等視角探研。

　　二、吳子光在台灣文學史上的意義：這是著眼於其在古典文學、客家文學的價值。

　　三、吳子光在台灣漢及非漢文化交流上的特殊性：吳子光和平埔族（巴宰族 Pazeh）、（同治 10 年，1871）基督教甘為霖牧師有實際互動的經驗。

　　四、吳子光在台灣教育、文化上的貢獻：吳子光所坐館區域形成了中部教育文化圈，傑出弟子輩出。

關於上述四個層面的討論，其堂姪吳師廉曾讚云：「胸中有數千卷書，又得一枝史筆以達之妥帖排篹，自成一家風骨，視彼尋行數墨者，甚囂且塵上矣。」〔註18〕，因「胸中有數千卷書」而博學深邃，又得史筆慧識而能條理分明自成一家之言。所謂的「自成一家風骨」而不同流俗，指的正是吳子光在上述幾個層面的特殊言思和經驗的表現。

　　因之，本文研究目的旨在重新估量吳子光的學思關懷核心為何，以及他在清代臺灣儒學上的位置及影響，揆諸目前對吳子光的研究，大致不離文學、社會學、經學、教育和文化等議題，而所根據的主要材料是《一肚皮集》，少部分是《經餘雜錄》，至於《小草拾遺》、《三長贅筆》則甚少談及。然而，值得特別注意的是吳子光自期「一生以經史為性命」、「余生平以文章視性命，不以存歿視性命。」，顯然他的史學著作《三長贅筆》和綜合經學、文學的著作《一肚皮集》、《經餘雜錄》是了解其學思根本旨趣的資藉。且由其論史的見地、興趣撰作方志〔註19〕和觀察田野風俗等所展現的治學方法，著實讓人

〔註18〕〈起成公家規暨祀典序〉，王國璠執行編輯：《吳子光全書（下）·一肚皮集》，卷18，頁1226。

〔註19〕〈淡水廳修志試筆序〉：「此數十篇皆修志後所擬者，初陳司馬培桂之設志局也，事在同治戊辰（同治7年，1868）間，業關聘有專責矣。適臺帥薦其幕客某至，……限六閱月成書，能事逼促，非特無此才，亦無此精力。幸舊稿

聯想到浙東史學派章學誠，兩人的學術關懷實存有若干暗合的相似性。此外，
「孰謂世事無皂白哉？故必有賢高曾乃有佳子弟，天理即在人情中，決然無
可疑者。」〔註20〕、「流行於天地間者道也。權其輕重大小之數，而無失之過
不及者則為中庸之道。凡有意為畸行以矯激成名，出乎情理之外者，即非中
庸。」〔註21〕等強調情理得乎中的看法，似與戴震「以我之情絜人之情，而
無不得其平。」〔註22〕的絜情得理之恕道觀相類。簡言之，史學為吳子光的
學思源頭〔註23〕，開枝散葉為經學、文學詮釋的諸多撰作，因此，惟有溯源
其史識內涵和特質，且一併討論其與清中葉學術思潮是否存在關聯，方能把
握吳子光曲折學思的真面目。

第二節　前人研究成果

目前吳子光研究可概分為「以吳子光為研究主題」和「專書或博碩士論文
中部分以吳子光為研究主軸或略有涉及的篇章」兩大類。這之中，以吳子光為
研究主題所開展出來的成果，主要可分成兩個部分，一是期刊或研討會論文共
有 20 篇，二是學位論文共有四本碩士論文。而專書或博碩士論文中部分以吳
子光為研究主軸或略有涉及的篇章共有一本專書，二本博論及一本碩論。

具存，某客無恙，姑以傭書之役歸之，則山人可擱筆以去矣。……山人拂袖
後技癢不已，故擬定者若干篇，私志與私史不同。私史大干例禁，私志則否，
此後，苟有長史可與語史學者，當抱此冊出為印證，任海內外具千手眼人辨
之。」王國璠執行編輯：《吳子光全書（下）‧芸閣山人集》，頁 965～967。

〔註20〕〈起成公家規暨祀典序〉，王國璠執行編輯：《吳子光全書（下）‧一肚皮集》，
卷 18，頁 1225。

〔註21〕〈史論一〉，王國璠執行編輯：《吳子光全書（下）‧經餘雜錄》，卷 9，「論辨
類」，頁 557。

〔註22〕「理也者，情之不爽失也；未有情不得而理得者也。凡有所施於人，反躬而
靜思之：『人以此施於我，能受之乎？』凡有所責於人，反躬而靜思之：『人
以此責於我，能盡之乎？』以我絜之人，則理明。天理云者，言乎自然之分
理也；自然之分理，以我之情絜人之情，而無不得其平是也。……反躬者，
以人之逞其欲，思身受之之情也。情得其平，是為好惡之節，是為依乎天理。」
〔清〕戴震撰，張岱年主編：《戴震全書（六）‧孟子字義疏證》（合肥市：黃
山書社，1995 年 10 月），卷上，頁 152。

〔註23〕吳子光揭言：「古有史無經」，認為史學的獨立地位「自王儉《七志》，阮孝緒
《七錄》始」詳見〈經學〉條，「辭林典實類」，王國璠執行編輯：《吳子光全
書（上）‧經餘雜錄》（台北：中華民國臺灣史蹟中心印行，1979 年 6 月），
卷 6，頁 361～362。

一、以吳子光為研究主題的期刊或會議論文

（一）期刊類論文

1. 陳炎正：〈吳子光先生年譜〉，《臺灣風物》29 卷 2 期，1979 年 6 月。
2. 林敏勝：〈吳子光與一肚皮集〉，《中興史學》3 期，1997 年 5 月。
3. 鄭喜夫：〈吳芸閣先生年譜初稿（一）〉，《臺灣風物》31 卷 1～3 期，1981 年 3 月。
4. 鄭喜夫：〈吳芸閣先生年譜初稿（二）〉，《臺灣風物》31 卷 2 期，1981 年 6 月。
5. 鄭喜夫：〈吳芸閣先生年譜初稿（三）〉，《臺灣風物》31 卷 3 期，1981 年 9 月。
6. 鄭喜夫：〈吳芸閣先生年譜初稿（四）〉，《臺灣風物》32 卷 1 期，1982 年 3 月。
7. 鄭喜夫：〈吳芸閣先生年譜初稿（五）〉，《臺灣風物》32 卷 2 期，1982 年 6 月。
8. 張永堂：〈一肚皮不合時宜的吳子光先生〉，《臺北文獻》63、64 兩期合刊，1983 年 6 月。
9. 陳運棟：〈山城文獻初祖──芸閣山人吳子光舉人〉，《苗栗文獻》1 卷 15 期，2001 年 3 月。
10. 田啟文：〈吳子光古文理論分析〉，《臺灣文學評論》4 卷 1 期，2004 年 1 月。
11. 黃麗生：〈臺灣客家儒紳海洋意識的轉變：從吳子光到丘逢甲〉，《海洋文化學刊》2 期，2006 年 12 月。
12. 王幼華：〈吳子光〈雙峰草堂記〉連作創作技巧論析〉，《興大人文學報》第 39 期，2007 年 9 月。

（二）研討會類論文

1. 顧敏耀：〈鐵梅道人吳子光古典散文探析：以《臺灣記事》為例〉，《「第四屆客家文學研討會」論文》，苗栗：國立聯合大學出版，2004 年。
2. 顧敏耀：〈臺灣清領時期學術發展管窺：以吳子光《經餘雜錄・書後題跋類》為探討對象〉，《第一屆「苗栗學──啟蒙、紮根、開創」研討會論文集》，苗栗：國立聯合大學出版，2005 年。

3. 陳炎正：〈一代鴻儒——吳子光〉，《第一屆「苗栗學——啟蒙、紮根、開創」研討會論文集》，苗栗：國立聯合大學出版，2005 年。

4. 王幼華：〈從流動到地著－吳子光的移民歷程與原住民記述〉，《第五屆「臺灣客家文學、人文社會學術研討會」論文》，苗栗：國立聯合大學出版，2005 年 11 月。

5. 黃麗生：〈晚清臺灣基層儒士保守思想的根源：以吳子光為例〉，《儒學、當代儒學與當代世界研討會論文》，武漢：武漢大學哲學學院，2005 年 9 月。

6. 楊淑華：〈吳子光傳類古文探析〉，《臺灣古典散文學術論文集》，臺北：里仁書局，2011 年 11 月。

7. 涂茂奇：〈吳子光《春秋》學初探〉，「臺灣經學的萌發與轉型——從明鄭到日治時期」第二次學術研討會，臺北：中央研究院中國文哲研究所，2014 年 11 月。

二、以吳子光為研究主題的學位論文

1. 葉靜謙：《吳子光與《一肚皮集》中的臺灣風土探析》，臺中：逢甲大學中國文學所碩士論文，2009 年 6 月

2. 呂欣芸：《清代臺灣客家文人的人際網絡——以吳子光為中心》，中壢：國立中央大學客家社會文化研究所碩士論文，2013 年 1 月

3. 宋子江：《吳子光《一肚皮集》中的「記」體古文創作論析》，高雄：高雄師範大學客家文化研究所碩士論文，2014 年 1 月

4. 廖威茗：《吳子光《春秋》學研究》，臺北：國立臺北大學古典文獻與民俗藝術研究所碩士論文，2015 年 7 月

三、專書研究或專書、博碩士論文中略有涉及的篇章

1. 施懿琳、許俊雅、楊翠：《臺中縣文學發展史》，豐原：臺中縣立文化中心，1996 年 6 月。

2. 陳珮羚：《清代臺灣中部「筱雲山莊」呂家的發展》，臺中：私立東海大學歷史學系碩士論文，2003 年 6 月。

3. 林淑慧：《臺灣清治時期散文發展與文化變遷》，臺北：國立臺灣師範大學中國文學系研究所博士論文，2005 年 7 月。

4. 王幼華、莫瑜：《重修苗栗縣志》，苗栗：苗栗縣政府，2005 年 12 月。

5. 劉登翰、莊明萱主編：《臺灣文學史》，北京：現代教育出版社，2007 年 9 月。

6. 王幼華：《考辨與詮說－清代臺灣論述》，臺北：文津出版社，2008 年 8 月。

7. 顧敏耀：《台灣古典文學系譜的多元考掘與脈絡重構》，中壢：中央大學中文研究所博士論文，2010 年 1 月。

8. 葉石濤：《臺灣文學史綱》，高雄：春暉出版社，2010 年 10 月。

9. 顧敏耀選注：《吳子光集》，臺南：國立臺灣文學館，2013 年 11 月。

四、研究成果評述

　　從以上期刊論文、研討會單篇論文，或者專書、碩論所關注的焦點看來，主要集中於歷史、社會、文學三個層面的研究。設若依西方文、史、哲學科的分門，傳統學術中的經、史、子、集四大類，史學對應史部，哲學對應子部，文學對應集部。這顯見對於吳子光學思的研究，已橫跨現代學術的三大學門且之中互有緊密聯繫。

　　在歷史層面部分，首先，陳炎正、鄭喜夫兩先生均在吳子光的一生行誼、著作、事蹟、交遊等細節下工夫。陳炎正〈一代鴻儒──吳子光〉簡述了做為清代臺灣大儒的吳子光的生命歷程、著作、交遊等〔註 24〕。另陳炎正〈吳子光先生年譜〉則是第一篇研究吳子光生平的概要式年譜，篇中架構了吳子光家族的世系圖是一大特色，令人一目了然，尤其在史料蒐集上的用心，實奠定吳子光研究的基礎。之後，鄭喜夫所做的年譜可謂後出轉精，按時間先後分階段發表了〈吳芸閣先生年譜初稿〉共（一）、（二）、（三）、（四）、（五）五篇文章，較陳著年譜在資料上更加詳實豐富，給了研究者極大的方便。

　　其二，張永堂〈一肚皮不合時宜的吳子光先生〉一文從家世（尤其是貧困的環境）對吳子光的影響談起，接著提出「科舉是他一生中重要的關懷」、「一生與貧窮結不解之緣」、「以學術為畢生終極關懷」、「一肚皮不合時宜

〔註 24〕陳炎正認為「吳子光終其畢生從事地方教育，誨人不倦，士望翕然，……對於政治立論卓見，頗受當道所期許，尤以關心文獻。……綜觀之，吳子光為人狷介成性，惟學行兼佳，足稱一代醇儒。」，〈一代鴻儒──吳子光〉，《第一屆「苗栗學－啟蒙、紮根、開創」研討會論文集》（苗栗：國立聯合大學出版，2005 年），頁 34。

四點做為能深刻認識吳子光性格、懷抱和學術的切入點〔註 25〕，此文有助研究者初步理解吳子光在學思、言行等方面的「一肚皮不合時宜」。

其三、陳運棟〈山城文獻初祖──芸閣山人吳子光舉人〉應屬介紹山城文人儒士吳子光的一篇小傳，並因其留有最多的著作，故將之定位為有清一代臺灣中部的「山城文獻初祖」〔註 26〕，高度讚揚了吳子光的學術貢獻。

其四、林敏勝〈吳子光與一肚皮集〉一文研究重點為《一肚皮集》的撰寫動機、體例及價值，作者認為《一肚皮集》撰著的時間，多集中於吳子光晚年時期，想必反照了其一生屢遭挫逆、生死蹇迫的心靈圖景。該文於《一肚皮集》的內容和特點研究上，凸顯了吳子光學思創作的豐富多元，進而揭示了其在史料、思想上的意義〔註 27〕，這與黃麗生、潘朝陽兩學者對吳子光的評述實大異其趣。

在社會層次部分，有兩篇碩論涉及吳子光。呂欣芸《清代臺灣客家文人的人際網絡──以吳子光為中心》是一篇專論，以吳子光的人際網絡為中心，從社會互動史和吳氏家族田野調查的結果，展開科舉社群、文化教育的關聯議題研究，認為「吳子光所形成的人際網絡，幾乎與他一樣都是『科舉社羣』中的一分子。其成員幾乎都是『科舉社羣』的網絡對於臺灣的影響有：一、人才的培育；二、提升臺灣中部地區文風；三、文學作品的保存與刊行；四、主網絡的擴張，次網絡的形成。這個人際網絡又如同圓圈一樣的循環，相互回饋，這樣的人際網絡對臺灣影響深遠，其網絡特色鮮明而且獨特，堪稱臺灣中部第一與臺灣客家第一。」〔註 28〕，由於此文是從法國社會學家皮耶・布赫狄厄（Pierre Bourdieu）所提出的「文化資本（cultural capital）」概念做為立論依據，因而在臺灣儒學思想及吳子光的著作本身便缺乏深層的梳理。

〔註 25〕張永堂：〈一肚皮不合時宜的吳子光先生〉,《臺北文獻》63、64 兩期合刊（1983年 6 月），頁 63～69。

〔註 26〕陳運棟：〈山城文獻初祖－芸閣山人吳子光舉人〉,《苗栗文獻》1 卷 15 期（2001年 3 月），頁 82。

〔註 27〕林敏勝：〈吳子光與一肚皮集〉,《中興史學》第 3 期（1997 年 5 月），頁 24～40。

〔註 28〕呂欣芸：《清代臺灣客家文人的人際網絡──以吳子光為中心》（中壢市：國立中央大學客家社會文化研究所碩士論文，2013 年 1 月），頁 106。此處引文的內容在文字敘述及斷句上不甚順暢，如「其成員幾乎都是『科舉社羣』的網絡對於臺灣的影響有」，可改為「而此『科舉社羣』網絡對內外的交流和運作，對臺灣儒學教育傳播產生的影響有……。」語意上會較通順明白。

此外，陳珮羚《清代臺灣中部「筱雲山莊」呂家的發展》則是一篇兼及吳子光的碩論，雖曰兼論，但聚焦明確，且運用了有關呂家早期發跡時的私家史料，實有助於研究者了解、想像吳子光所參與呂氏家族發展的那段歷史。作者從家族史、神明會「中和季」的社會教化功能和「文英社」的教育文化功能等，來進行對臺灣中部「筱雲山莊」呂家發展的分層檢梳。清代「筱雲山莊」呂家的發展轉型，吳子光居中扮演了重要角色，因透過吳子光的教導，呂氏三兄弟（呂汝玉、汝修、汝誠）參與科舉考試並取得秀才、舉人等功名，順利將呂家從士紳型的地區領導者轉型為文教型的社會領導階層，且由於呂氏兄弟和吳子光情感甚篤，尤是呂汝玉、呂汝修尊吳子光為父師，故而在「筱雲山莊」呂家的轉型過程裡看到了「親、師」傳統文化教育的影響，也從另一側面呈顯了吳子光對中部地方教育文化的貢獻，這是該文可資借鏡之處。

王幼華〈從流動到地著——吳子光的移民歷程與原住民記述〉〔註29〕一文則從吳子光的移民歷程和其作品述及原住民的部分做為論述中心，如以文體分，散文類有〈紀番社風俗〉、〈番族〉，駢文類有〈募建貓裡街文祠疏〉，而其所謂的流動到地著，他「在〈河海不擇細流故能就其深——臺灣文學史撰述商榷〉一文將臺灣作家分為『流動』、『移入』、『固著』等三類。現將『固著』改為『地著』，似較恰當。所謂『流動』即郁永河、孫元衡、藍鼎元、黃叔璥、范咸等人，所佔人數最多。『移入』指的是如：沈光文、吳子光、查少白等為移民來臺之後，即定居於此，成為本島人。『地著』如：陳肇興、施瓊芳、林占梅、施士洁、許南英、丘逢甲則為移民臺灣數代後出生的『臺灣人』。」〔註30〕，吳子光和原住民的互動記述確實載錄在其著作且為數不少，該文由移民心理與漢番文化歧異的角度，來側看吳子光由他鄉到故鄉的在地化過程，對擴大吳子光文學研究有拓展之功。

在文學層次部分，其一、顧敏耀《吳子光集》是一本吳子光作品選注的專書，主要是為了對一般人推廣臺灣古典文學的閱讀而成書，該書以散文為主體、詩歌少部份，在困難字詞的註釋方面相當詳細，確實有益普羅大眾研讀。

其二、葉靜謙《吳子光與《一肚皮集》中的臺灣風土探析》和宋子江《吳

〔註29〕〈從流動到地著－吳子光的移民歷程與原住民記述〉，收入氏著《考辨與詮說——清代臺灣論述》（臺北：文津出版社，2008 年 8 月），頁 40～64。

〔註30〕王幼華：《清代臺灣漢語文獻原住民記述研究》（臺中：國立中興大學中國文學系博士論文，2005 年 6 月），頁 159。

子光《一肚皮集》中的「記」體古文創作論析》均為碩士論文，但在研究取向上有同有異，葉靜謙所關注的是《一肚皮集》中所呈現的臺灣自然風貌和人文風土，宋子江則專意分析《一肚皮集》中的「記」體古文；同的是對風物民情皆有所記述，異的是宋子江對「記」體古文表現手法的運用，如文章型態、修辭技巧再加以論析，但整體而言，論述深廣度略有不足。相對地，《吳子光與《一肚皮集》中的臺灣風土探析》的論述範圍，不論是吳子光的生平、師承及交遊、著作體例和版本、臺灣自然和人文風土與古文書寫觀點等材料歸納使用或議題設定都較全面。另外，楊淑華〈吳子光傳類古文探析〉則選擇了《一肚皮集》中卷 4、卷 5 傳類的文章探討其古文的書寫特色和價值，以及紀傳體書寫的傳統形式如何類化在吳子光的傳類古文裡。〔註 31〕

其三、田啟文〔註 32〕〈吳子光古文理論分析〉一文針對「一、古文創作的基本條件；二、各體古文的語言風格及習作對象；三、古文的戒律。」三個問題展開對吳子光古文理論分析，作者認為「子光對於方苞理念的反駁，展現了革新的精神以及挑戰權威的勇氣。因為子光所處的時代，正是桐城古文雄霸文壇的時候，此時敢於批判方苞的文論，無疑是針對桐城古文所做的反動，其理論的提出確實新人耳目。」〔註 33〕，雖然本文以傳統文論分析而未

〔註 31〕楊淑華指出吳子光的傳類古文「具有撰志未果，補述私志之發憤動機，因而勇於擴大定界、創新體製。……因此，吳子光在『傳』體古文創作上實踐的成果，相當具有增補臺灣清代地方人物之史傳價值，提供後繼史志重要的文獻，同時，就其個人古文理論之建構而言，也獲得了將理論自然呈現、可檢證一致的實例。」〈吳子光傳類古文探析〉，《臺灣古典散文學術論文集》（臺北：里仁書局，2011 年 11 月），頁 117。

〔註 32〕廖振富評田啟文《台灣古典散文研究》一書「是目前少見的台灣古典散文研究專著，有開創之功。全書涵蓋論文 9 篇，除導論之外，只有〈清治時期台灣遊宦散文的特色及其影響〉1 篇屬於通論，其他各篇性質皆屬作家論，包括鄭用錫、鄭用鑑、吳子光、吳德功、洪棄生（兩篇）、駱香林等人。細看全書具體研究路徑，大抵採用中國傳統文學之常見研究模式，包括鄭用錫〈勸和論〉單一文本的分析、鄭用鑑文品與人品的綜合論述、吳子光的古文理論、吳德功感物言志手法的呈現、洪棄生〈崇正學論〉的儒學觀、洪棄生山水遊記的藝術表現、駱香林隨筆散文的特徵與意義等。作者鑽研台灣古典散文之用心可佩，筆路藍縷，草創不易，唯研究方法與論述觀點，似乎可以在『求新求變』上持續多下工夫。」見廖振富：〈創作與研究綜述・台灣古典文學研究概述〉，《2006 台灣文學年鑑》，頁 107。

〔註 33〕田啟文：〈吳子光古文理論分析〉，《臺灣文學評論》4 卷 1 期（2004 年 1 月），頁 126。本文另收入氏著《台灣古典散文研究》（台北：五南圖書出版社，2006年 4 月），本書為台灣古典散文研究專著。

求新求變，但在建立吳子光古文創作理念的模框上有開創之功。

其四、王幼華〈吳子光〈雙峰草堂記〉連作創作技巧論析〉〔註34〕一文聚焦於以雙峰草堂為中心主題的十一篇連作作品，並由此分析文章的內涵、創作技巧和兼及《一肚皮集》的版本問題，作者以為「〈雙峰草堂記〉連作的主旨大約可分為幾點：其一是他在雙峰山下建築了居住之所，此處為終老之所，屋舍雖簡陋，然與古之聖賢所居相似。其二居於此地即為真隱之人了，斷了對功名富貴的念頭。其三雙峰山將因我的來居而流傳後世，此處將為後人所欣賞。其四我的特立獨行的行誼，如此多的著述，如同歷史上吳姓才人一般，將可同為不朽。……以上這四個主要的文章脈絡，也可以歸納為一個主要的意念，那便是『相士以居』、『以居相士』的主軸。」〔註35〕，該文掌握住吳子光「以待時用」但「不遇伯樂」的複雜情緒，再藉由文章的結構、修辭運用凸顯暗藏在文字背後的理想抱負、心志意趣等人生的體驗，提供了研究者從不同的側面來認識吳子光的生活世界，是一篇值得參考的研究資料。

其五、顧敏耀〈鐵梅道人吳子光古典散文探析：以《臺灣記事》為例〉一文以《台灣紀事》篇章為著眼處，從擅常記事的生花妙筆和以瑰句奇文摹繪建築物的角度入手，歸納了吳子光的散文作品特色有「一、極具有保存文獻史料的價值。二、提倡獨立自主的精神。三、兼容並蓄的創作風格。四、寫景則歷歷在目，敘事則活潑生動。五、蘊含深厚的感情。」〔註36〕，以年輕一代學者而言，顧敏耀投入吳子光研究算早，也累積了經學、文學方面三篇的研討會或期刊論文，和一本吳子光著作的選注專書《吳子光集》。顧敏耀文中舉早年學者黃得時對《一肚皮集》的評論：「台地の風物制度を詠じたものが多く，磊落の心胸は自ら筆端に流霑してゐる」〔註37〕，意思是：「歌詠台灣風物、制度的頗多，心胸的磊落，可以在字句間看得出來」〔註38〕，顯見吳子光散文風格和人格特質在二戰末期已受到研究臺灣文學者的肯定，雖然連

〔註34〕〈吳子光雙峰草堂連作創作技巧論析〉，乃收入氏著《考辨與詮說──清代臺灣論述》，頁 65－107。

〔註35〕王幼華：〈吳子光〈雙峰草堂記〉連作創作技巧論析〉，《興大人文學報》第 39 期（2007 年 9 月），頁 197。

〔註36〕顧敏耀：《台灣古典文學系譜的多元考掘與脈絡重構》（中壢市：國立中央大學中國文學系博士論文，2010 年 1 月），頁 174。

〔註37〕黃得時：〈台灣文學史序說〉，《台灣文學》第 3 卷 3 期（1943 年 7 月），頁 10。

〔註38〕葉石濤：《台灣文學史綱》（高雄：春暉出版社，2010 年 10 月），頁 11。

橫批評：「其文駁雜，反不若考據之佳」〔註39〕，不過就顧敏耀的觀察，吳子光文章有駁雜之病是事實，但「這跟他好作考據有關，他不止常常引用經籍文章作為開頭，還會在行文之間就暢發議論考據（甚至考證頗有牽強錯謬之處），而讓人稍嫌其『駁雜』或是『枝蔓』；但是吳氏在經籍考據方面的知識背景，卻也讓他的作品能夠不流於泛泛之論，而能熔議論於敘事寫景之間，並且表現歷史的縱深。」〔註40〕，誠如顧敏耀所言，吳子光的散文不僅在史料保存極具價值，且其創作技巧佳、情感飽滿，實能自成一家代表了清季臺灣古文創作的里程碑。

其六、林淑慧《臺灣清治時期散文發展與文化變遷》〔註41〕為博論，作者觀察到文學與文化之間有密切關聯，所以試圖將臺灣散文發展與文化變遷作一互文性的分析。本文涉及吳子光的地方是「第五章、清治後期散文的議論時事書寫」的「第二節、清治後期文人對時事的評論」，這含括了「有關台灣時事的批評」和「有關文風教化的評論」，所使用的文獻材料是《臺灣紀事》，林淑慧認為吳子光有修史之志，能傾聽民意，具有人道關懷，但在面對漢、番衝突時又流露漢族中心本位思想。「清治前期散文的旅遊巡視書寫」、「清治中期散文的社會教化書寫」及「清治後期散文的議論時事書寫」是該論文的主要架構，作者把吳子光列入「清治後期散文的議論時事書寫」的兩個代表人物之一（公共型知識分子），意謂在清治後期散文書寫的主潮中，肯定吳子光的議論時事書寫立下鮮明標幟也獨具特色，因為取材囿於《臺灣紀事》之故，未能將《三長贅筆》、《經餘雜錄》中的史論、論辨文納入。因此，無法能更清晰地引現議論時事背後潛藏的歷史意識及其作用，這一部分正是吳子光的思想核心，也是筆者所欲加以著墨之處。

另外，葉石濤《臺灣文學史綱》稱其「戴潮春之變時流寓台灣，其詩文集《一肚皮集》，歌詠台灣風物、制度的頗多，心胸的磊落，可以在字句間看得出來。吳子光為丘逢甲之師。」〔註42〕，是對吳子光人格、文學品調的譽

〔註39〕〔日〕連橫撰，臺灣銀行經濟研究室編輯：《臺灣通史‧流寓列傳》（臺北：臺灣銀行經濟研究室，1962 年 2 月），臺灣文獻叢刊第 128 種，卷 34，列傳 6，頁 983。

〔註40〕顧敏耀：《台灣古典文學系譜的多元考掘與脈絡重構》，頁 175。

〔註41〕林淑慧《臺灣清治時期散文發展與文化變遷》此博論經修改後，更名為《台灣清治時期散文的文化軌跡》後於 2007 年 11 月由台灣學生書局出版。

〔註42〕葉石濤：《臺灣文學史綱》（高雄市：春暉出版社，2010 年 10 月），頁 11。

賞。不過，早在道光 22 年時，吳子光已流寓台灣，並非在戴潮春之變時。這部分或許因葉石濤前輩未及見吳子光生平相關文獻所致。而劉登翰、莊明萱主編《臺灣文學史‧第二編近代史》，對吳子光的評價偏頗且敘述錯謬：「呂汝修、呂汝玉出其門下。著有《一肚皮集》十八卷、《三長贅筆》十三卷、《經餘雜錄》十二卷及詩集《小草拾遺》一卷。遺著以筆記《一肚皮集》和《經餘雜錄》最有名。……其詩專學晚唐，多平泛之作。」〔註43〕，如《三長贅筆》是十六卷非十三卷，詩有晚唐風格為真，但是否多為平泛之作，需進一步研析。施懿琳、許俊雅、楊翠《臺中縣文學發展史》〔註44〕和王幼華、莫瑜《重修苗栗縣志》〔註45〕等書，或略述及其詩文地位，或列專文來討論吳子光的文學才華、創作、體裁、著作和在臺灣散文史上的重要性。

　　除了以上歷史、社會、文學三個層次的研究外，其實還包括了學術總論、經學和儒學思想（主要是朱子學、書院教育）。

　　第一、就學術總論、經學的研究言，顧敏耀以〈臺灣清領時期經學發展考察〉和〈臺灣清領時期學術發展管窺：以吳子光《經餘雜錄‧書後題跋類》為探討對象〉兩篇專文繳出不錯的成績。顧敏耀道：「清領時期的台灣對於經學研究而言並非十分適合生根茁壯的環境。首先，如同袁枚對黃允修所說：『考據之功，非書不可。子貧士也，勢不能購盡天下之書。』（〈再答黃生〉），對於經書之研究與考據而言，確實需要有大量藏書作為後盾。……清領後期則出現了一些重要的民間藏書家，最具代表性的是位於神岡三角仔（今台中市神岡區三角里）的筱雲山莊，該地也培養出一位重要的經學研究學者吳子光。」〔註46〕，從吳子光所留存的大部頭鉅著和同時期的其他儒士相較，其作品的量與質都超越一般，評論內容更廣涉經、史、子、集四部（如《經餘雜

〔註43〕編者把吳子光的文學著作屬性歸列書中「筆記文學與楹聯藝術」一節（第二章、咸豐至光緒初年的文學創作），這樣的認定實有很大討論空間。劉登翰、莊明萱主編：《臺灣文學史‧第二編近代史》（北京市：現代教育出版社，2007年9月），頁236。

〔註44〕這是一本地區文學發展史，書中專文介紹吳子光和以他為中心的弟子、文人，在交流與教育活動下，形成了一個文風鼎盛的中部文化圈。施懿琳、許俊雅、楊翠：《臺中縣文學發展史》（豐原：臺中縣立文化中心，1995年6月），頁49～62。

〔註45〕王幼華、莫瑜：《重修苗栗縣志‧文學志》（苗栗市：苗栗縣政府，2005年12月），卷28，頁63～75。

〔註46〕顧敏耀：〈台灣清領時期經學發展考察〉，《興大中文學報》第29期（2011年6月），頁202。

錄·書後題跋類〉），這確實顯示了吳子光在清領時期的學術發展裡有其重要且特殊的地位。

第二、經學研究部分，涂茂奇〈吳子光《春秋》學初探〉、廖威茗《吳子光《春秋》學研究》是目前唯二研考吳子光《春秋》學的作品（一為研討會論文，一為碩論），吳子光關於漢代經術、《春秋》、《三傳》的評述集中在《一肚皮集》卷8、卷9的「說」類、《經餘雜錄》卷1到卷4「書後題跋類」，卷9、卷10「論辨類」和《三長贅筆》卷1、卷2《讀公穀內外傳偶得》。因此，欲得吳子光的經學觀和評析方法，梳理這些詮經材料是必要的。涂茂奇〈吳子光《春秋》學初探〉首開研究吳子光《春秋》學之風，繼之廖威茗《吳子光《春秋》學研究》指出清領時期的臺灣經學對於各經的研究以《易》學最豐，《春秋》則相對微缺。但引人注意的是，吳子光卻以《春秋》經傳的研究為大宗，實有相當的特殊性，作者推測這可能跟他生長於廣東，弱冠後才來臺定居，故受到閩學影響較小有關，筆者也認同這合理的推測。而吳子光解《春秋》的方式，可概分為三個面向，分別是「論《春秋》大義」、「考字詞文句」、「彙古今史事」；解經風格則漢、宋兼採並融入個己意見，且不拘泥於歷代主流經說，常從經學、史學、文章之學等不同角度來闡釋《經》、《傳》。〔註47〕如此的看法，已初步察覺到了吳子光學術路向和朱子學的差別，即用朱子學來涵蓋臺灣儒學的全部面貌是有失允當的，至少在吳子光身上是有實質的變化區隔的。

再就儒學思想層面言，黃麗生〈晚清臺灣基層儒士保守思想的根源：以吳子光為例〉、〈近代臺灣客家儒紳海洋意識的轉變：從吳子光到丘逢甲〉兩篇期刊論文都涉及了吳子光的學思歷程，並以之與曾拜吳氏為師的丘逢甲做比較。〈晚清臺灣基層儒士保守思想的根源：以吳子光為例〉之節次分別為「一、前言；二、明清儒學之東傳臺灣及其發展脈絡；三、讀書應舉的人生：吳子光的際遇與性格；四、尊君父而不見道體：吳子光的學思與侷限；五、結論」，但若將〈晚清臺灣基層儒士保守思想的根源：以吳子光為例〉（2005年）與〈近代臺灣客家儒紳海洋意識的轉變：從吳子光到丘逢甲〉（2006年）相較，可明顯發現前文是後文論點的原始模型。〔註48〕基本上，黃麗生從朱子學（春秋

〔註47〕廖威茗：《吳子光《春秋》學研究》（國立臺北大學古典文獻與民俗藝術研究所碩士論文，2014年7月），頁52～128。

〔註48〕黃麗生：〈近代臺灣客家儒紳海洋意識的轉變：從吳子光到丘逢甲〉，《海洋文

大義、民族氣節）的立場來檢視吳子光的學行言思，並判定吳子光治學傾向
乾嘉學風。但既然認定吳子光承乾嘉考據學風，那麼疏於對宋明心性學義理
的闡發也是自然之事，只是不好性命之學並不能證明吳子光對「道」毫無體
會。故而就儒學思想層面言，黃麗生對吳子光的評價顯然不高，筆者認為吳
子光是不是「晚清臺灣基層儒士保守思想的典例之一」，以及由「海洋意識」、
儒家價值、社會關懷或對晚清臺灣時勢的應變來評判吳子光和丘逢甲的高下
優劣，這實與研究者的觀察重心、切入角度、文獻取捨等基本設定有直接關
聯，故唯有通盤檢視吳子光留下的諸多著作，如《一肚皮集》、《三長贅筆》、
《經餘雜錄》、《小草拾遺》與《芸閣山人集》等書，看看吳子光藉由文字的創
作表達了什麼？而他如此敘述的意圖何在？與當時代思潮相較又有何特殊之
處？抑或將他的思想理念擺在歷代思想文化長河中，他有何繼承和轉變的地
方呢？諸如此類的疑問，只有透過對其著作做兩相交互的參照，方能漸近地
尋解潛藏其中的思想密碼，也才能較客觀的評價其文、史思想。

　　因此，為了釐清吳子光的思想真實，生成與變化，修正和擴展歷程，除
了在歷史、社會、文學三個層面的研究外，吳子光的學術思想尤其是在經、
史方面的研究，實值得進一步探索鉤隱，使其蘊涵的經世思想能得到一個較
清晰的圖像，從歷史、社會、文學以外的另一個層面，也是一個最根本的層
面，即思想系統來完整吳子光的才識學品真貌。

第三節　研究範圍和方法

　　因以吳子光及其史論、文學觀為研究主體，是故筆者將在「知人論世」
的歷史解釋和「以意逆志」的心理詮釋的架構下，分別就吳子光其人、其事
與其思、其學兩個層面加以探討，並運用適當的研究方法、設定研考範圍和
使用的文獻材料，以深入稽求吳子光的學思樣態。

化學刊》2 期（2006 年 12 月），頁 127～142。若將前後兩文所力陳的意見對
照合看，〈近代臺灣客家儒紳海洋意識的轉變：從吳子光到丘逢甲〉一文所議
述的四個主要論點，確實是立基於〈晚清臺灣基層儒士保守思想的根源：以
吳子光為例〉該文之上而所增益，即「一、前言：海洋意識、儒家價值、與
近代客家人物；二、客家塾師吳子光的學思與侷限，這部份論述分為：（一）、
出身、際遇、與性格，（二）、尊君父而不見道體，（三）、泥於皇權與史冊的
海洋意識。三、丘逢甲的體踐儒學與海洋視野；四、臺灣儒紳海洋意識轉
變的當代意義。」，詳見頁 124～166。

一、研究範圍和文獻材料

本文是以吳子光及其史論、文學觀為研究主體，並兼及中國當時的學術潮流、臺灣儒學等相關問題。故而本文的研究範圍從時間縱軸來講，主要界定在清乾嘉、道咸、同光時期，因就臺灣學術的發展而言，這是處於一個由儒學引領而逐步積累變化、豐富多元學術內涵的階段，且和當時中國學術思潮也可能存在細微關連，但卻隱伏不易察覺。

再就共時橫截面看，吳子光活動於清道咸、同光年代，這是一個臺灣政經環境趨於成熟穩定，也即將面臨西方文化、宗教、軍力侵逼的激烈衝擊時代。以一個弱冠之年便流寓臺灣的粵籍客家儒士而言，故鄉和異鄉的認同糾結，勢必隨著長居臺灣後而漸得轉化，最後對故鄉嘉應州白渡堡的種種牽掛、憧憬、美好只能放在記憶匣盒，而對異鄉臺灣終究因生活經驗、土地依賴、風俗民情等有切身之感，而慢慢成為新故鄉。吳子光對新故鄉臺灣風土的觀感體驗、旅遊聞見，或是設帳授徒、朋宦交遊等人際往來，又或是讀書偶得、事件評議等知見，在其所遺留的著作中都有真實的呈現。

吳子光在清代臺灣的儒士文人中，若論所存留的著作數量，大概無人出其右，諸如《一肚皮集》18 卷、《三長贅筆》16 卷、《經餘雜錄選》12 卷、《芸閣山人集》和《小草拾遺》等。以上五部作品都是研究的文獻範圍，不過在輕重取捨上有別，如《芸閣山人集》的篇章內容和《一肚皮集》相似性高，但無法立判篇題相類，或內容較一致的文章，孰先孰後？《芸閣山人集》是筱雲山莊呂氏兄弟所藏手稿本，《一肚皮集》則是光緒元年（1875 年）呂氏兄弟出資為吳子光付梓的作品，也是吳子光唯一一部刊刻的著作。按理而言，刻本會是較完整齊全且晚出的本子，因此，筆者的取材依據以《一肚皮集》為主，《芸閣山人集》則做為參照輔助，而其他作品則以《吳子光全書》為根據。為何在版本的選用上，要以 1979 年由中華民國史蹟研究中心出版的手稿本《吳子光全書》為底本呢？原因是該書由臺中市著名的文史工作者陳炎正偶得於呂氏家族，而據呂欣芸的田調實察結果，陳炎正先生也表示中華民國史蹟研究中心所出的版本較龍文出版社的《一肚皮集》版本完整，是故以較原始的手稿本為據，其他版本做為參校本。

二、研究方法

吳子光著作及其相關史料的歸納整理、比對是基本功，而就所歸納整理、

比對的資料再進行延伸、演繹則是第二層工夫。此外，筆者認為研究吳子光的學思行誼需進行三重證據法的考察、論證：一是吳子光自身的撰述；二是關於吳子光師友、弟子對他的評論，或所流傳的掌故；三是實際考察吳子光生活遺跡（活動區域、範圍）如故居，講學處所如文英書院、筱雲山莊。因此，以第一重證據言，吳子光所遺留的五部作品就是首要察識的載體，只有理清吳子光在文章中說了什麼？為何要這麼說？其根據為何？才能逐步明瞭吳子光的智識和興趣，想像他的思維世界，感受他的生活經驗，所以在研究方法上使用「文獻資料分析法」〔註49〕來梳理其各部著作間是否有一個潛伏的脈絡，進而串聯起各自意義脈絡，試圖構築一個立體的吳子光思想言動世界，所謂「以意逆志」〔註50〕也。而第二重證據，其所必須考量設想的是吳子光所處的時代境遇為何？因對人事上的後世定論和當時的公論，會依閱讀、評論者的不同身份，取捨也將有異。故而從吳子光和老師、弟子友朋互動的關係著眼，藉由他者的評論、言談內容，在同異互存中，篩汰去粕，進而拼塑吳子光較近真實的形象，是謂「知人論世」〔註51〕也。

　　此外，《吳子光全書（下）・一肚皮集》卷2、卷3是「書信」集，卷4、卷5為他傳或自傳的「傳類」，卷6、卷7則是人情事物交織的「記類」文，透過文學意義上的「歷史研究法」〔註52〕，將更能理解吳子光和朋儕弟子的

〔註49〕「文獻的內涵本質是過去發生的社會事實記錄，並屬於有歷史價值而保留下來的知識。」換言之，從文獻資料所展幅的社會事實記錄裡，歷史文化的種種因革變化，因語言文字的傳述而得以保留下來，所以運用此研究法有助於我們建立一時間意識，觀察過去到現在的同異處，以及未來的可能轉向。葉至誠、葉立誠：《研究方法與論文寫作》（台北：商鼎文化出版社，2002年12月），頁136。

〔註50〕咸丘蒙問孟子：「舜之不臣堯，則吾既得聞命矣。《詩》云：『普天之下，莫非王土；率土之濱，莫非王臣。』而舜既為天子矣，敢問瞽瞍之非臣，如何？」，孟子答曰：「是詩也，非是之謂也；勞於王事，而不得養父母也。曰：『此莫非王事，我獨賢勞也。』故說《詩》者，不以文害辭，不以辭害志。以意逆志，是為得之。」〔宋〕朱熹：《四書章句集注・孟子》（北京：中華書局，2003年6月），卷9，萬章章句上，頁306～307。

〔註51〕孟子謂萬章曰：「一鄉之善士，斯友一鄉之善士；一國之善士，斯友一國之善士；天下之善士，斯友天下之善士。以友天下之善士為未足，又尚論古之人。頌其詩，讀其書，不知其人，可乎？是以論其世也。是尚友也。」〔宋〕朱熹：《四書章句集注・孟子》，卷10，萬章章句下，頁324。

〔註52〕「歷史研究法（Historical Approach），是一個借自域外的新名詞。要了解作品，必須考慮到作品產生的時代背景，它與當時的社會、政治、哲學等方面的關係。」劉介民：《比較文學方法論》（台北：時報文化出版事業，1990年5月），頁185。

交遊實情，也在這樣的基礎上去覺察探識其生活經驗和文學創作者的關係。文學創作和生活本為一體，但唯有靈心深情的人能道出人的「歷史存在感」，而這種「歷史存在感」實際上是內在自我保存驅力的顯現，也是人和自然互動下的反應結果，即「歷史展現為一種適應自然的過程。自我保存正是在適應自然的要求下所因應的自然史法則。對自身的支配是建立在主體性的必要過程，也是自我的基礎。」〔註 53〕。

吳子光一生命運多乖又非體強健壯之輩，自然必得有堅韌的意志撐持，才能在「文章報國」無望，窮病襲身的逆厄中，持續創作不輟，誠如德國社會哲學家阿多諾〔註 54〕（1895～1973）：「將歷史視為由自我保存（Selbsterhaltung）的動力推動的自然史歷程。自我的持續有賴於對本能衝動的壓抑、抗拒、轉移和提昇，這種自我保存建立在自我的控制上，既得控制自己的身體，也要能駕馭自己的內在自然。」〔註 55〕，吳子光或許不順遂於外在世界，但卻能因博學慧識而能駕馭自己的內在自然，尚友古人於千載。基於這樣的認知，對吳子光文學觀上的梳理，筆者想借用「互文性」〔註 56〕的概念來詮析其古文創作理念與實踐，這是說「若將文本、互文本擺放在社會、歷史、文化等的平台做檢驗，可以發現不論是文本或互文本產生自同一根源（母體），即社會、歷史、文化等因素所構成的更寬闊視域的『大文本』……此為文本間能相互參照、滲透、移位、變換的理由。」，而所謂的「互文本」是指「每一個文本會因其它文本的存在，而呈現相對性的相關，進一步映照自身適切的位置，得使每一個文本都是其他文本的亞文本或互文本。」〔註 57〕。第三重證據，則是實際田野走訪吳子光曾經長期活動而尚留存的遺跡，如豐

〔註 53〕黃聖哲：〈歷史作為自然史：論阿多諾的歷史理論〉，《哲學與文化月刊》革新號第 503 期（第 43 卷第 4 期）（2016 年 4 月），頁 67。

〔註 54〕阿多諾（1903～1969），德國猶太人，是多才多藝是社會學家、音樂理論家兼作曲家。也是著名的德國法蘭克福學派哲學家，具有很高的地位，社會批判面向的哲學思想是其特色，有「社會哲學家」的雅號。

〔註 55〕黃聖哲：〈歷史作為自然史：論阿多諾的歷史理論〉，頁 66。

〔註 56〕「互文性」的概念有狹義和廣義之分，狹義的「互文性」界定是「若奈特認為互文性指一個文本與可論證存在此文中的其他文本之間的關係」，見羅婷：《克里斯多娃》（台北：生智文化事業有限公司，2002 年 8 月），頁 112；互文性廣義界定：「克里斯多娃和巴特以為互文性指任何文本與賦予文本意義的知識、代碼、和表意實踐之總合的關係，而這些知識、代碼、和表意實踐構成一個潛力無限的網路。」羅婷：《克里斯多娃》，頁 112～113。

〔註 57〕羅婷：《克里斯多娃》，頁 116。

原慈濟宮〔註58〕、故居，講學處所如文英書院、筱雲山莊等。又如建築遺跡、文獻、或生活物品留存物都是一種歷史流動下的見證，也是後人得以據此想像、記憶的觸發物，更是歷史文化價值能傳承的標記。

　　除了歸納、演繹、文獻分析法、歷史研究法和三重證據法的研究方法外，本文在吳子光的社會活動現象方面，擬嘗試運用著名法國社會學家皮埃爾・布爾迪厄（Pierre Bourdieu，1930～2002）社會研究的反思性實踐理論，特別是關於場域、資本、權力的概念，來詮釋吳子光在科舉社群、社會關係網絡中的活動情形。

　　皮埃爾・布爾迪厄是臺灣學界廣為熟知的著名法國社會學家，「但與其他社會學家不同的是，布赫迪厄有著與其學術影響力相稱的社會實踐力。身為所謂的『公共知識人』（public intellectual），他對學術社群、國家菁英、以及文化現象的批判挑戰，已經成為法國社會自我反省的一種象徵。」〔註59〕，布爾迪厄因對社會生活的觀察及經驗體悟，在不斷追問社會學存在的目的後，逐步邁向「反思社會學」〔註60〕的道路。藉由對社會學的反思，社會學家存在之意義也獲得進一步討論，他說：「人們時常會把過去與現在對立起來。現在並不是時間上的當下，而是有足夠活力的鬥爭焦點。……而我們社會學家總是置身於活的事物中，我們談論的總是鬥爭焦點。而我們在談論議題時所

〔註58〕清同治 10 年（辛未，1871），舉人吳子光任筱雲山莊西席，因原居住於苗栗的族人遭官誣陷，吳子光欲前往搭救，臨行前往慈濟宮求靈籤，得媽祖指示終化干戈為玉帛，事後獻「明德馨香」。此為慈濟宮內最早的匾額。見http://www.zhujai.org.tw/about2.aspx，豐原慈濟宮全球資訊網站（慈濟宮大事紀年），20210425。

〔註59〕〔法〕皮耶・布赫迪厄（Pierre Bourdieu）著；陳逸淳譯：《所述之言：布赫迪厄反思社會學文集》（臺北市：麥田出版社，2012 年 6 月），頁 8。

〔註60〕社會學家 Louis Pinto 曾在 2001 年的一段文字如此概括布赫迪厄的學思：「『科學鬥士絕不能與知識分子的反思性脫節，因為其並非基於社會學霸主的位置，用一己或某一團體獨斷且即興的選擇強加於所處之時代。相反地，乃是因為其職業，甚至是志業，而來傳播那些唯有鬥士型的知識分子才能夠做到，但嚴格來說，一般知識分子用文字卻做不到的事。並且，也僅有這樣的情況才允許他們去承認科學的普遍性得以在集體及公共層面上所造成的效果。』這段文字中提到了韋伯（Max Weber）所稱之職業（profession）與志業（vocation）對布赫迪厄的作用，是因為這種『呼召』的精神，推動這位具有反思性的社會學家去參與在公共事務中，而成為鬥士型的知識分子（intellectuel militant）。」〔法〕皮耶・布赫迪厄（Pierre Bourdieu）著；陳逸淳譯：《所述之言：布赫迪厄反思社會學文集》，頁 9。

用的詞語本身也是鬥爭的焦點，……有些詞語在鬥爭中具有價值是由於它們是鬥爭的焦點。對我們而言，就是要在我稱為『場域』的所有領域談論這些鬥爭。這些場域是人們從事各種競賽的小型競技場，可分為科學場域、政治場域、歷史學家的場域、社會學家的場域等等，在上述各個領域中都有人們為之而戰鬥的關鍵詞。」〔註61〕，接著再透過與阿爾都塞結構主義的馬克思主義的批判對話，布爾迪厄發展出了包含符號利益的理論、作為資本的權力理論、符號暴力與符號資本理論等的關於符號權力的政治經濟學。〔註62〕可見布爾迪厄是藉由場域、慣習、資本概念去描述人類種種思考、行為，尤其是在活動過程中彼此關係（親疏遠近）形構的細節，及由各種資本轉換而獲得的權力。其運作的功式是「慣習／資本＋場域＝權力表現」，而「所謂權力，就是透過使某種資本向象徵性資本的轉換而獲得的那種剩餘價值的總和。」〔註63〕

　　基本上，場域〔註64〕包括組成、作用、影響、功能等內涵，而布爾迪厄的場域定義是「一個場域可以被定義為在各種位置之間存在的客觀關係的一個網絡，或一個構型。正是在這些位置的存在和它們強加於占據特定位置的行動者或機構之上的決定性因素之中，這些位置得到了客觀的界定，其根據是這些位置在不同類型的權力（資本）——占有這些權力就意味把持了在這一場域中利害攸關的專門利潤的得益權。」〔註65〕，可知場域不是一個存有實際邊界的地方，而是一種空間，「在這個空間裡，場域的效果得以發揮，並

〔註61〕〔法〕皮埃爾·布爾迪厄，羅杰·夏蒂埃著；馬勝利譯：《社會學家與歷史學家：布爾迪厄與夏蒂埃對話錄》（北京：北京大學出版社，2012年2月），頁37～38。

〔註62〕戴維·斯沃茨：《文化與權力：布爾迪厄的社會學》（上海：上海譯文出版社，2006年5月），頁76。

〔註63〕高宣揚：《布爾迪厄 Pierre Bourdieu》（臺北：生智文化事業有限公司，2002年6月），頁253。

〔註64〕場域的概念應回推到涂爾幹的「社會實在」論，因「涂爾幹所說的『社會實在』乃是諸多不可見的關係總和，這些關係構成了一個互為外在的諸位置空間，而這些位置乃透過相互之間的關係而定義，透過臨近、比鄰、或者是距離、相對位置、在上或在下、在之間或其中等關係而定義。」〔法〕皮耶·布赫迪厄（Pierre Bourdieu）著；陳逸淳譯：《所述之言：布赫迪厄反思社會學文集》，頁236。

〔註65〕皮埃爾·布迪厄（Pierre Bourdieu），華康德（loic Wacquant）著；李猛，李康譯：《實踐與反思：反思社會學導引》，頁134。

且，由於這種效果的存在，對任何與這個空間有所關聯的對象，都不能僅憑所研究對象的內在性質予以解釋。場域的界限位於場域效果停止作用的地方。」〔註66〕，所以「場域概念所要表達的，主要是在某一個社會空間中，由特定的行動者相互關係網絡所表現的各種力量和因素的綜合體。場域基本上是一個靠社會關係網絡表現出來的社會性力量維持的，同時也是靠這種社會性力量的不同性質而相互區別的。」〔註67〕，換言之，不同的場域也會有交疊的空間，同一個行動者也可能跨越多個場域參與其中，展開彼此的競合關係。政治場域就是整體社會空間中，一部分特定社會關係網絡力量所支撐的空間。就此而言，吳子光與不同地方執事、科舉社群諸人的交往活動，便支撐了一個政治場域空間。

有了行動者所張持的場域空間，行動者的資本才得以發揮作用，因為「只有在與一個場域的關係中，一種資本才得以存在並且發揮作用。這種資本賦予了某種支配場域的權力，賦予了某種支配那些體現在物質或身體上的生產或再生產工具的權力。……場域同時也是一爭奪的空間，這些爭奪旨在維護或變更場域中這些力量的構型。」〔註68〕，顯然在各種力量展現的場域中，資本量攸關力量的大小，也因唯有在場域中資本才得以生發效用，是故兩者具有緊密相連的關係。至於資本，一般來說「資本表現為三種根本的類型，……這就是經濟資本、文化資本和社會資本；除了這些，我們還必須加上符號資本。……認可上述三種形式的資本的各自特定邏輯，……從而把握了這種幾種資本的，我們就說這些資本採用的形式是符號資本。」〔註69〕，這意謂資本有四種類型，即經濟資本、文化資本、社會資本和象徵資本（符號資本）。「所謂經濟資本，是由生產的不同因素（諸如土地、工廠、勞動、貨幣等）、經濟財產、各種收入及各種經濟利溢。」〔註70〕；文化資本則有三種形式：「被歸併化的形式、客觀化的形式和制度化的形式。被歸併化的形式，指的是在人體內長期地和穩定地內在化，成為一種稟性和才能，構成

〔註66〕皮埃爾・布迪厄（Pierre Bourdieu），華康德（loic Wacquant）著；李猛，李康譯：《實踐與反思：反思社會學導引》，頁138。

〔註67〕高宣揚：《布爾迪厄 Pierre Bourdieu》，頁233。

〔註68〕皮埃爾・布迪厄（Pierre Bourdieu），華康德（loic Wacquant）著；李猛，李康譯：《實踐與反思：反思社會學導引》，頁139。

〔註69〕皮埃爾・布迪厄（Pierre Bourdieu），華康德（loic Wacquant）著；李猛，李康譯：《實踐與反思：反思社會學導引》，頁161。

〔註70〕高宣揚：《布爾迪厄 Pierre Bourdieu》，頁249。

為『生存心態』的一個重要組成部分。客觀化的形式，指的是物化或對象化為文化財產，例如有一定價值的油畫、各種骨董或歷史文物等。制度化的形式，指的是由合法化和正當化的制度所確認的各種學位及名校畢業文憑等。」〔註71〕；社會資本是指「某個個人或群體，憑藉擁有一個比較穩定、又在一定程度上制度化的相互交往、彼此熟識的關係網，從而積累起來的資源的總和，不管這種資源是實際存在的還是虛有其表的。」〔註72〕；最後，象徵性資本「是用以表示禮儀活動、聲譽或威信資本的累積策略等象徵性現象的重要概念。聲譽或威信資本有助於加強信譽或可信度的影響力，這類資本是象徵性的，因此，某些經濟學家稱之為『不被承認的資本』或『否認的資本』」〔註73〕

此外，布爾迪厄所提到的「符號暴力」〔註74〕，究其實質，「符號暴力」即是社會行動者對社會空間內話語權的取得，並以之向空間裡的其他行動者發話，但因其（中央集權者）所擁有的各種資本總量遠遠高出其他行動者，是故符號暴力影響的時間、範圍、效力均視中央集權者釋放多少資本轉換為權力以宰制場域內的行動者。以此概念度量清代帝王型儒學，如科舉制度規範下的朱子學，即是清政權施加於人民，特別是讀書人身上的符號暴力。

第四節　研究步驟及論文架構

在經過資料蒐集、辨識謄打、主題分類等研究步驟後，整體論文架構的雛形已具，並藉由反覆的字句校點和文意解讀，《吳子光全書》上、中、下三大冊裡與論題相關的重要篇章即可進行主題分類，進而可以手稿本的《一肚皮集》與刻本的《一肚皮集》做版本文字的比對，確認已把握正確的文意，為論文架構及論述的通貫性立下良好基礎。

〔註71〕 高宣揚：《布爾迪厄 Pierre Bourdieu》，頁 250。
〔註72〕 皮埃爾·布迪厄（Pierre Bourdieu），華康德（loic Wacquant）著；李猛，李康譯：《實踐與反思：反思社會學導引》，頁 162。
〔註73〕 高宣揚：《布爾迪厄 Pierre Bourdieu》，頁 252。
〔註74〕 「符號暴力就是：在一個社會行動者本身合謀的基礎上，施加在他身上的暴力。……社會行動者是有認知能力的行動者，甚至在他們受制於社會決定機制時，他們也可以通過形塑那些決定他們的社會機制，對這些機制的效力『盡』一份力。」皮埃爾·布迪厄（Pierre Bourdieu），華康德（loic Wacquant）著；李猛，李康譯：《實踐與反思：反思社會學導引》，頁 221。

一、研究步驟

　　資料蒐集、辨識繕打、主題分類這三個研究步驟是不能少的，原因是手稿本《吳子光全書》是第一手的文獻資料，也可說是最直接反映吳子光學思的原始資料，藉由對第一手文獻資料的分析，將可為日後的研究者帶來資訊取得的方便，亦能和現在的研究成果做相互的參照。

（一）資料蒐集

　　目前臺灣以吳子光為研究主題的專書、博碩士論文已如上述（第二節、研究成果回顧），此處不再贅言。筆者以《吳子光全書》為研究底本，有關儒學的文獻便有三十多萬字，此書的重要性也引起著名經學學者林慶彰先生的注意，其言臺灣「本地的儒學研究者，其儒學著作，尤其是經學著作，大都已亡佚，僅能從文集中選錄部分的文章，而保存最完整的是吳子光的著作，由於他的著作分量甚多，本人將策畫編輯點校《吳子光全書》，本書所選者僅是其經學著作中最重要的二萬餘字。」〔註75〕，林慶彰教授是考真辨偽文獻的專家，他選定《吳子光全書》做為點校的本子，顯然考慮的不只是吳子光的經學著作本身，也在於文獻的真確性。

　　《吳子光全書》〔註76〕是手稿本，全部作品總集於此，也是研究吳子光最重要的文獻。本套書共分為上、中、下三冊，上冊包括《經餘雜錄》（經、史、子、集兼涉）12卷、《小草拾遺》和《芸閣山人集》三部作品〔註77〕；中冊是《三長贅筆》16卷，為旗幟鮮明的史學論著；下冊為《一肚皮集》18卷，以文、史、小學為基調。現今臺灣九成九以上的圖書館均未館藏該套書，只能在私人收藏或二手書店尋覓。筆者經詢問多家二手書店才順利購得，當時書店主人告知該套書全臺數量有限不超過十套，是值得珍藏的絕版書。相較於龍文出版社的《一肚皮集》〔註78〕，文听閣《一肚皮集》

〔註75〕林慶彰、蔣秋華主編：《清領時期臺灣儒學參考文獻》（新北市：華藝學術出版社，2013年11月），頁iii。
〔註76〕《吳子光全書》是臺中地區著名的文史工作者陳炎正先生偶得的手稿本，後交由中華民國史蹟研究中心於1979年出版。
〔註77〕《經餘雜錄》12卷，內容兼涉了經、史、子、集；《小草拾遺》是詩文集；《芸閣山人集》則錄有書、序、文、疏、書後、論、節略等七項作品。
〔註78〕收錄在王國璠總輯、高志彬主編《台灣先賢詩文集彙刊》第三輯的1～7冊，2001年出版。除《一肚皮集》是光緒初元刻本外，而隨附《經餘雜錄》選集（卷9、卷10「論辯類」，卷11、12「文辭類」）、《小草拾遺》全及《芸閣山人集》全為手稿本。

〔註 79〕，或臺灣銀行經濟研究室從《一肚皮集》所輯錄的《臺灣紀事》〔註80〕，以及後來眾文、成文、臺灣省文獻委員會、大通四家所出版的《一肚皮集》，《吳子光全書》算是較齊全且接近史料真實的本子，這也是筆者以此書為主要研究參據的因由。

（二）辨識繕打

由於《吳子光全書》是手稿本，辨識其文字形體或詞意會遭遇幾個問題。一是字形變體，吳子光書寫時不全以楷書為準，字裡行間常會有書法慣用的變體、異體字，筆者因不善辨識書法字體，如「冝」、「宐」均為「宜」，「㞢」為「之」，「亾」為「亡」等，因此閱讀時若遇到這些變體、異體字就會造成解讀語意時不小的困擾。二是塗改不清，如吳子光修改文字時，會將欲修改字塗成黑色正方形，而在該修正字旁，另旁寫一字，但有時字體太小會難以辨識，如《三長贅筆》：「嘗嘆世間燒 琴 煮鶴」〔註81〕的琴字即是。三是手稿再影印而模糊不清，如「臺灣海中〇島」〔註82〕。

目前除了由《一肚皮集》輯出的《臺灣紀事》有公開電子文和林慶彰、蔣秋華主編《清領時期臺灣儒學參考文獻》關於吳子光部分經學著作的點校文之外，《吳子光全書》中其他的作品都未有電子文或點校文，因而能正確辨識繕打《吳子光全書》中的重要文、史著作就成為欲探究吳子光學思行誼的前提。

〔註 79〕收錄在黃哲永、吳福助主編《全臺文》第 10～14 冊，2007 年出版。此版本是重新點校標注的本子，文字清晰且書前有提要簡述吳子光的生平、著作、文學觀等，並附原稿方便和新校本對照。

〔註 80〕吳幅員《臺灣文獻叢刊提要》：「本書即選其中記臺事之文，題曰『臺灣紀事』。卷一有『紀諸山形勝』、『紀臺中物產』、『臺事紀略』、『紀臺地怪異』、『記臺地盂蘭會』、『紀番社風俗』及『鄭事紀略』等七篇，卷二有『淡水義渡記』、『岸社文祠學舍記』、『滬尾紅毛樓記』、『竹塹建城後記』、『重建新埔街文昌祠記』、『遊大隘諸山記』、『金廣福大隘記』及『雙峰草堂記』（一）、（二）等九篇。另選臺人及寓臺人士傳狀為『附錄一』、評議臺灣政事之論說與書札為『附錄二』、『淡水廳志』擬稿為『附錄三』、乃祖若父家傳及其本人別傳並『一肚皮集』自序為『附錄四』」見吳幅員：《臺灣文獻叢刊提要》（臺北：臺灣銀行經濟研究室，1977 年 6 月），頁 21。

〔註 81〕〈讀公穀內外傳偶得〉，王國璠執行編輯：《吳子光全書（中）‧三長贅筆》（台北：中華民國臺灣史蹟中心印行，1979 年 6 月），卷 2，頁 121。

〔註 82〕王國璠執行編輯：〈寄徐次岳仲山孝廉書〉，《吳子光全書（上）‧芸閣山人集》，頁 890。

（三）主題分類

在辨識繕打完《吳子光全書》中的重要文、史篇章後，就對吳子光的文學觀、史論兩大論述主題進行分類。文學觀可分為古文創作觀和審美觀，創作觀包含有根器、閱歷、遊覽、學問等條目；審美觀則有奇、風骨、化工等。史論（評人議事）主題則有恕道、史學才學識、儒（耶、佛）、經世策略、理番、鴉片等要項。以文、史兩大論述議題為經，條目要項為緯，經緯交織下的吳子光學術真面容概然可辨，這也是主題分類的意義所在。

二、論文架構

本文意在對吳子光的史論和文學觀此軸心問題做一討論，並據此展開其人、其學、其行的論述，全文在章節安排上共分為六章和九個附錄，以下依次說明。

第一章、緒論，介紹論文的研究取向、範疇、方法、文獻材料和目前研究成果述評。分為四節：第一節、研究動機和目的，第二節研究範圍和論文架構，第三節、研究成果回顧，第四節、研究步驟及研究方法。

第二章、吳子光及其學思歷程。主要關注三個問題，一是吳子光移民臺灣的原因和當時中國閩、粵移民潮的連動關係，以及來臺之後他在社會階層的流動情況，如在科舉社群中的位階，與地方執事的交往互動等。事實上，吳子光家族本身即是驗證布爾迪厄社會學理論一個很好的實例，一個從取得經濟資本後欲翻升到文化資本層級的明證。二是梳理吳子光的學思歷程在來臺後其學術路數是如何開拓的，因這牽涉了清代學術的趨向、傳播和儒學在臺的發展情況，而居於兩者學術潮流中的吳子光成就了什麼？留下的豐碩著作展現了怎樣的學術意義。三是就吳子光《一肚皮集》的流通版本做一考述。本章分為三節：第一節、清代經濟移民與學術傳播，第二節、師承、交遊與成學，第三節、吳子光的著作與版本述要。

第三章、吳子光的恕道史論：以「了解之同情」為核心，讀史是吳子光的興趣，而論史則顯其識見。然而其史論常流露恕道精神，故筆者名為「恕道史論」，這個史論特色實與陳寅恪（1890～1969）以「了解之同情」的論史原則相似，故援引其論史之見來詮解吳子光的「恕道史論」。本章分三節：第一節、史學視野下的「中庸之道」論，探討吳子光所理解的「道」是什麼？而其所領悟的道體意義，對吳子光在論評歷史事件、人物時帶來怎樣的理解視

域？此理解視域又與中國傳統的道德史學有何內在的關連。第二節、吳子光論史的理念，本節著重討論吳子光對經、史關係的看法，並以之對照在乾嘉學術的潮流下，吳子光的經、史觀與之互動如何，有何異同或特殊性。至於吳子光在進行歷史理解、論斷時，其準線即恕道，也是陳寅恪所謂的「了解之同情」，是故他對宋儒以來論史的深文苛刻態度不表贊同，反對宋儒以「《春秋》責備賢者說」為論史的唯一標準。第三節、史論文的形式與內容、價值。主要是就《經餘雜錄》卷 9 以〈史論〉為主題的六篇連作，進行文章形式結構、內容的分析，並從清代臺灣學術發展的角度來檢視其價值。

　　第四章、吳子光史學實踐的文學觀。「經史之學」是吳子光一生的性命所寄，因此探討其文學觀必須從史學開始，或說由司馬遷《史記》的影響為起點。他在文學創作和批評上都有獨到之處，如視小說為史之流裔。然而，值得留意的是，吳子光的著作有三分之一以上是讀書札記，這可視為廣義的評點，有趣的是門弟子會在其札記上再予以評點，形成了評點中的評點現象。本章分為三節：第一節、從史學到文學的會通，第二節、吳子光文、道關係論，第三節、古文的創作與境界，討論古文和時文的異同關係、吳子光對清桐城派文論戒規的反思等。

　　第五章、吳子光在臺灣儒學史上的定位與意義。從朱子學因儒官的提倡而在臺灣儒學教育蔚為流行後，論者幾乎認為臺灣儒學的內涵就是朱子學，而儒士文人的思想也在此規範中，不過吳子光以「經史為性命」的學思路卻與此大異其趣。再者，他在儒學教育的實踐、考察「番社」、回應強勢西方宗教與武力，和為探察臺灣社會文化後留下的見聞記錄，不僅豐盈了臺灣儒學的構成，也使其在臺灣儒學史上具有特殊的定位與意義。本章分為四節：第一節、吳子光學術品格之判：道乎？器乎？第二節、吳子光在清代臺灣經、史之學中的座標位置，第三節、儒教實踐與社會文化探察，第四節、吳子光學術思想的現代意義。

　　第六章、結論，就吳子光學思歷程和清代乾嘉以降的學術思潮的互動關係，以及「由史解經」、「以史入道」、「史質文表」、「恕道史論」等學術路數，從移民史、社會史、學術史和文學觀等四個面向，做一概要式的總結，以確立他在臺灣儒學史、文化史、文學史上的定位和意義。另有九篇附錄，即附錄一、吳子光年譜簡編；附錄二、吳子光文學觀輯彙；附錄三、吳子光經世／史論相關主題分類；附錄四、《臺灣紀事》編錄自《一肚皮集》之篇章；附

錄五、《臺灣紀事》出版一覽表；附錄六、《一肚皮集》版本流傳一覽表；附
錄七、清刻本《一肚皮集》及《吳子光全書》中吳子光之晚年自號書影；附
錄八、清代臺灣行政區域遷變圖（1684～1887）；附錄九、清代臺灣書院分
布圖。

第二章　吳子光及其學思歷程

　　本章以吳子光（1819～1883）的家世背景、經濟移民及學思養成為觀察中心，兼談清學的發展，尤其是自中晚期後所發生的一些學術轉折，對應於當時的政治、社會、經濟、文化的情勢，是否顯現一種脈動連繫，而這樣的關聯對儒學產生怎樣的影響？又清儒學隨著遊宦東播來臺，逐步建立起臺灣儒學的樣貌，與此同時，吳子光三次渡臺，往返臺粵間的體驗，開啟了他創作文學、讀經論史的新視野。此外，「師承」為「學」的積累，「著作」則是「思」的成果，從「師承」與「著作」即可大體窺知吳子光的學思歷程的軸心所在。

第一節　清代經濟移民與學術傳播

　　自康熙中期以後，客家人因人口、糧食、土地等經濟因素大量的向海外遷移，吳子光家族也是在為追求更好經濟生活的驅力下，冒險渡海來臺謀生。吳子光移居臺灣後，一方面為稻粱謀計而課徒為業；一方面則入府學研習舉業，接受儒學教育，以期在逐隊春官中能實現「文章報國」之志。至於清代學術的發展，在乾、嘉之後也發生了應時的變化，考據、義理、漢學、宋學、公羊學在不同的時期各勝擅場，整個學風亦隨之有所轉易，而吳子光移民臺灣前，即處於這樣的學術環境中。

一、經濟移民：三代人的流離與移居

　　吳子光家族三代人的流離與移居臺灣，正是客家人飄泊四方和地著異鄉為故鄉的顯例。但也由於臺灣是一個不斷接受移民的社會，故有多元的文化

價值、宗教信仰、風俗民情等包蘊其中,而這段先人的移民歷史,都在吳子光的筆下有所記錄。

(一)客家人的飄泊和地著

客家是相對於當地土著來說的,但「『客家』這一稱謂的由來,直到現在依然還是個謎。這一稱謂與其說是在某個久遠的過去形成的,還不如說是對『客民』的一種簡稱。或者更確切說,是對『客戶』的一種簡稱。『客民』或『客戶』正是他們在地方人口登記中被劃分出的類別。」〔註1〕,依此定義則「客家」顯然是一個從戶籍登記制度規範下的複合性詞語〔註2〕,它可以容攝來自不同區域的族群。對此族群身份定位的探尋,吳子光也曾對客家或客民稱呼的演變做過一番考證,其〈犵狫客民〉言:

> 漳、泉、潮屬籍有犵狫之目,莫知所始。今西粵一帶土人,種類最多。田汝成炎徼紀聞:犵狫一曰犵獠,有花犵狫、紅犵狫、剪頭犵狫。又□狫俗與犵狫同。又貓犵狑獠皆溪洞民。又蜀亦有狢□云。至閩、粵、江右三省,本鄰境也,若閩之延建邵汀、粵之嘉應大埔豐順龍川、江右之南贛等處,謂為客籍語,不知何據。豈因戶有主客之分,主則土著、客則行國,本其始言之,後遂一成不變歟?〔註3〕

吳子光認為漳州、泉州、潮州等區域有很多犵狫族群,尤其廣東西部最多,這些犵狫族群是土著,而福建邵安汀州、廣東嘉應大埔、浙江南贛等地方則居住了許多被視為客籍且操客語的客家人,如此的區分是因在地和外來的差別嗎?可知吳子光也從主客之別、當地外來的概念解釋客籍之「客」,只是不能確定罷了。

〔註1〕梁肇庭原著;蒂姆.賴特(Tim Wright)編;王東,孫業山譯:《中國歷史上的移民與族群性:客家、棚民及其鄰居們》(臺北:南天書局,2015年1月),頁86~87。

〔註2〕對於進入本地討生活的外域人民,地方政府為了能更有效的掌控人口的流動,所以需要將外域人民在地方人口登記中予以歸納類別,以便於地方政府能就近管理,而「保甲機構需要這種分類。保甲制度在明代晚年施行於華南地區,它特別適用於移民戶。隨後的清朝,也繼續採用這一制度。」梁肇庭原著;蒂姆.賴特(Tim Wright)編;王東,孫業山譯:《中國歷史上的移民與族群性:客家、棚民及其鄰居們》,頁86~87。

〔註3〕〈犵狫客民〉,王國璠執行編輯:《吳子光全書(下).一肚皮集》,卷18,頁1190。

　　不過以客家人的遷徙歷史而言，明代晚期時客家人展開了再次的移民，目標區域主要是能提供新經濟機會的中國東南沿海和嶺南各商業中心周圍的丘陵地帶，嘉應州、潮州、汀州、惠州則是他們的原居住區域。事實上，清代自康熙將臺灣收為版圖後，雖為加速對臺灣的控制，曾下渡台禁令，限制漢人移墾臺灣，但冒險渡海來臺者，仍前撲後繼，遂有〈渡臺悲歌〉之傳。

　　1721年間，客家人因協助清廷平定朱一貴事件出力甚多，因其功績卓著，清廷稍放寬了粵人移民臺灣的限制。據梁肇庭的研究：

> 在17世紀晚期和19世紀早期這一很長的時段裡，客家移民就已進入了臺灣。不過，更加詳細的移民時間圖式卻不甚清晰。陳運棟認為，在清政府收復臺灣、開放沿海地區後，客家人便開始移墾臺灣。他們主要來自嘉應州。然而，潮州和惠州府的客家移民，必須穿過廣東和福建之間的邊界。作為來自外省的移民，他自易於受到官方的歧視。……大多數的客家移民是在18世紀的後75年中才來到臺灣的。〔註4〕

更好的經濟機遇是促使客家人不斷向經濟優勢區移民的動因，海外的臺灣和東南亞，也是基於此充滿更美好經濟生活的誘因，吸引大批的潮州、惠州、嶺南客家人移民臺灣。這之中嘉應州客家人顯然是移墾臺灣的大本營，尤其是在1725年後，客家人便大量移居臺灣。清代晚期著名的臺灣客籍儒者吳子光，也是在這波移民浪潮中流寓臺灣，終將異鄉臺灣成為此後長眠的故鄉。

　　從移民史的角度言，不論是閩籍的漳州、泉州人，或是粵籍的嘉應州、潮州、汀州人，18世紀後半葉，渡海來臺的漢人數達到顛峰值，如嘉慶中期已遽增到二百萬人，比清領初期的十五至二十萬人，暴增近十倍之多，而眾多閩、粵籍移民入臺，也意謂臺灣的土地開發範圍將更擴大，由平原而丘陵，或逕至山地拓墾新的生活領域。嘉慶中期（1800年）左右，開墾範圍主要在平原地區，然而當土地的開發利用已臻飽和之際，隨之而來的水利、田界、墾地等利益糾紛更加深了漢移民之間的生存空間、彼此利益的衝突，激烈的閩粵械鬥、漳泉械鬥等，即是在這樣的背景下產生，再加上腐敗的吏治所導致的臺灣民變，整個臺灣社會便慢慢步入一種不安動蕩的狀態之中。吳子光三次遊臺到決定移居，其當時所面臨的臺灣政治、社會、經濟、文化，正是處

〔註4〕梁肇庭原著；蒂姆．賴特（Tim Wright）編；王東，孫業山譯：《中國歷史上的移民與族群性：客家、棚民及其鄰居們》，頁71。

在這樣紛繁變易的大移民時代氛圍下。

（二）吳子光小傳：三代人的流離與移居

吳子光（1819～1883），清代廣東嘉應州人，世居白渡堡神崗社（今中國廣東省梅州市），是道光年間移居臺灣的客籍儒者，於文學、史學、經學等領域都有傑出表現，尤其在古文創作、批評和史論見解方面獨樹一幟，加之勤讀精思且筆耕不輟，所積累的豐碩著作，在清代臺灣儒者中無人能出其右。他生於仁宗嘉慶 24 年 5 月 5 日，原名儒，字士興，號芸閣，別署雲壑。而「子光」之名，乃吳子光將再次遊臺時，故鄉業師宋其光以己名所賜〔註5〕，晚年亦自號鐵梅老人〔註6〕、鐵梅道人〔註7〕、鐵梅老子（附錄七），卒於光緒 9 年（1883）4 月 11 日，年 65 歲。吳子光初抵臺時，先依族親居銅鑼灣樟樹林莊之雙峰山，其間也曾居彰化岸裡社經管社口的家中產業（「續命田」），或設帳竹塹、貓裡等地。同治元年（1862）戴萬生亂起，避居淡水廳，投靠樟樹林莊弟姪（吳肇光）維生，但仍在苗栗街設館，以課士為業。閒暇時以詩文自遣。長於詩及駢體文，尤「深於古文之學」，隸書則直追漢唐，於是文名日噪。同治 4 年（1865）舉於鄉，中式第五十二名舉人，乃得遊於名公鉅卿間。同治 8 年（1869），署淡水廳同知陳培桂抵任，有議修廳志之舉，聞其學識湛博，遣使禮聘與修《淡水廳志》。光緒 2 年（1876），欲參加會試，因文書遲至又受阻於颱風，遂絕意仕進。光緒 4 年（1878）應聘主講文英書院（岸裡社文昌祠，即文英社），並兼館筱雲山莊，呂汝玉、汝修昆仲和謝道隆、吳師廉、陳

〔註5〕道光壬寅歲，余將遊臺，往辭先生，先生曰：『子將有萬里之行，挾此才具，必能光大門閭，今以吾名貺子云云。』〈心珠先生傳〉，王國璠執行編輯：《吳子光全書（下）・一肚皮集》，卷4，頁218～219。

〔註6〕〈求田問舍記〉：「歲光緒己卯除夕，鐵梅老人記，時年六十有一，正血氣既衰戒之在得之候。」王國璠執行編輯：《吳子光全書（下）・一肚皮集》，卷7，頁481。又見〈小草拾遺・序〉：「鐵梅老人時年六十有一」，《吳子光全書（上）・小草拾遺》，原書未標頁碼。

〔註7〕〈雷同說〉：「李密讀《漢書》，蘇子美讀《漢書》，蘇子瞻亦讀《漢書》，似未若鐵梅道人之獨得真詮也。」見王國璠執行編輯：《吳子光全書（下）・一肚皮集》，卷8，頁536。又〈筱雲軒記〉：「余援昔人河東三鳳事例，稱呂氏為海東三鳳云。光緒四年十月十有三日，鐵梅道人記。」見王國璠執行編輯：《吳子光全書（下）・一肚皮集》，卷6，頁409。〈文英書社祀典序〉（〈文英社梓橦帝君會序〉原篇名）：「鐵梅道人曰：觀上兩條，則社會二者，文不雅馴明甚，第習俗相沿，因循未變，姑援蘇子瞻于米顛事例，曰吾從眾耳。」見王國璠執行編輯：《吳子光全書（下）・一肚皮集》，卷18，頁1206。

萬青、丘逢甲等一時俊彥皆從之學，對中部文教風氣有莫大貢獻。〔註8〕

　　吳子光著有《一肚皮集》18卷，門人呂汝玉、汝修兄弟於光緒初元為之刊刻行世〔註9〕，此書是吳子光的代表性著作，也是唯一獲得剞劂傳世的作品，末附手抄本《小草拾遺》1卷，全集共約廿萬言。又撰有《三長贅筆》16卷，是廿三史緒論之作，主要是讀史札記，特殊之處是將經書列為史書的一部分加以評論；《經餘雜錄》12卷，內容有書後題跋、古今詞語、詞林典實、論辨、文辭等五類；又有《芸閣山人集》，乃筱雲山莊呂汝玉珍藏。無序、跋，也無目錄，當非吳子光生前自訂集。封面標有疏、序、文、書後、論、節略、書等七項。本集編有《一肚皮集》、《小草拾遺》、《經餘雜錄》未收和部分已收之文，應為吳子光其它著作的底稿。〔註10〕此外，1959年時臺灣銀行經濟研究室曾輯錄其有關臺灣歷史地理、文化風俗、社會經濟等篇章為《臺灣紀事》〔註11〕一書出版，列為《臺灣文獻叢刊》第36種，對於研究道光、咸豐、同治、光緒時期的臺灣歷史文化具有重要的史料價值。在清代臺灣儒者中，著作最多且留存完整的就屬吳子光。是故陳運棟稱他為有清一代山城文人儒士的「文獻初祖」〔註12〕，實當之無愧。

　　清代中葉的移民潮，其背後驅動的力量源於物資的不足，經濟發展陷入停滯，苦於無新經濟機會的漢移民，只好向海外另闢營生之地。吳子光家族

〔註8〕林偉洲、張子文、郭啟傳撰文；盧錦堂主編：《臺灣歷史人物小傳：明清時期》（臺北：國家圖書館，2001年6月），頁49。

〔註9〕關於《一肚皮集》付梓的時間，因序文所言時間和書中許多有署記創作時間的篇章不合，致使《一肚皮集》真正成書的時間成謎，請參見本章第三節「吳子光《一肚皮集》的版本考述」之討論。

〔註10〕《芸閣山人集・芸閣山人集附印說明》，見〔清〕吳子光，高志彬主編：《一肚皮集（七）》，無頁碼。

〔註11〕「本書分編二卷並四『附錄』，……由於一生遭際困阨，所著文集曰『一肚皮集』，以東坡自況。本書即選其中記臺事之文，題曰『臺灣紀事』。卷一有『紀諸山形勝』、『紀臺中物產』、『臺事紀略』、『紀臺地怪異』、『記臺地盂蘭會』、『紀番社風俗』及『鄭事紀略』等七篇，卷二有『淡水義渡記』、『岸社文祠學舍記』、『滬尾紅毛樓記』、『竹塹建城後記』、『重建新埔街文昌祠記』、『遊大隘諸山記』、『金廣福大隘記』及『雙峰草堂記』（一）、（二）等九篇。另選臺人及寓臺人士傳狀為『附錄一』、評議臺灣政事之論說與書札為『附錄二』、『淡水廳志』擬稿為『附錄三』、乃祖若父家傳及其本人別傳並『一肚皮集』自序為『附錄四』。」，見吳幅員：《臺灣文獻史料叢刊309種提要（全）・臺灣紀事》（臺北市：臺灣大通書局，1977年6月），臺灣文獻史料叢刊第一輯第36種，頁21。

〔註12〕陳運棟：〈山城文獻初祖——芸閣山人吳子光舉人〉，頁82。

的移居臺灣，便是一個典型的例證：

> 父子無所謀生……遂相率為稻粱之謀，製一羞澀囊，中貯青銅數百，
> 挈而走漳、泉、潮、汀之郊。破帽芒鞋，日行百里或數十里不等，
> 晚之踵已裂。至鷺島，塗窮而錢亦盡，送君者自崖而返矣。……不
> 踰時抵臺，依女嬰以居，喜無申申詈予，且相得甚歡。後依伯氏熊
> 生公，周親骨宍，相與慰藉者久之。〔註13〕

因在原鄉已難謀生，如今為稻粱之計只能冒險東渡臺灣求發展，先依附族親
生活，經濟穩定後再思自立之道，這是清中葉後東南沿海客家聚落的真實寫
照，梁肇庭指出：

> 幾乎所有移民到臺灣的客家人，都來自東南沿海宏觀區域的客家人
> 聚居區。這裡之所以產生大量的移民，是因為 16 世紀的經濟繁榮，
> 導致其人口過於膨脹。移民中大約有一半人來自客家腹地的中心
> ——嘉應州。此外，有 20% 左右來自潮州，一小部分來自汀州，潮
> 州和汀州也都地處東南沿海。這些移民大多沿韓漢江而下，到達汕
> 頭附近，然後要麼直接坐小船偷渡臺灣，要麼沿海濱去廈門，在那
> 裡獲得官方允許，再合法渡海去臺。〔註14〕

很顯然地，經濟機遇是影響客家人東渡臺灣的根本原因。乾隆 44 年（1779），
吳子光的祖父吳維信（鳴濬公）棄農從商，渡海來臺謀生也是時勢使然。吳
子光言：

> 祖禹甫公以家累，弱冠遊臺，集貲數千金以歸，乃築舍立家室，以
> 傳其子守堂公，即先君子也。……禹甫公之客遊海疆也，置腴田數
> 百畝，歲收其租之入以贍家，故三世蹤跡多在臺。厥後山人家酷貧，
> 鹿裘帶索，力不能具衣屨；史稱相如家居徒四壁立，予並無壁之可
> 言。〔註15〕

這一段話頗值得玩味的是吳家三世蹤跡多在臺，但命運卻大不同。鳴濬公有
開創之功，替子吳遠生（讚謨）、孫吳子光奠定了吳家在臺灣的生活基礎，算

〔註13〕〈芸閣山人別傳〉，王國璠執行編輯：《吳子光全書（下）‧一肚皮集》，卷7，
　　　　頁 330～331。

〔註14〕梁肇庭原著；蒂姆‧賴特（Tim Wright）編；王東，孫業山譯：《中國歷史上的
　　　　移民與族群性：客家、棚民及其鄰居們》，頁 72～73。

〔註15〕〈芸閣山人別傳〉，王國璠執行編輯：《吳子光全書（下）‧一肚皮集》，卷7，
　　　　頁 326。

是棄農就賈轉型成功的範例。鳴濬公初至臺灣時，生活也相當困憊，為了餬口，做過拉牛車、舂米之類的工作。後來，因其秉性樸厚，受到一田舍翁的賞識，借他一些資金周轉生意，經過了十餘年「每居積利輒數倍」、「纍纍積白金至五千有奇」〔註16〕，乃榮歸故里，成家立業，並「援例入太學，買腴田二百頃自給。更用仙人樓居故事，築數椽為安宅，顏之曰『垂裕樓』」〔註17〕，可謂家道昌盛。之後，鳴濬公「仍作舊遊。全臺故蕃地，有某社者，富盛冠於諸蕃，其酋長數人獨與公交稱莫逆，故終歲義取之貨，不下數百金。乃納媵室陳氏為娛老計，復營產業於社口等處，以作余家續命田，至於今不廢。」〔註18〕，由此可知吳子光祖父不僅諳於商道，且因和原住民酋長有良好關係，得以迅速累積財富，並在臺灣另納側室相伴，最後卒於臺灣，後數載，乃得函骨歸葬原鄉。然而當吳遠生（讚謨公）「獨秉家政」後，「性任俠喜客，竟以好名貧其家。」〔註19〕，且「遇親族中貧困，輒傾囊篋相助，未曾宿一諾者，以故人多倚仗之。」〔註20〕以致日後負債百金，而為還借貸，幾已耗盡家中所有，不久讚謨公遘屬足疾，接著祖母又染沉疴，賒欠之醫藥費如山積，「不得已辭家遠出，與其子先後至臺。彰、淡二屬，禹甫公舊遊處也，乃重至其所，雪泥鴻爪，強借枝棲；遂以東都為避債臺，暫作老於是鄉之想，亦時勢所迫故至此。」〔註21〕，是故貧窮困塞的生活，促使吳子光於道光17年（1837）、19年（1839）、23年（1842）三度遊臺，而第三次來臺時，他初依其姊安頓身家，後投靠堂伯吳熊生。不久應父親要求在岸裡社、社口（岸裡五社的入口）等處管理祖父留下的「續命田」，此後回嘉應原鄉之路只能遙想了。

　　吳子光家族迫於經濟拮据難以在原鄉生存而移民，這是一個大時代課題

〔註16〕〈先大父禹甫公家傳（大母附）〉，王國璠執行編輯：《吳子光全書（下）‧一肚皮集》，卷4，頁221。

〔註17〕〈先考守堂公家傳〉，王國璠執行編輯：《吳子光全書（下）‧一肚皮集》，卷4，頁233。

〔註18〕〈先大父禹甫公家傳（大母附）〉，吳子光：《臺灣紀事》（臺北：臺灣銀行經濟研究室，1959年2月），臺灣文獻叢刊第三六種，頁100～101。《吳子光全書》中同篇題內文無此段文字敘述，故茲引《臺灣紀事》。

〔註19〕〈先大父禹甫公家傳（大母附）〉，王國璠執行編輯：《吳子光全書（下）‧一肚皮集》，卷4，頁222。

〔註20〕〈先考守堂公家傳〉，王國璠執行編輯：《吳子光全書（下）‧一肚皮集》，卷4，頁233。

〔註21〕〈先考守堂公家傳〉，王國璠執行編輯：《吳子光全書（下）‧一肚皮集》，卷4，頁235～236。

的具體現象，但同時也是「家世務農，鮮有習制舉業者。」〔註22〕想要突破社會階層樊籬的文化心理的展示，祖父鳴濱公「棄農就賈，弱冠後，為臺灣之行，經紀生業，陡發義貲數千金。閱十載，囊貲歸，為援例入太學。」；父讚謨公「席前人餘貲」「選國子監學生」，就是一個欲轉換社經地位，提升文化素養層次的典型案例。無怪乎！吳子光自剖其東渡歷程：「足跡則由梅而循、而潮、而漳、而八閩、而海疆，遭逢則由黨而序、而學、而名場、而友教，馬背船脣，歷歷可僂指數。」〔註23〕，完成艱難辛苦的跋涉路途後，最終的目標仍指向文化教育的薰陶，藉此累積文化資本，進入社會文化菁英層級〔註24〕，即所謂的科舉社群，並藉由與不同科舉社群的交往，進一步擴大人際網絡，且準入一個更大的文化場域。

　　以上是關於吳子光生平的簡述，但過去的研究卻存有不少訛誤的地方，需要加以更正，如王國璠（1917～2009）在1974年出版的《台灣先賢著作提要》之《經餘雜錄》條，介紹「吳子光，字芸閣，廣東嘉應州人。年十二，畢大小經，始學科舉文。數試不售，乃渡臺，寄籍淡水。兵備道徐宗幹見其文，頗相期許。同治四年，舉於鄉，遂游縉紳間。同知陳培桂議修《廳志》，聘為採訪。嗣館於三角仔呂氏宅。呂為彰化望族，富而好客，且多藏書。子光沉浸其中，怡然自樂。惜為人憤懣，稍有不快，即流露於筆墨間。光緒二年三月卒，呂氏以師禮葬之。」〔註25〕等語有差謬之處。例如吳子光是卒於光緒九年五月，並非「光緒二年三月卒」，筆者推測這可能是引用文獻時的誤植，或與王國璠當時未見及《吳子光全書》中陳炎正所編的吳子光年譜有關。因王國璠曾先後執行編輯《台灣先賢著作提要》、《吳子光全書》二書，前書1974年出版，而《吳子光全書》則出版於1979年。又如楊碧川《台灣歷史辭典》

〔註22〕〈先考守堂公家傳〉，王國璠執行編輯：《吳子光全書（下）·一肚皮集》，卷4，頁233。
〔註23〕〈一肚皮集敘〉，王國璠執行編輯：《吳子光全書（下）·一肚皮集》，頁 3～4。
〔註24〕〈覆家霽軒軍門書〉：「來書言墾田樂事，方愧半世浮名，硯田餬口，舉家衣食，羣取給其中，老夫耄矣，固無事樊遲之學稼矣。本年屆丙子恩科，已就地方官起咨赴試，因海船風色相戾，試期迫促，只得抽身言還，賤子一生坎坷，尤多此類。」，可知科舉功名即是擠身社會文化菁英圈的門徑。見王國璠執行編輯：《吳子光全書（下）·一肚皮集》，卷3，頁106。
〔註25〕王國璠：《台灣先賢著作提要》（新竹：台灣省立新竹社會教育館，1974年6月），頁8。

裡「吳子光」條，把吳子光的身份歸為文人，總敘述僅五行，且有錯謬的地方，如於「三角莊呂家（苗栗）教書。」〔註26〕，實則呂氏筱雲山莊在今臺中市神崗區非苗栗。或者無生卒年，且其著作也只載錄《一肚皮集》，可謂相當簡略。

二、清代學術的趨向、傳播概敘

清代學術思想的發展在乾、嘉之後有了新的趨向，而儒學的多元內涵在那樣的環境裡，卻因政治力的介入而遭致扭曲變型後，最後則成了官方哲學的代表。清領臺灣後，儒學也隨遊宦治臺的文教策略傳播東來。

（一）吳子光所處的清代學術環境

大體而言，學術思想發展的通則是前有所承，後有所繼，只是因每個時代的歷史文化趨尚不同，政治社會制度差異，而凝現出一個時代或時期獨特的學風來。清代學術思想的演變亦復如是，如清學是以乾嘉考據學為其學風特徵，但此治學風尚絕非一時興起或憑空出現的，它必然有其學術內外在的脈絡可尋。例如光緒 30 年（1904），梁啟超（1873～1929）連續發表於《新民叢報》，一篇名為〈近世之學術（起明亡以迄今日）〉的清代學術史研究的系列文章，他於文中即剴切指析明末清初學術發生轉向的因緣有三：一是晚明朝政腐敗達於極點，致使他族入主中國，故警醒之學者多「講求實際應用的政論不容已」；二是王學末流空言狂恣蹈虛，遠離社會現實，故而「諸君子不得不以嚴整之戒律，繁博之考證，起而矯之」；三是顧炎武（1613～1682）、黃宗羲（1610～1695）、王夫之（1619～1692）、顏元（1635～1704）、劉獻廷（1648～1695）等「五先生」立志用才「奔走國難，各間關數十年於一切政俗利病，皆得之實驗調查。」以救國弊。〔註27〕而在清初的學派學者中，梁啟超特別讚賞新舊學派過渡時期的顧炎武、黃宗羲、王夫之、顏元、劉獻廷等「五先生」，認為他們揭櫫的應用的學問〔註28〕，已為後來的乾嘉考據學的發展鋪路。因此，他高度稱頌「近世學術史上，所以爛然其明者，為恃五先生。

〔註26〕楊碧川著：《台灣歷史辭典》（臺北：前衛出版社，1997 年 8 月），頁 326。

〔註27〕梁啟超：《中國學術思想變遷之大勢》（台北市：臺灣中華書局，1989 年 10 月），頁 84。

〔註28〕梁啟超：「近世學術史之特色者，必推顧、黃、王、顏、劉五先生。五先生之學，應用的，而非理想的也。」梁啟超：〈論中國學術思想變遷大勢‧近世之學術〉（台北市：臺灣中華書局，1989 年 10 月），頁 79。

抑五先生不獨近世之光，即置周、秦以後二千年之學界，亦罕或能先也。」
〔註29〕，是故明末清初的學術發展趨向，依內涵而言主要呈現三種樣態，「一
是舊有的理學，二是與理學相對立的經世致用之學，三是考據學。」，例如顧
炎武、傅山等學者即是倡立經世致用之學的代表，然而他們為以經世之學救
時弊的同時，無形中運用了一些考據的方法，來重新省視古代的經、史、子
群籍中所可能蘊藏的經世解方，而這種治學方法上的轉變，已漸次脫離程朱
理學的既定框架，實為清代學風轉變的先導和激磨學術內質多樣貌的推力。
〔註30〕

　　再從學術內部的迂迴前進歷程看，「明代學術的主流是理學。明代理學的
一個特點是理氣論的褪色，心性論成為思想家的學說重心。」〔註31〕，順此
心性論為發展中心的明代理學，其極致的表現則有王學的襲捲天下，如《明
史・儒林傳》云：

> 原夫明初諸儒，皆朱子門人之支流餘裔，師承有自，矩矱秩然。曹
> 端、胡居仁篤踐履，謹繩墨，守儒先之正傳，無敢改錯。學術之分
> 則自陳獻章、王守仁始，宗獻章者曰江門之學孤行獨詣其傳不遠。
> 宗守仁者曰姚江之學，別立宗旨，顯與朱子背馳，門徒遍天下，流
> 傳逾百年，其教大行，其弊滋甚。嘉隆而后，篤信程朱，不遷異說，
> 無復幾人矣。〔註32〕

然而一個時代的學術思想從來就不是單一的線性進展而已，即使是王學別開
新說漫衍天下，勢正隆盛的時候，朱子學也從未消失，更因受王學挑戰而積
極調整修正罅漏處，採取正面迎戰的姿態。如為了駁議王學末流的束書不觀
和空談虛妄，羅欽順〔註33〕（1465～1547）提出了：「故學而不取證於經書，

〔註29〕梁啟超：《中國學術思想變遷之大勢》，頁84。
〔註30〕侯外廬、邱漢生、張豈之主編：《宋明理學史（下）》（北京市：人民出版社，
　　　　1997年10月），頁874。
〔註31〕張學智：《明代哲學史・導言》（北京：北京大學出版社，2003年6月），頁
　　　　1。
〔註32〕〔清〕張廷玉等著：《新校本明史并附編六種十》（台北：鼎文書局，1975年
　　　　8月），明史卷283，列傳第170，儒林列傳1，第10冊，頁7222。
〔註33〕「羅欽順是明代中期一位重要的思想家，他的理論克服了理氣二元論的趨
　　　　向，上承張載，下開王夫之、戴震。……他站在朱子學的立場對陸九淵、楊
　　　　簡的批評與王陽明的辨論，可以看做明代後期王學逐漸興起，學術趨向籠統、
　　　　渾淪的時代風氣之下朱子學的一次反擊。」，張學智：《明代哲學史・導言》，
　　　　頁341。

一切師心自用，未有不自誤者也。自誤已不可，況誤人乎！」〔註34〕的看法，此觀點顯然和程明道：「吾學雖有所受，天理二字卻是自家拈出來」〔註35〕或王陽明：「良知不由見聞而有，而見聞莫非良知之用。故良知不滯於見聞，而亦不離於見聞。……大抵學問功夫只要主意頭腦是當。若主意頭腦專以致良知為事，則凡多聞多見，莫非致其良知之功。」〔註36〕的心性論大異其趣。到了明末的陳確〔註37〕（1604～1677），則更藉由經驗智識的尺度來挑戰程朱理學，有學者言「陳確學術生涯中的一個大事件，是公開懷疑《四書》之中《大學》、《中庸》兩書的正確性和權威性，這對於理學無疑是一個巨大的衝擊。」〔註38〕，即使「陳確與王夫之、顏元比較，雖有理論深度不夠的一面，但更顯現出接近實際的色彩。他說：『凡事皆求其實，勿徒鶩其名』（《喪實議》）。這樣的原則貫穿了他的整個思想，形成了特有的反理學風格。」〔註39〕，而陳確對宋明理學流弊的反省，在其〈無欲作聖辨〉中的批判力道更是驚動儒林，他從反向同一角度來詮解理、欲關係：

> 周子無欲之教，不禪而禪，吾儒只言寡欲耳。聖人之心無異常人之心，常人之所欲亦即聖人之所欲也，聖人能不縱耳。飲食男女皆義理所從出，功名富貴即道德之攸歸，而佛氏一切空之，故可曰無，奈何儒者而亦云耳哉！確嘗謂人心本無天理，天理正從人欲中見，人欲恰好處，即天理也。向無人欲，則亦並無天理之可言矣。……，確每自體驗，深知之。〔註40〕

〔註34〕〔明〕羅欽順著，閻韜譯注：《困知記全譯》（成都：巴蜀書社，2000年3月），卷下，第43章，頁275。

〔註35〕此為二程弟子謝良佐轉引師（明道）說之語。〔宋〕謝良佐著：《上蔡語錄》，收入朱傑人、嚴佐之、劉永翔主編：《朱子全書外編》（上海：華東師範大學出版社，2010年9月），第3冊，卷上，頁5。

〔註36〕〔明〕王陽明撰，于自力、孔薇、楊驊驍注譯：《傳習錄·答歐陽崇一》（鄭州：中州古籍出版社，2004年1月），中卷，頁199。

〔註37〕陳確的長子陳翼憶述其父之學行曰：「從入泮至告退，不及十年間，約千有餘藝。其精醇變化，出經入史，領章脈，抉題髓，抒寫性靈，源本道德，無剽竊摹擬之狀，有左右逢原之樂，非近日帖括家所能望其項背。」〔清〕陳翼：〈乾初府君行略〉，《陳確集》（北京：中華書局，1979年4月），首卷，頁13。

〔註38〕侯外廬、邱漢生、張豈之主編：《宋明理學史（下）》（北京市：人民出版社，1997年10月），頁856。

〔註39〕侯外廬、邱漢生、張豈之主編：《宋明理學史（下）》，頁856。

〔註40〕〔清〕陳確：〈無欲作聖辨〉，《陳確集·別集·瞽言四》（北京：中華書局，1979年4月），卷5，頁461。

這「天理正從人欲中見，人欲恰好處，即天理也。」之言，肯定了欲望於人的合理性，而非不切實際一味的要求絕欲。但陳確此「理在欲中」的觀點，如「蓋天理皆從人欲中見，人欲正當處，即是理。」〔註41〕、「忠孝節義，獨非人之所欲乎？」〔註42〕，是要併以「禮」繩之行事的，而非恣意順欲妄為，如其《補新婦譜》、《叢桂堂家約》之作，即是強調禮法融入生活的具體規準實踐。關於陳確的「理在欲中」、「欲受禮節」觀，筆者認為與吳子光的「恕道情理」論具有內在實質的相近性，值得在清代儒學傳播史此脈絡中，予以另闢專章梳理論較吳子光經、史之學在清代儒學傳播過程裡所形成的特殊性與在地化。

入清後的學者，如顧炎武也批評了「士而不先言恥，則為無本之人；非好古而多聞，則為空虛之學。以無本之人，而講空虛之學，吾見其日從事於聖人而去之彌遠也。」〔註43〕的陸王心學，如此對於理學，尤其是心性論的批駁，除了是學術內在發展的自身梳理外（「尊德性」轉到「道問學」）〔註44〕，外部政治社會變化的態勢也起了作用，因「明初的亡於異族，使明末清初的思想家莫不以明代的學術思想，尤其是王陽明的『心學』，作為反省的起點。對於『心學』，不再可能全部接受。無論是批評者如顧炎武、或繼承者如黃宗羲、或改造者如王夫之，都不約而同的在『心』、『理』之外，強調『氣』的意義和重要，從而提出『道』、『器』不離的觀念。」〔註45〕，換言之，明中葉以後對於回歸經典詮釋的要求，已露顯日後清代考據學興起的端倪。可以說「經世致用，乃清初思想之特徵。……漢儒以『通經』為目的，而以『致用』為其效果；顧氏則以『致用』為目的，而視『通經』為其基礎條件。說經義可

〔註41〕〔清〕陳確：〈與劉伯繩書〉，《陳確集‧別集‧瞽言四》，卷5，頁469。
〔註42〕〔清〕陳確：〈近言集〉，《陳確集‧別集‧瞽言一》，卷2，頁425。
〔註43〕〔清〕顧炎武：〈與友人論學書〉，《亭林文集》，收入氏著：《亭林詩文集》（臺北：臺灣中華書局，1982年4月），四部備要本，卷3，頁2。
〔註44〕談到明代是儒學「尊德性」發展的高峰，余英時認為這是智識主義思想的激揚，然而在這股反智識主義潮流中，白沙、陽明是居於撥潮起瀾地位的，不過並非整個明代學風都依「尊德性」為準的，在「道問學」（智識主義）這個立場上，仍是有強烈批判聲音的，這主要顯現為（程）朱陸兩派對立的公開化，他們將彼此之異推到極點，而如此的相異極點，在明末便開始發生轉向，為著清學的到來鋪設道路。見余英時：〈從宋明儒學的發展論清代思想史——宋明儒學中智識主義的傳統〉，《歷史與思想》（台北：聯經出版事業股份有限公司，2004年11月），頁87～114。
〔註45〕王邦雄、岑溢成、楊祖漢、高柏園編著：《中國哲學史》（臺北縣：國立空中大學，2001年2月），654。

以有用，是一事；說一切有用者必求之於經，則是一事。此中輕重之別，亦正標示由清初至乾隆間，學風演變之一重要關鍵。」〔註46〕但是「由於中國經籍本身之內部問題，凡真欲『通經』者，不能不先致力於考訂工作；因此，就歷史實際言，由『通經』轉至『考古』乃有確定客觀根據或客觀必要。」〔註47〕可見明末清初逐漸醞釀的經世致用觀，在切合實用，補偏救失的理念下，希冀透過「通經」來達到「致用」的目的，而「通經」的前提則必須先正經〔註48〕，經正才能理明〔註49〕，故而乾嘉考據學成為清學的一大特色，其實是在這樣的曲折學思路徑中轉匯為一代潮思的。〔註50〕

歷來對清代學術的評論，論者因所持觀點或判準立場的不同，產生了不小的負面評價，如牟宗三：「他〔註51〕不是徒托理學家之空名，而是有真實的實踐工夫，所以最後能絕食而死。……所以講理學講到劉蕺山就完了。滿清入主中國以後，這門學問就不能講了，學問也斷了。」〔註52〕，「所以我們講

〔註46〕 勞思光：《新編中國哲學史三下》（臺北：三民書局，1998 年 2 月），頁 802。

〔註47〕 勞思光：《新編中國哲學史三下》，頁 803。

〔註48〕 錢謙益（1582～1664）云：「宋之學者自謂得不傳之學于遺經，而近代儒者遂以講道為能事，漢儒謂之講經，今世謂之講道，聖人之經即聖人之道也，離經而講道，則亦宋儒埽除章句者導其先路也。宋史《儒林》與《道學》分，而古人傳注箋解義疏之學轉相講述者無復遺種，此亦古今經術升降絕續之大端也，經學之熄也……孟子曰：『我亦欲正人心』，君子反經而已矣，誠欲正人心，必自反經始，誠欲反經，必自正經學始。」見〔清〕朱彝尊著，侯美珍等點校：《點校補正經義考·通說三》（臺北：中央研究院中國文哲研究所，1999 年 8 月），第 8 冊，卷 297，頁 857～858。

〔註49〕 錢大昕（1728～1804）認為理能明徹的關鍵在於訓詁，如「嘗謂《六經》者，聖人之言，因其言以求其義，則必自詁訓始；謂詁訓之外別有義理，如桑門以不立文字為最上乘者，非吾儒之學也。訓詁必依漢儒，以其去古未遠，家法相承。」見〔清〕錢大昕著，呂友仁校點：〈潛研堂文集·序二·臧玉林經義雜識序〉，《潛研堂集》（上海：上海古籍出版社，2009 年 8 月），卷 24，頁 391。

〔註50〕 是故「從思想史的觀點看，我們不能把明、清之際考證學的興起解釋為一種孤立的方法論的運動，它實與儒學之由『尊德性』轉入『道問學』，有著內在的相應性。」見余英時《論戴震與章學誠：清代中期學術思想研究》（臺北：東大圖書股份有限公司，1996 年 11 月），頁 342。

〔註51〕 「他」指的是劉宗周（1578～1645），浙江山陰人，是明末著名的儒學學者，因講學於山陰縣城北蕺山，故又稱蕺山先生。從師承的脈絡看，其學受到王陽明和湛甘泉學派心學思想的影響，他學問淵深且氣節崇高，黃宗羲、陳確、張履祥等均為其門下弟子。

〔註52〕 牟宗三：《中國哲學十九講》（臺北：臺灣學生書局，2002 年 8 月），頁 417～418。

中國的學問，講到明朝以後，就毫無興趣了。這三百年間（清代）的學問我們簡直不願講，看了令人討厭。」〔註53〕，這幾乎是對清學抱持不屑一提的態度；又錢穆言：「故明人之學，猶足繼宋而起。滿清最狡險，入室操戈，深知中華學術深淺而自以利害為之擇，從我者尊，逆我者賤，治學者皆不敢以天下治亂為心，而相率逃余故紙叢碎中，其為人高下深淺不一，而皆足以壞學術、毀風俗而賊人才。」〔註54〕，這是就宋學立場來批判乾嘉考據學；勞思光直指「戴震則以為離『情』言『理』反屬『意見』，乃思想上一大顛倒也。……宋儒似亦假定一種完整知識，但其重點在『形上之理』。今戴氏不言『形上之理』而言『事物之理』，又欲在此一層面上獲得完整知識，則是昧於經驗知識之性質，作不可能之假定矣。」〔註55〕且「因戴氏之哲學理論疏謬至多，然其用心則無非可取。」〔註56〕，此就哲學邏輯來檢討戴震「達情遂欲」、「學以養智」之說。又如唐君毅力辯宋明理學為虛玄不實的指摘：

> 清代學者，對以前之宋明理學或宋明理學之根本精神，有一點大誤
> 解，因而對於其自身所代表之學術文化精神之限制，亦有未能深切
> 自覺處。……清代學者對宋明理學之根本精神之誤解，是以宋明理
> 學為忽略實際，其根本精神是虛玄不實的。此種批評，在清初對理
> 學末流而發，非無是處。但以後之人，一直以此為理學之詬病，則
> 不免謬見流傳。〔註57〕

唐君毅先生從整體的中國人文精神底蘊探察，認為清代學者對宋明理學有所誤解，以致誤識了理學末流為宋明理學的根本精神，從而使得清儒的思想方向易轍到一種向外向下的學思道途去，如其云：

> 清代學者之思想方向，自其別于宋明理學家之向上向內而言，可說
> 其為向外向下。然此非劣義之向外向下，此乃優義之向外向下。……
> 成物為優義之向外。……由上達而反于下學，由極高明而道中庸，
> 不只求上達，以自成聖成賢，而下同于民之情，以遂人之欲者，為
> 優義之向外向下。整個觀之，則清代學者之思想方向，其趣于一優

〔註53〕牟宗三：《中國哲學十九講》，頁418。
〔註54〕錢穆：《中國近三百年學術史·自序》（臺北：聯經出版社，1994年9月），頁18。
〔註55〕勞思光：《新編中國哲學史三下》，頁874。
〔註56〕勞思光：《新編中國哲學史三下》，頁877。
〔註57〕唐君毅：〈中國清代以來學術文化精神之省察〉，《人文精神之重建》（臺北：臺灣學生書局，2000年6月），《唐君毅全集》卷5，頁112。

義之向外向下者。〔註58〕

但不論是何種批議，實都暗指了清學內涵的豐富性，也呈現清代儒學內部正處於漢、宋學如何應世的調整與轉向，是故錢穆於〈兩漢經學今古文平議自序〉分析此類似儒門學派爭儒門正統的情況，評述為：

> 蓋清儒治學，始終未脫一門互戶之見。其先則爭朱、王，其後則爭漢、宋。其於漢人，先則爭鄭玄、王肅，次復爭西漢、東漢，而今、古文之分疆，乃由此而起。其治今文經學者，其先則爭《左氏》與《公羊》，其次復爭三家與毛、鄭。……蓋不僅於經學中有門戶，即經學本身，亦一門戶也。苟錮蔽於此門戶之內，則不僅將無由見此門戶之外，並亦將不知其門戶之所在，與夫門戶之所由立矣。故知雖為徵實之學，仍貴乎學者之能脫樊籠而翔寥廓也。……蓋今文古文之分，本出晚清今文學者門戶之偏見。〔註59〕

由此顯見，清儒治學因門戶之見而爭持不休，這猶如孔子沒後，儒分為八的情形，亦即清學實是儒門學派爭儒門正統的演繹結果。是以王汎森談「一代學風的形成」，曾就社會文化環境或權力關係剖析道：

> 一代學風的形成，與一種學術內在的精嚴性或是否更趨近所謂「真理」不一定呈正比關係，而與當時的社會文化環境或權力關係分不開。新的「價值階層」的出現吸引各地讀書人向它集中、靠攏，關心相近的問題，或以相近的方式處理問題。它不但吸引人們在「典範」下解決相關的問題（problemsolving），同時也吸引人們在新的「價值階層」所張起的大傘下各施聰明競爭、對抗。並且為了競爭、對抗而以最大的熱情與最快的速度，發掘材料，解決問題，傳遞學術訊息。競爭者之間要進行區隔，……儘管各家存在各種或大或小的差異，但總體而言，他們其實都是在一個新「價值層級」所樹立的標準下努力地工作著，形成一部聲音有點嘈雜的大合唱，形成史家筆下的一代學風。〔註60〕

〔註58〕唐君毅：〈清學之方向及其七型〉，《中國哲學原論・原教篇》（臺北：臺灣學生書局，1990 年 9 月），《唐君毅全集》卷 17，頁 698。

〔註59〕錢穆：《兩漢經學今古文平議》（臺北：東大圖書股份有限公司，1983 年 9 月），頁 1～3。

〔註60〕王汎森：〈錢穆與民國學風〉，《近代中國的史家與史學》（香港：三聯書店，2008 年 10 月），頁 264。

對「價值」的追求會形成新的「價值階層」的出現，清代以乾嘉考據學為其特點，但義理思想也潛藏其中，或說考古、訓詁只是手段，為了能更適切的應世，清儒提出了不同以往的經驗智識學說，樹立徵實求真的學術大旗。衡量此清學的演進軌跡，林啟彥以為清代學術思想的發展，鴉片戰爭是一個分界點，鴉片戰爭以前，大體以復古為主流；鴉片戰爭以後，則以效西趨新為標誌。而所謂的復古又可分為啟蒙、全盛、蛻變三期〔註61〕，學者治學的範圍，先由明返宋，再由宋返漢唐以至先秦；第四期則是創新期，主要受西學影響。〔註62〕要言之，清代學術思想取向是欲脫離宋明理學，重返漢唐以前的經學傳統，並出現了一群認同回歸經典詮釋的經學、史學家。吳子光值此晚清國勢衰敗，在內憂外患交迫之下的政治、社會、經濟變局中，他是否也感受到儒學自身面臨了調適應世的問題？「經世之學」在這樣的背景下乘運而興，而「經典考證」工作也在經世實學的風潮裡，加入了漢代的觀念，並以此精神來「明道救世」，吳子光的史論是否也同步符應當時的「通經致用」、「考經考史」的學風，筆者將在第三章加以梳理、探討並架構其說。

（二）清代儒學的傳播臺灣

臺灣儒學的建構，基本上來自二個方面，一是明鄭儒學，相當鄭氏王朝統治臺灣的時期，僅約22年（1662～1683）；一是清代儒學，清朝領臺有212年（1683～1895），隨著治理臺灣的需要，遊宦在這兩百多年間，為儒學教育設施立下基礎，也培養了本地的儒者，更因漢移民的增加，儒學、書院、義學、社學、私塾的廣設，加之科舉功名的誘因，臺灣儒學教育的推展也日漸普及。是故陳昭瑛言：「儒學在明鄭時期傳入臺灣，明鄭歷史乃南明史的一部分，主導明鄭歷史的鄭成功也與南明的儒學有深厚的淵源。因此明鄭時期的臺灣儒學，雖剛萌芽，卻是上承南明諸儒，下啟清代臺灣儒學。臺灣儒學的

〔註61〕啟蒙期的代表學者有顧炎武、黃宗羲、王夫之等，提倡經世致用之學，力矯宋明理學的流弊，以實證考據的方法研治經書，提出「捨經學無理學」的口號。全盛期則有惠棟、戴震、段玉裁、錢大昕、趙翼等學者，他們提倡考據之學，並以「無徵不信」的態度考索史學。蛻變期以莊存與、劉逢祿、龔自珍、魏源、康有為為代表，他們重新關注今文經學，藉以批判現實社會和政治弊端，治學的基本精神是「托古改制」。林啟彥：《中國學術思想史》（台北：書林出版有限公司2001年8月），頁238～239。

〔註62〕林啟彥：《中國學術思想史》，頁238。

另一來源是福建朱子學，廣義言之，即閩學。」〔註63〕，依此而言，臺灣儒學的源頭最早將可追溯到南明儒學，後隨鄭成功渡臺把明鄭儒學正式建構並傳播開來。

以鄭氏王朝而言，明永曆19年（1665年），鄭經接受諮議參軍陳永華的建議，開始積極投入資源在儒學教育設施的興設，師資的引進，制度的建立和課程的安排上，使得臺人子弟在通儒的教育下，皆知精進勵學。如連橫所云：

> 延平克臺，制度初建，休兵息民，學校之設，猶未遑也。永曆十九年八月，嗣王經以陳永華為勇衛。永華既治國，歲又大熟，請建聖廟，立學校。……從之。擇地寧南坊，面魁斗山，旁建明倫堂。二十年春正月，聖廟成，經率文武行釋菜之禮，環泮宮而觀者數千人，雍雍穆穆，皆有禮讓之風焉。命各社設學校，延中土通儒以教子弟。凡民八歲入小學，課以經史文章。天興、萬年二州，三年一試。州試有名者移府，府試有名者移院，各試策論，取進者入太學。月課一次，給廩膳。三年大試，拔其尤者補六科內都事。三月，以永華為學院，葉亨為國子助教，教之、育之，臺人自是始奮學。〔註64〕

明倫堂的設立意謂臺灣儒學教育正式步入制度化的階段。不過，臺灣儒學文化的深化與大規模的傳播〔註65〕，則要從清代開始也給予臺灣學子科考名額，才算是逐漸邁向完整化，如康熙24年（1685年），首任台廈兵備道周昌便建請清廷能「設學校開科考試」，事實上，開科取士對儒學教育的影響相當大，據《臺灣通史・教育志》載：

> 清人得臺之後，康熙二十二年，知府蔣毓英始設社學二所於東安坊，以教童蒙，亦曰義塾。其後各縣增設。二十三年，新建臺、鳳兩縣

〔註63〕陳昭瑛：〈儒學在臺灣的移植與發展：從明鄭至日據時代〉，《臺灣儒學：起源、發展與轉化》（臺北：國立臺灣大學出版中心，2008年4月），頁1。

〔註64〕〔日〕連橫撰，臺灣銀行經濟研究室編輯：《臺灣通史・教育志》（臺北市：臺灣銀行經濟研究室，1962年12月），卷11，頁268～269。

〔註65〕「康熙二十三年（1684年），臺灣知縣沈朝聘、鳳山知縣楊芳聲分別在縣治設立了儒學；二十四年（1685年），臺灣首任知府蔣毓英、巡道周昌將明鄭時期的舊學堂改建、擴充為文廟，在其旁設立府學，由福建省派駐教員管理學務，縣學設教諭、訓導，基本奠定了以後臺灣儒學教育機構的雛形。」見李穎：〈清代臺灣儒學文化的地域分佈及原因〉，《福建省社會主義學院學報》第3期（2005年），頁19～20。

儒學。翌年，巡道周昌、知府蔣毓英就文廟故址，擴而大之，旁置
府學。由省派駐教授一員，以理學務。而縣學置教諭，隸於學政。
其後各增訓導一員。然學宮虛設，義塾空名，四民之子，凡年七、
八歲皆入書房，蒙師坐而教之。先讀三字經或千字文，既畢，乃授
以四子書，嚴其背誦，且讀朱註，為將來考試之資。其不能者，威
以夏楚。又畢，授詩、書、易三經及左傳，未竣而教以制藝，課以
試帖，命題而監之作。肄業十年，可以應試。其聰穎者則旁讀古文，
橫覽史乘，以求淹博。父詔其子，兄勉其弟，莫不以考試為一生大
業。克苦勵志，爭先而恐後焉。〔註66〕

很明顯地，科舉功名成為儒學教育普及的最大趨動力，甚至使得義塾空設，
而書房林立〔註67〕，形成「父詔其子，兄勉其弟，莫不以考試為一生大業，
克苦勵志，爭先而恐後焉。」的特殊教育風景。又科考員額制度的調整，也為
儒學教育的參與和普施帶來契機，如「舊制：三年兩試，一為科考，一為歲
考。康熙二十五年，福建總督王新命，巡撫張仲舉奏准，臺灣歲進文武童各
二十名，科進文童二十名，廩膳生二十名，增廣生如之。歲貢以廩生食餼為
先後，年貢一人。將試之時，童生赴縣投考，書其姓名、年貌、三代籍貫，廩
生保之。」〔註68〕這種對科考員額核定數量的提升，一方面顯示當時臺灣的
經濟生活已有改變；另一方面也意謂穩定的經濟生活有利文教事業的推動。

此外，隨著漢移民的不斷湧入臺灣拓墾，在人民經濟能力提昇後，文教
方面的需求也跟著增高，康熙49年（1710年），《諸羅縣誌》載：

自斗六門至雞籠山後八百餘里，溪澗崖谷，既險且遠。當設縣之始，
縣治草萊，文武各官僑居佳里興；流移開墾之眾，極遠不過斗六門。
北路防汛至半線牛罵而止，皆在縣治二百里之內；於時當事即有臺
北添兵之議（見「郡志」）。然虎尾、大肚，人已視為畏途；過此，

〔註66〕〔日〕連橫撰，臺灣銀行經濟研究室編輯：《臺灣通史·教育志》，卷11，頁
269。

〔註67〕「綜觀舉業與理義之間的競論雖有不同的論點，但是有一明確的事實，即是
清代台灣書院的儒學教育逐漸重視舉業帖括，課生徒以制藝章句已漸成主
流。」，依此科舉功名的需求，清代臺灣儒學的創發性不足也在此。吳進安：
〈清領時期台灣書院教育的儒學思想〉，《漢學研究集刊創刊號》第1期（2005
年12月），頁129。

〔註68〕〔日〕連橫撰，臺灣銀行經濟研究室編輯：《臺灣通史·教育志》，卷11，頁
269～270。

則鮮有知其地理之險易者。……於是四十三年秩官、營汛，悉移歸
治；而當是時，流移開墾之眾已漸過斗六門以北矣。……蓋數年間
而流移開墾之眾，又漸過半線大肚溪以北矣。此後流移日多，乃至
南日、後壟、竹塹、南嵌，所在而有。〔註69〕

可知康熙49年時，臺灣的土地開墾已由南部拓荒到中部半線、日南和北部新
竹、南嵌等地了，此盛況描繪了「臺灣自乾、嘉以來，開墾日進，人民富庶，
文風丕振，士之講經習史者，足與直省相埒。」〔註70〕的繁榮情景。其後隨
著清帝國敗於英、法聯軍之役後（文宗咸豐1858～1860），雞籠（基隆）、淡
水開放為通商口岸，頻繁的貿易活動，不僅使得北部墾植地區不斷的擴大，
茶、糖、樟腦等產業的生產力也大幅提升，作物出口量躍增，商業活動愈益
熱絡，無形中也提高臺灣北部的經濟地位並凸顯其重要性。〔註71〕因此，相
應於漢移民在臺灣由南向北的經濟拓殖趨勢，清廷在地方行政區劃上，理應
順勢而分層設官治理，藉以深化管控和有效開展文教事務〔註72〕，然而「清
廷治理臺灣雖長達二百一十二年（1683～1895年），但是其對臺灣的統治，於
康熙朝至同治朝之一百九十年間（1683～1874年），長期採取消極防堵與消極
因應政策，殆至光緒朝才轉為積極管理與開發。因此，清代臺灣的府、縣、廳
行政機關與儒學、孔廟之設置，乃伴隨此前、後兩期政策之差異，呈現各機
關設置之緩急狀況。」〔註73〕，而根據葉憲峻對清代臺灣儒學設置的時間分
期、分布地點的研析：

總觀清代臺灣二百餘年間，先後共設置十三所儒學。就這十三所儒
學設置的時間而言，分別集中於清代統治臺灣的前、後期短暫時間。
四所儒學創設於統治之初三年內，七所設於同治十一年（1872年）

〔註69〕〔清〕周鍾瑄著;臺灣銀行經濟研究室編輯:《諸羅縣志·兵防志·總論》（臺
北市：臺灣銀行經濟研究室，1962年12月），卷12，頁110。

〔註70〕〔日〕連橫撰，臺灣銀行經濟研究室編輯:《臺灣通史·教育志》，卷11，頁
272。

〔註71〕薛化元:《臺灣開發史》（臺北市：三民書局，2013年10月），頁89。

〔註72〕檢視清代的臺灣教育制度，府、縣廳儒學不只是教育行政機關，亦兼有學校
教育的功能，如「依據清朝《大清會典》所訂『直省府、州、縣、衛，各於
所治立學』之儒學制規，臺灣應於各府、州、縣、廳設立後，隨即建置府、
州、縣、廳學。但是臺灣因位處清廷之邊陲，因而在消極治臺政策下，臺灣
的儒學並未全部即時隨行政管理單位之設立而創設。」葉憲峻:〈清代臺灣儒
學與孔廟之設置〉，《社會科教育研究》第13期（2008年12月），頁192。

〔註73〕葉憲峻:〈清代臺灣儒學與孔廟之設置〉，頁188。

以後，剩下二所則點綴於漫長的一百八十五年（1687～1872 年）之中。另從各儒學設置的地點來看，同治十一年以前一百九十年間（1683～1872 年）所設置的六所儒學中，五所設在臺灣中部以南，中部以北（包括宜蘭）僅有一所淡水廳廳學。由此顯示長期以來，臺灣中部以北地區因為行政管理體制設置較晚，而影響儒學的設置；至於離島澎湖則始終未設置儒學，顯現離島教育之不足。〔註74〕

從上顯見，清廷於臺灣文教事務的推展，在同治 11 年（1872 年）以前是比較消極的，因在全部 13 所官方儒學當中，竟有 7 所是在同治、光緒年間設置的。此種南北文教建設失衡的狀況，勢必引發移墾地區有識之士的興學立教之議。故而當官學數量不足以支撐移墾區域人民的文教需求時，傳統的書院制度便適時地裨補了府、縣儒學不逮的缺憾，且不論是由地方官倡建、士紳籌建或由文社擴展，這種介於官學與私學之間的教育機構（附錄九），確實對文化風俗、社會教育和知識傳播起了提振的作用，至若「臺灣書院的設立，或由地方官倡建，或由紳民籌建，遍及臺灣府與南北各縣廳，為數達三十餘所。早期臺灣社會因具有濃厚的移墾色彩，故書院除補學校之不足的傳統功能外，在教化先民、改良社會風俗、樹立社會清議，以及作為主持地方文運中的社會教育功能方面，亦扮演重要之地位。」〔註75〕，是故書院除為備科考的造士之所外，在開展地方文風及善導社會民俗上也發揮很大的效用。

隨著大量北墾移民開荒的成功，雖然出現行政管理機關未能及時因勢調整，與各地儒學學額無法反應人口增加後，提供符合實際需求的就學機會的困境，但書院、社學或義學等教育設施的陸續興立，卻也為有心向學的士子、鄉子弟、貧民子弟，闢建另一可學文習經、備科舉或識字讀書之所。也因為如此，臺灣南北儒學教育和科考的關係發生了一個值得注意的現象，這之中的微妙變化是：

自康熙二十六年（1687 年）臺灣正式開科取士至光緒二十年（1894 年）最後一科，共二百零七年，這期間臺灣共中舉人二百五十一名，其籍貫都有明確記載。臺灣舉人的地域分佈上存在著幾個特點：在

〔註74〕葉憲峻：〈清代臺灣儒學與孔廟之設置〉，《社會科教育研究》第 13 期（2008 年 12 月），頁 194。

〔註75〕黃秀政、張勝彥、吳文星：《臺灣史》（五南圖書出版股份有限公司，2002 年 2 月），頁 111。

數量上，臺灣舉人顯示出南多北少的現象。若從其前後期的數目上
進行比較，臺灣南部雖然中舉最多，但隨著時間的推移，卻呈現出
遞減趨勢（澎湖廳除外），中部、北部舉人總數加起來雖不抵南部，
卻是在不斷增長過程中。……再從各地首次中舉的時間分析，則呈
現出由南向北發展的趨勢。〔註76〕

如上析述，臺灣南北儒學教育和科考的關係所發生的微妙變化，其一是在各
行政區域中舉的數量上，雖然仍是南部多於中、北部，但在其他行政區已能
逐漸呈現穩定增長的景象，而不再專美於南部。其二是在時間上，不管是正
科或恩科，道光朝以後，中、北部首次中舉的人數也愈益增多。整體而言，隨
著中、北部地區經濟墾殖的獲益，則更有利推展細緻化的儒學教化，這也是
臺灣南北儒學教育推展能符合需求和科考中舉人數能縮小差距的主要原因。
至於清代臺灣舉人的分佈之所以出現南部多而中、北部少的特點，主要也是
和墾殖區開發的早晚有關，因南部歷經荷蘭聯合東印度公司（1624～1662）、
鄭氏王朝（1662～1683）時期的開發，已有 60 年的基礎，歸入清版圖後，府
治亦設在臺南，相對於當時仍是蓁莽瘴癘之地的中、北部而言，南部地區自
然較能吸引渡臺漢人移居，所以在陶冶民風、儒學教化、知識普及率等層面，
就擁有佳於中、北部的先天優勢且能長久興盛的傳承。

　　然而，關於清代臺灣共考中多少文舉人，歷來說法不一，這除了所援引
的文獻資料有異外，也和推算的方式有關。〔註77〕例如，李穎即認為從有明
確籍貫記載來看，臺灣中舉人數共 251 名。又或「若以清代臺灣最後四十年
（咸豐五年～光緒廿一年，1855～1895 年）所產生一○二名舉人所佔全體舉
人的比率（36.8%）來看，可謂為臺灣文舉人的主要產生時期。……搭配清代
科舉正、恩科舉行之時間與次數，則約可推估清代臺灣預定錄取舉人名額總
數為二九二人。……共得清代臺灣文舉人二七九人。」〔註78〕可見不論是從
欽定數額推估，或由錄取榜冊計算，似乎兩者都存在一些落差。但這樣的落

〔註76〕李穎：〈清代臺灣儒學文化的地域分佈及原因〉，頁 19。

〔註77〕若按清廷各時期分配的文舉人數額做推測，從康熙 26 年（1687）到光緒 28
年（1902）應產生 275 名臺灣舉人，假如再依據臺南孔廟石碑的記載，康熙
26 年（1687）丁卯科到道光 29 年（1849）己酉科，共考中 225 名臺灣文舉
人，因此估計清代臺灣舉人當在 300 人左右。詳見楊齊福：〈清代台灣舉人之
概論〉，《台灣研究·歷史》（2007 年第 5 期），頁 60。

〔註78〕葉憲峻：《清代臺灣教育之建置與發展》（台北：中國文化大學史學研究所博
士論文，2003 年 6 月），頁 105～106。

差正恰好說明同治、光緒時期,清廷治臺的態度日趨積極,行政區域的劃分和儒學教育的推行,已較能回饋各拓墾區域的實際需求。是故,行政管理區域的劃分愈細,儒學機構的分布也就越多,利於容納更多的移墾子弟就學,如雍正元年,為因應龐大的漢移民潮,清廷決定在原來的臺灣行政管理區域上,從諸羅縣境內分設彰化縣,並於北部新設淡水廳。新設的彰化縣、淡水廳也會在諸羅縣既有的生員名額上逐步外加增多,最後擁有獨立的行政區域額數(附錄八)。

儒學在臺灣的傳播,「就漢族觀點而言,清代乃是臺灣社會成為以漢人主導、以漢文化為主流文化的階段,於是以臺南一帶為中心,儒學隨著漢文化而向南、向北、最後向東擴散。就文化的階級因素而言,鄭成功來臺之前,庶民階級的漢文化早已隨漢移民進入臺灣,其中自不乏與儒學相關而表現於人倫日用之間的思想。不過,屬於士大夫階層的漢文化,如儒學與科名觀念、精緻文學與書畫創作,則在明鄭之後才傳入臺灣。」〔註 79〕,因此儒學教育為移居臺灣的墾民帶來文化刺激,也連結了中國士大夫文化的傳統,體現了臺灣從經濟開發走向深層次人文教化的轉型過程。

第二節　師承、交遊與成學

自從吳子光祖父鳴濬公在臺灣經營事業有成,祖父與父親都相繼捐貲取得太學生資格後,吳家也逐漸相信他們能轉換到較高的社會階層位置。因此,吳子光從小便被父親寄予厚望能科舉登第,同時,讚謨公也為此做了一些準備和改變:

> 是時其長子生甫數齡,群然有國器之目,公喜自負,遂於祖山之麓構啟英書室,為教子肄業所。貯書數萬卷其中,延宿儒若吳、若湯、若宋諸先生以居,其致敬盡禮,雖孝子之事父母有所不逮。如是者歷十數年如一日。〔註 80〕

又〈一肚皮集敘〉言:

> 予自六歲就傳,未舞勺,大經、中經、小經皆卒業,始學作科舉文

〔註 79〕陳昭瑛:〈儒學在臺灣的移植與發展:從明鄭至日據時代〉,《臺灣儒學:起源、發展與轉化》,頁 1～2。

〔註 80〕〈一肚皮集敘〉,王國璠執行編輯:《吳子光全書(下)‧一肚皮集》,頁 1。

字。鄉先達見而奇之曰：「此子必以古文名世，劉蛻天荒之事可徵
矣！」予聞言竊喜自負。〔註81〕

依上文所見，吳子光天資穎悟，確實適合讀書以攻舉業，因此建造一間啟英
書室，創造有利學習舉業知識的環境是必須的，但當時這樣的舉動，卻引來
鄉人的側目訕笑，「初，公之闢書塾也，鄉里輕薄兒咸反唇笑之曰：『是欲傚
劉蛻破天荒事例乎』〔註82〕？及聞其子能通經矣，則駭；繼聞其子能成章矣，
則愈駭。久之，諸先達有謬予推獎，謂此子必興吾宗者，而浮議始息。」〔註
83〕，讚謨公不畏浮言議語，仍堅持為吳子光聘請吳應臺、宋華仁、湯其珍、
宋其光等宿儒教導，時間長達 14 年，而他也在兢業勤學中日有長進。吳子光
在原鄉的師承主要由五位性格不同、各有所長的儒士來帶領〔註84〕，以下分
述之。

一、原鄉師承

（一）吳應臺

　　吳應臺出身書香世家，父親是名諸生，然「先生家世清貧，父子各以硯
田代耕。甫弱冠，走粵東西千數百里而遙，以謀衣食，故蹤跡尤於五羊城中
為多。」，但「性倜儻，重然諾，有古烈士風。」〔註85〕，受到鄉里人的敬
重。

　　吳子光和吳應臺師顯然有許多相似處，如言「到臺後，天風海濤，大得
江山之助，而文章益奇。故取青紫如操左券，聲譽日起公卿間。是時先生以

〔註81〕〈先考守堂公家傳〉，王國璠執行編輯：《吳子光全書（下）‧一肚皮集》，卷
　　　　4，頁 233。
〔註82〕「破天荒」喻前所未有的事。五代王定保《唐摭言‧二‧海述解道》：「荊南
　　　　解送舉人，多不成名，叫號天荒。大中十四年，劉蛻舍人以荊解及第，時崔
　　　　魏公作鎮，以破天荒錢七十萬資蛻，蛻謝書曰：『五十年來，自是人廢，一千
　　　　里外，豈曰天荒。』」劉蛻打破荊南當地解元，五十年來無人進士及第的紀
　　　　錄，此事實空前，故曰「破天荒」。楊任之編著：《中國典故辭典》（五南圖書
　　　　出版公司，1999 年 6 月），頁 546。
〔註83〕〈先考守堂公家傳〉，王國璠執行編輯：《吳子光全書（下）‧一肚皮集》，卷
　　　　4，頁 234。
〔註84〕指導吳子光的五位老師因資料不足，無法查索其生卒年、師承或學脈來源，
　　　　做一系統性的比較，即使是《光緒嘉應州志》也無他們的記錄。
〔註85〕〈郡庠生星南吳先生傳〉，王國璠執行編輯：《吳子光全書（下）‧一肚皮集》，
　　　　卷4，頁 199。

文名震海濱，外間讀先生文者，見其劖刻之筆、拗折之思，疑為前賢復生。」
〔註86〕，經歷了臺灣海峽的天風海濤和臺灣的大山奇川，愈增益吳應臺的為
文筆力，只可惜不遇知音。再如讚其師「為文高古有法，常捫心自負堅且決，
謂試當得意。」，顯然吳應臺對舉業文字有極強的自信，「孰知屢試屢刖，炫
玉者竟淚涔涔數行下也。悲夫！」〔註87〕，不受親睞的無奈，始終不第的苦
悶，相信吳子光是深有同感的。事實上，吳子光和吳應臺當有較深的師生互
動情感，日後的遭際也類似，如「與先君子交最洽，館余家者數年。……居久
之，乃為臺灣之遊。……時余亦客臺中，如親戚，謦欬其側，意甚歡。始以吳
髮日短為憂，余慰藉之。」〔註88〕，即可得知自小吳子光便受教於其門下，
在亦師亦友亦親的關係中，自然對老師除了尊敬外，也多了一分的憐憫。在
兩人短暫相聚臺中時，那種師生相伴，兩相得意的歡樂之情流露無遺。

　　總言之，吳子光從老師處習得為文高古之法和重諾直介的處世之道，故
其評讚師德曰：「先生天倫敦篤，作事磊磊落落如青天白日，可以式浮靡而扶
名教。余欲追步芳躅，瞠乎後矣！」〔註89〕

（二）曾蘭家

　　按〈宿儒曾蘭家先生傳〉所述，曾蘭家世居嘉應嵩山鄉松江，身長不踰六
尺，行事有齊國晏嬰（？～550B.C.）風範，「家清貧，藉筆畊為恒產，以善教
聞名。」〔註90〕，他是一個善於教學的名師，但「性卞急，不能容人」〔註91〕
且對學生的學習都嚴加督責，以致諸弟子上課都如坐芒刺，日求寡過而已。然
而「師嚴然後道尊，所斷斷者此耳。」〔註92〕，吳子光因才華洋溢，表現傑出，

〔註86〕〈郡庠生星南吳先生傳〉，王國璠執行編輯：《吳子光全書（下）‧一肚皮集》，
　　　　卷4，頁200。

〔註87〕〈郡庠生星南吳先生傳〉，王國璠執行編輯：《吳子光全書（下）‧一肚皮集》，
　　　　卷4，頁200。

〔註88〕〈郡庠生星南吳先生傳〉，王國璠執行編輯：《吳子光全書（下）‧一肚皮集》，
　　　　卷4，頁199～200。

〔註89〕〈郡庠生星南吳先生傳〉，王國璠執行編輯：《吳子光全書（下）‧一肚皮集》，
　　　　卷4，頁201。

〔註90〕〈宿儒曾蘭家先生傳〉，王國璠執行編輯：《吳子光全書（下）‧一肚皮集》，
　　　　卷4，頁203。

〔註91〕〈宿儒曾蘭家先生傳〉，王國璠執行編輯：《吳子光全書（下）‧一肚皮集》，
　　　　卷4，頁203。

〔註92〕〈宿儒曾蘭家先生傳〉，王國璠執行編輯：《吳子光全書（下）‧一肚皮集》，
　　　　卷4，頁203。

「甫數齡，已嶄然見頭角，有任延聖童之目。」〔註93〕，受到老師的賞識。

吳子光稱「先生聰穎過人，尤精字學，如一波一磔，一句讀翻切，皆辨晰至再三。」〔註94〕，可見曾蘭家治學嚴謹仔細，（字學）小學是其專長，筆者揣想吳子光的考據學基礎應來自曾蘭家的培養，而且能得其精微之義，故而他感嘆「讀書之難也，毛西河不通小學，至有巳、已、己一字三讀之說，其他又何譏焉？」〔註95〕，是以有才學者若無施展之地，人生終亦有憾，當他為老師「攻苦食淡，席帽未離且終身抱鄧攸之戚。」〔註96〕惋惜時，質疑「天道果安在也？」不公的心聲也浮現，為曾蘭家師叫屈同時，其實也是應現吳子光自身的窘境。

（三）宋華仁

宋華仁，號實堂，廣東嘉應州人，世居白渡鄉象湖坪，為白渡望族，其家族自明朝至今，科甲蟬聯不絕，族中以芷灣太史宋湘（1748～1826）名聲最著〔註97〕。宋華仁自幼穎異，食餼於庠，因才學出眾，後來進入國子監成為一方祭酒。因其形貌玉樹臨風，偉岸有姿，故從學者眾，年十五即為人師，最善於啟迪，講學時，深入淺出，幽默靈活，口講指畫如玉屑霏，如天花墜，辯說數百言而毫無倦色；聽講者不論資質聰穎抑或昏庸者，在其迷人風采下都能各有所獲。〔註98〕如此的教學引導能力，「考史傳中，惟匡鼎說詩解頤、王

〔註93〕〈宿儒曾蘭家先生傳〉，王國璠執行編輯：《吳子光全書（下）・一肚皮集》，卷4，頁203。

〔註94〕〈宿儒曾蘭家先生傳〉，王國璠執行編輯：《吳子光全書（下）・一肚皮集》，卷4，頁203～204。

〔註95〕〈宿儒曾蘭家先生傳〉，王國璠執行編輯：《吳子光全書（下）・一肚皮集》，卷4，頁205～206。

〔註96〕〈宿儒曾蘭家先生傳〉，王國璠執行編輯：《吳子光全書（下）・一肚皮集》，卷4，頁206。

〔註97〕「宋湘，字煥襄，號芷灣，廣東嘉應州人。九歲見諸伯叔為文會，即取片紙學為文，下筆有奇氣。乾隆壬子舉鄉試第一。嘉慶已未成進士，選庶吉士授編修，丁卯欽典四川試；戊辰典貴州試。癸酉授曲靖知府。所屬馬龍州，地瘠民貧，湘捐俸購木棉教婦女紡織。……署永昌府，練鄉兵除暴，郡有書院久廢，湘興復之，捐廉千七百兩有奇。湘襟抱豪邁，下筆具倜儻雄奇之槩，詩磊磊落落從真性情坌湧而出，自成一家言。著有《不易居齋集》、《豐湖漫草》、《燕台》、《滇蹻》諸集，性伉爽，見人一藝之工，稱譽不容口。」〔清〕溫仲和總纂：《光緒嘉應州志》，第5冊，卷23，頁1655～1657。

〔註98〕〈安定縣司鐸實堂先生傳〉，王國璠執行編輯：《吳子光全書（下）・一肚皮集》，卷4，頁207～208。

夷甫揮麈談禪，有此風味；若於說書人柳敬亭輩求之，則儗不於倫矣！」〔註99〕，讓人想見其精彩絕倫、活潑生動的課堂。

　　吳子光自道「余以童子執經門下，學作玉川子險怪家數，如梵籙天書，非篆非籀，字奧澀不可讀，駐馬寢食其下者，摩挲偶識一、二字便驚詫稱奇。又如宣尼壁中竹簡古色斑斕，所見悉蝌蚪文字，非孔安國一流欲定隸古不可得。」〔註100〕這學作奇特怪異、艱深難懂的字體求教於宋華仁一事，得到了老師的驚詫稱奇和讚賞，於此亦顯見吳子光在文字學方面的訓練，在兒時已打下良好基礎。也因為吳子光會得文字知音定義的要領，「故余每呈文藝，先生必奇賞之曰：『班、揚之儔，覺芷灣太史當日猶遜此才鋒也。』……聞言竊喜自負，因之學業稍進。」只可惜在「然文益富，家益貧，遂不獲追隨杖履。」〔註101〕的情形下，終未能常拜門下。

　　宋華仁曾以恩賜舉人身分赴任瓊州安定縣訓導，古時至瓊州仍須乘桴飄海，這種與吳子光渡海至臺的經驗相同，讓他油然生起讚嘆而自信之意：

> 贊曰：兩戒中唯山水奇，筆墨奇；山水而至海外，筆墨而至才人，……絕雲氣，負青山，無復有塵俗之見者存矣。夫閩之有臺灣，猶粵之有瓊州也，山川形勝，自闢海外乾坤，奧博雄奇、幽深峭拔之勢甲天下，皆為吾師若弟兩人者竊取之以治其文，於是瓊、臺山海之精氣發洩一二，姑留其餘以待之後學者。〔註102〕

吳子光拿自身所在的福建─臺灣島和廣東─海南島（瓊州）兩兩相隸屬的關係類比，認為海外之奇異山水，必待卓絕才人方能形容一二，點其奧博雄奇、幽深峭拔之勢，而自己和宋華仁正是能得山川形勝精微以模山範水的能手。若從宋華仁稱揚吳子光文藝以宋湘之才學相比擬，再到吳子光雅重宋華仁是能得江山之助的治文大家看來，宋華仁確實在文學涵養和技巧琢磨方面影響了吳子光。

〔註99〕　〈安定縣司鐸實堂先生傳〉，王國璠執行編輯：《吳子光全書（下）・一肚皮集》，卷4，頁208。

〔註100〕　〈安定縣司鐸實堂先生傳〉，王國璠執行編輯：《吳子光全書（下）・一肚皮集》，卷4，頁208～209。

〔註101〕　〈安定縣司鐸實堂先生傳〉，王國璠執行編輯：《吳子光全書（下）・一肚皮集》，卷4，頁209。

〔註102〕　〈安定縣司鐸實堂先生傳〉，王國璠執行編輯：《吳子光全書（下）・一肚皮集》，卷4，頁211。

（四）湯其珍

〈邑明經湯先生傳〉作於同治 6 年（1867），因湯其珍歸返道山，吳子光憶及受教湯老師門下種種，故而摭其緒論為之作〈邑明經湯先生傳〉。

湯其珍，字玉洲，鎮邑大地村人，貢生。所居里邑孝義為風，為守禮法者欽仰。其道貌偉然，髭髯美，有南朝謝靈運（385～433）的風流韻致。其個性敬謹樸實，待人謙和，是一個「紫芝眉宇」，淡泊榮祿卻才高德潔之士。

吳子光言讚謨公因「性任俠喜客，竟以好名貧其家。至是以食漸不周」〔註103〕，但「太孺人言笑自若，無一毫怨尤念。於是先君心稍安，乃得專力教子，為進取計。」〔註104〕，而讚謨公之所以專力教子實因「家世務農，鮮有習制舉業者」〔註105〕，是故為了達成科舉及第之想，道光 17 年春，讚謨公構靜室數椽，延上舍湯先生居之，樽酒論文，兩人至相得。當時的吳子光 19 歲，還保有爛漫童心，筆墨間散發的清真淡遠之氣使座中人驚訝不已。〔註106〕湯其珍以「言實心聲，凡事可偽為，惟文不容偽；亦猶忠義可偽為，惟孝友不能偽。」〔註107〕之語告誡吳子光，為文與為人真誠則可，虛偽作態則不可。文品如人的看法，一如其評吳子光文：「爾句奇語重，何堪迴首，慮異日數典之或忘也。」〔註108〕，而吳子光答以「文章難，古文視時文尤難。」〔註109〕，由師生的問答間，或可見古文創作需以真性情投注，文章才有生命靈動

〔註103〕〈先大父禹甫公家傳（大母附）〉，王國璠執行編輯：《吳子光全書（下）・一肚皮集》，卷 4，頁 222。

〔註104〕〈先大父禹甫公家傳（大母附）〉，王國璠執行編輯：《吳子光全書（下）・一肚皮集》，卷 4，頁 222～223。

〔註105〕〈先考守堂公家傳〉，王國璠執行編輯：《吳子光全書（下）・一肚皮集》，卷 4，頁 233。

〔註106〕〈邑明經湯先生傳〉，王國璠執行編輯：《吳子光全書（下）・一肚皮集》，卷 4，頁 208～209。

〔註107〕〔清〕吳子光：〈邑明經湯先生傳〉，高志彬主編：《一肚皮集（二）》，卷 4，頁 210。自註腳第 86、87、88 三處的引文，係引自龍文版的《一肚皮集（二）》，在《吳子光全書（下）・一肚皮集》中的〈邑明經湯先生傳〉並無如此的文字敘述，由此可析判吳子光的《一肚皮集》手稿在付梓前，某些篇章文字有再次更動，或者是原手稿再次影印時，即已不慎脫漏已久，因而使版本內容產生明顯的文句差異現象。

〔註108〕〔清〕吳子光：〈邑明經湯先生傳〉，高志彬主編：《一肚皮集（二）》，卷 4，頁 210。

〔註109〕〔清〕吳子光：〈邑明經湯先生傳〉，高志彬主編：《一肚皮集（二）》，卷 4，頁 210。

可言，時文則多為功名富貴而作，真心誠意於文實難到位，筆者臆想吳子光所謂的「余生平以文章視性命，不以存歿視性命。……文章千古事，得失寸心知。」〔註110〕當萌發於此。

（五）宋其光

宋其光，號心珠，廣東嘉應人。遠紹家學，舞勺（13 歲）入庠，後由明經舉於鄉。其素性謙和溫潤，是人師亦經師，人生態度以中道為衡準，認為「壟斷者賤，嫉富者矯，皆非中道也。」，對門弟子的訓示有二：「儒者讀書第一，治生第二。」〔註111〕，先生也以此自惕勉勵，讀書破萬卷，兼以涉獵《史記貨殖傳》、《漢書食貨志》、《越絕書》饒有心得，故能運用舌畊得來之館穀金以「權子母」生息之法，積貲至數千金。顯見宋其光是一個理財策略明確且投資有術的高手，相較於吳子光的自嘆困頓卑貧：

> 嗟乎！貧者儒之常，世固有甕牖繩樞之士，放浪形骸，睥睨富貴，視天下事無一當吾意者，彼自知才無足表異，不得不出於顛倒淋漓之一術以自護其短。……若吳子者，學不足動主知，才不能匡世難，己貧且耄，日徵逐於天風海濤之鄉，鬱鬱作寓公以老，固時命之窮矣，可見弟子之不如師也。〔註112〕

宋其光實踐「儒者讀書第一，治生第二。」的信條有成，確然是吳子光一個正面的範式，只是時命窮迫的吳子光，最後仍浮沉於世未能有所翻轉，鬱鬱作寓公以老，感慨「弟子之不如師也」。

宋其光和吳子光父交情甚洽，因此幼年時便受教門下，提點古文創作機要甚多，並得到極大讚許。為此，吳子光感懷的說：

> 先生再娶名媛，最後娶於吳為姬姓，故與先君子交尤密。余幼時即蒙許可及執贄門下，見余文奇之，語同學曰：「吾州人文淵藪，六朝金粉，固非才難，惟有唐三百年古文真氣脈，終藉此君大手筆為振起之。」其過譽如此。……道光壬寅歲，余將遊臺，往辭先生，先

〔註110〕〈答客問〉，王國璠執行編輯：《吳子光全書（下）‧一肚皮集》，卷2，頁90～91。

〔註111〕〈心珠先生傳〉，王國璠執行編輯：《吳子光全書（下）‧一肚皮集》，卷4，頁215。

〔註112〕〈心珠先生傳〉，王國璠執行編輯：《吳子光全書（下）‧一肚皮集》，卷4，頁216～217。

> 生曰：「子將有萬里之行，挾此才具，必能光大門閭，今以吾名貺子
> 云云。」〔註113〕

宋其光譽美吳子光才氣縱橫之餘，更鼓勵他將來在文學創作上必能承續唐三百年古文真氣脈。因此，在道光 23 年（1842），他將再次遊臺，往辭老師時，宋其光以己名賜予他，名為子光，期許他「挾此才具，必能光大門閭。」

　　此外，宋蒸謙是宋其光的族弟〔註114〕，也是吳子光的直諒好友，兩人交情匪淺，有書信往來，如云：

> 聞心珠師因逐隊春官，卒于舒城旅舍，賴吾兄親視含殮以終在三之
> 義。……弟自赴舉歸來，硯田餬口，名流處世祇是不夷不惠可否之
> 間，一切富貴利達于胸中早無罣碍，只文字舊業，壯心千里，猶有
> 王處仲唾壺風味。至于紀傳一種卓然成一家言，若就庸耳俗目而論，
> 尚未有可為鄙人師者語曰：『家有敝帚，享之千金』，然與否與？惟
> 是卅年作客，墨突不黔，又承諸當道謬相引重，屈史筆以供志乘之
> 役，馬班歐陽有志未逮，文章報國徒託空言。〔註115〕

文中感謝宋蒸謙函骨歸葬心珠師，也以心珠師逐隊春官不成一事，抒發自己空有文心才筆，卻有志難伸，「文章報國徒託空言」，引以為憾。

二、朋宦交遊

　　從《苗栗縣志》卷 13〈選舉表〉所列文舉諸人，客籍人士占了九分之八（包含劉獻廷之子劉翰），如劉獻廷（平遠縣）、吳銘鐘（嘉應州）、陳學光（嘉應州）、吳子光（嘉應州）〔註116〕、林洪香（鎮平縣）、謝錫光（鎮平縣）、謝維岳（嘉應州）等，其原籍若非廣東鎮平縣，即是廣東嘉應州或平遠縣，這表示苗栗地區的漢移民中來自粵東的客家子弟表現相當傑出

〔註113〕〈心珠先生傳〉，王國璠執行編輯：《吳子光全書（下）‧一肚皮集》，卷4，
　　　　頁 217～219。

〔註114〕「族弟孝廉蒸謙與余為硯席畏友，挑取知縣……素性豪宕不染偽道學習氣，
　　　　工詩文，尤善行草書。」〈心珠先生傳〉，王國璠執行編輯：《吳子光全書（下）‧
　　　　一肚皮集》，卷 4，頁 217～218。

〔註115〕〈寄宋蒸郊明府書〉，王國璠執行編輯：《吳子光全書（下）‧一肚皮集》，卷
　　　　3，頁 156。

〔註116〕「吳子光，同治四年乙丑科補行甲子科郭尚品榜，苗栗堡銅鑼灣人，原籍廣
　　　　東嘉應州。」沈茂陰纂修：《苗栗縣志‧選舉表‧文舉》，卷 13，頁 196。

〔註 117〕。同治 4 年（1865），吳子光中補行甲子科舉後，更得以與更多的名
公鉅卿遊，在吳子光交遊的官宦要員中徐宗幹、陳培桂二人，不僅對其有知
遇之恩，在文藝、史論書寫上也時相交流意見，如《苗栗縣志‧列傳先正》
云：「同治甲子科，舉於鄉。中丞徐宗幹屢貽書使北上，而生平恬淡，不營
仕宦，故不果。端溪陳培桂官淡水廳，悉其學行，延修《廳志》。」〔註 118〕，
以下分述之。

（一）官宦要員——徐宗幹、陳培桂

徐宗幹（1796～1866），字伯楨，號樹人，江南通州（今江蘇南通縣）人。
嘉慶 25 年（1820）進士。居官廉惠，所至有聲。道光 28 年（1848）4 月授福
建臺灣道。至即振興文教，整頓綠營班兵，變通船政，清理人犯，對內山番
社，設官治理。同治元年（1862）陞福建巡撫。是年彰化戴潮春起事，全臺騷
擾，即命前署臺灣鎮曾玉明渡臺，又奏簡丁曰健為臺灣道，會辦軍務，次第
平之。同治 5 年卒，年 71。諡清惠，祀福建名宦祠。著有《斯未信齋文集》，
編有《濟州金石錄》、《兵鑑》、《測海錄》等，並輯《治臺必告錄》5 卷以授丁
曰健，曰健復補輯 3 卷刊之，為治臺史之重要文獻。〔註 119〕

道光 28 年（1848），臺灣道徐宗幹到任，因其著意人才培育為急務，故
振興文教，吳子光遂於其主持歲考時，受其深識賞知，列一等，獲補為臺灣
府學廩生〔註 120〕。由於徐宗幹的刮目相看，每謁見，談文論藝畢，即以唐賢
裴行儉語「士之致遠，先器識，後文藝。」相勉，並以「國士」器重之，此即

<hr />

〔註 117〕 廣義而言，客家人亦屬棚民，即流居各地暫時搭棚謀生的人，而粵東則留居
相當多的棚民。影響 16 世紀下半葉棚民向外遷移的環境因素有二，「第一，
這裡的人民，特別是東南沿海的一帶的人民，不需要有過多的投資資本；這
裡從 16 世紀 30 年代開始，直到 16 世紀結束，經濟持續繁榮。」，「第二，
有大量習慣於用刀耕火種技術從事山地開發的勞動力資源。第一批棚民幾乎
全部來自東南沿海韓江流域的貧脊山區。這個地區是汀江和梅江的交匯地
帶。這裡是客家人的故鄉，他們語言和生活方式已經在這裡演化了好幾個世
紀。」見梁肇庭原著；蒂姆.賴特（Tim Wright）編；王東，孫業山譯：《中國
歷史上的移民與族群性：客家、棚民及其鄰居們》，頁 126、127。

〔註 118〕 沈茂蔭纂修：《苗栗縣志‧列傳先正》，卷 14，頁 203。

〔註 119〕 林偉洲、張子文、郭啟傳撰文；國家圖書館特藏組編輯：《臺灣歷史人物小
傳：明清暨日據時期》，頁 371～372。

〔註 120〕 同治 4 年乙丑（1865），吳子光以臺灣府學資歷最深之廩生，升補為歲貢生，
又適中本年補行甲子科第 52 名舉人，距他道光 28 年（1848）歲考時，列為
一等，獲補為臺灣府學廩生，已過 17 年。

吳子光所謂的「間歲，遂受徐清惠公之知，深以國士相待，追隨者久之。」〔註121〕和「即名聲亦稍起公卿間，初徐清惠公之視學東瀛也，能得士，獨光受知最深。每談文藝畢，諄諄以裴行儉語相切劘。」〔註122〕之情實。自此而後，約從咸豐元年（1851年）起，吳子光便展開了十餘遭西渡福州省城赴試的科舉人生，惜皆不售。其〈寄座主丁亦溪夫子書〉云：

> 因思千古人才無不從磨鍊中得力，故造物特闢一二惝恍離奇之異境以待若人，而險阻艱難皆為動忍增益之具。柳文以貶謫愈工，蘇文到南海益奇，斷非英雄欺人語，然此意唯光深喻之且敬承之，故渡海者十餘遭，恃忠信以涉波濤，借奇觀以擴文境，雖屢試屢蹶而志氣不少挫。〔註123〕

雖然屢試屢蹶，但吳子光悟得「柳文以貶謫愈工，蘇文到南海益奇」之道，思通千古才人均從磨難險阻中來，考場一時失意並不會挫損其兼善天下之志，而歷經的困頓厄逆發之為文則更顯雄奇偉峻。除了閱歷能拓闊文境外，徐宗幹也曾就考據與辭章的關係評析吳子光文，如〈考·序言〉曰：

> 考據與辭章是兩事亦是一事，非才識卓絕又能盡讀古人之書而得其要領者，未足與語此。不然賈公彥、孔穎達諸公於學無所不窺矣，然後人猶有遺言者何也？本朝文士喜言考據，雖所得有深淺皆賈、鄭門庭中人，大約考據之學引證不難，難其明晰；淹博不難，難其斷制。此樹人中丞評余文云爾。夫所謂斷制者即《史通》才學識之說也，雖有不及，不敢不勉。〔註124〕

可知徐宗幹勗勉吳子光考據與辭章兼善，具卓絕才識且學問淹博，方可謂才、學、識貫通之人。也因為徐宗幹的提點拔擢，吳子光終於有「用東方公車事例，直上燕臺以圖進取。」〔註125〕的機會，故而他對徐宗幹心生敬重崇仰，如其言：

〔註121〕〈一肚皮集敘〉，王國璠執行編輯：《吳子光全書（下）·一肚皮集》，頁1。

〔註122〕〈寄座主丁亦溪夫子書〉，王國璠執行編輯：《吳子光全書（下）·一肚皮集》，卷2，頁46～47。

〔註123〕〈寄座主丁亦溪夫子書〉，王國璠執行編輯：《吳子光全書（下）·一肚皮集》，卷2，頁46～47。

〔註124〕〈考·序言〉，王國璠執行編輯：《吳子光全書（下）·一肚皮集》，卷13，頁789。

〔註125〕〈寄座主丁亦溪夫子書〉，王國璠執行編輯：《吳子光全書（下）·一肚皮集》，卷2，頁48。

巡撫八閩者為徐公宗幹，治閩多惠政，……而事大小罔弗治，真合
循吏、儒林、道學、文苑諸家為一家者，洵一代偉人哉！……光昔
受公知補廩，屢以雋才相推許者也。卒後，光致座師丁亦溪（紹周）
先生起居，札內敘中丞遺事用《史記》吳季子挂劍徐君墓樹故實以
誌感。〔註126〕

從吳子光用「《史記》吳季子挂劍徐君墓樹」典和舉「屢以雋才相推許」一
事，就可強烈感受到他對徐宗幹的知遇之恩是如何地銘感五內，即使是過譽
徐宗幹為合循吏、儒林、道學、文苑諸家為一家的偉人。此中顯見懷才不遇
者，若得遇伯樂知賞，肯定其才學，則將對其生命意志的後勁昂發有增益之
功。

　　陳培桂，廣東高要人。道光29年（1849）舉人。嘗任三都書院院長，又
為嘉應丞。同治8年（1869）任淡水同知。是年9月，英領吉普理以建館購
地，與民齟齬，陳兵海上，炮擊安平，兵備道黎兆棠令培桂任交涉，五閱月而
事定，外人在臺能堅明約束者，自此始。以淡水廳尚無專志〔註127〕，同治9
年（1870）於明志書院設局採訪〔註128〕，初禮聘吳子光協修《淡水廳志》，後
因故乃更聘侯官楊浚修《淡水廳志》，10月而成，凡16卷。〔註129〕但事後吳
子光仍技癢不已，私擬〈職官序〉、〈典禮序〉、〈名宦序〉、〈藝文序〉、〈孝友
序〉、〈節烈序〉、〈學校序〉、〈鄉賢序〉、〈屯政序〉、〈物產序〉、〈仙釋〉、〈方
技〉、〈兵燹〉、〈禦番〉、〈設隘〉、〈番族〉、〈社學〉、〈義民〉、〈海防〉、〈佛寺〉、
〈道教〉、〈多男〉、〈人倫盛事〉、〈師巫〉、〈男女〉、〈犵狫客民〉、〈民籍〉、〈臺

〔註126〕〈寄徐次岳孝廉書〉，王國璠執行編輯：《吳子光全書（下）‧一肚皮集》，卷
　　　　3，頁167～168。
〔註127〕其實道光14年（1834），淡水廳已有鄭用錫纂修之《淡水廳志稿》2卷，但
　　　　未刊。同治6年（1867），淡水同知嚴金清聘林豪按鄭用錫所纂修志稿續修，
　　　　成14卷，仍未刊行。同治8年（1869），陳培桂（字香根）抵任淡水同知後，
　　　　研議修廳志，便以嚴金清所修志稿為藍本，編次依鄭用錫志稿，閱10月完
　　　　成廳志16卷，同治10年（1871）年刊行。
〔註128〕〈淡水廳修志試筆序〉：「此數十篇皆修志後所擬者，初陳司馬培桂之設志局
　　　　也，事在同治戊辰間，業關聘有專責矣。」，吳子光所言同治戊辰是指同治
　　　　7年（1868），這與鄭喜夫〈吳芸閣先生年譜初稿（三）〉所考究的同治9年
　　　　（1870）開局採訪，有兩年的差距，不知何者為是，似應以吳子光之親述為主。
〔註129〕林偉洲、張子文、郭啟傳撰文；盧錦堂主編：《臺灣歷史人物小傳：明清時
　　　　期》，頁225。又見鄭喜夫：〈吳芸閣先生年譜初稿（三）〉，《臺灣風物》31卷
　　　　3期（1981年9月），頁81～82。

俗〉共 28 篇（《一肚皮集序》卷 18〈序〉有收錄），且於〈淡水廳修志試筆序〉
道：「此後苟有長吏可語史學者，當抱此冊出為印證，任海內外具千手眼人辨
之」〔註 130〕。

陳培桂和吳子光的交誼理應匪淺，這從為數不少的往來書信和詩歌可旁
證，吳子光自言：

> 乙丑科，受丁亦溪周卿與湯四如明府兩公之知，遂舉於鄉，因得與
> 名公鉅卿遊；有為陶胡奴送米者、有為閔仲叔餽豬肝者，然感恩有
> 之，知己則未。當事中可稱知己者惟陳香根司馬一人；交好中可稱
> 知己者惟呂君汝玉、汝修昆弟而已。司馬之言曰：「吾宦轍半寰區，
> 欲因以陰求天下奇士，獨遇山人才品雙絕，蓋非陽山區冊之流，庾
> 嶺以南一人爾」。因為籌家計與身後名，且云藏之名山，傳之其人。
> 此種風味皆塵俗吏所厭聞，獨司馬破格為之；卓然不冰山之是求，
> 而泰山之是求，豈聞平津候東閣之風而興起者耶？何好士之殷且渥
> 也！〔註 131〕

> 嘻！光深負諸公卿多矣，又與陳香根司馬書，……司馬見之歎絕，
> 謂班孟堅、范蔚宗後又得替人，余愧不敢當此言。〔註 132〕

陳培桂是吳子光中舉後所交遊的當代執事，而且兩人有相當頻繁的魚雁往
返，足見其交誼匪淺，是故吳子光認定當代執事中唯視陳培桂為知己。究
其實，因陳培桂賞識吳子光的才品雙絕，譽為天下奇士，而讓他引以為知
音。所謂的「品」是指他超拔流俗，介直孤高的隱行，而「才」則是吳子
光在古文創作、史識史論方面的特出造詣，受到陳培桂的隻眼親睞，古文
方面有：

> 余姓喜古文，以著述為敝帚之享，久矣，獨陳香根深嗜之，謂：「此
> 煌煌者，直接有唐三百年古文真氣脈，而世人不知為可嘆也！」竊
> 古文一道，不必求人知，人亦不易知，余自比虞仲翔謫居海隅相類，

〔註 130〕　〈淡水廳修志試筆序〉，王國璠執行編輯：《吳子光全書（上）·芸閣山人集》，
　　　　　頁 967。
〔註 131〕　〈芸閣山人別傳〉，王國璠執行編輯：《吳子光全書（下）·一肚皮集》，卷 5，
　　　　　頁 333～334。
〔註 132〕　〈寄徐次岳孝廉書〉，王國璠執行編輯：《吳子光全書（下）·一肚皮集》，卷
　　　　　3，頁 168～169。

知己零落相類。〔註133〕

文中顯述陳培桂深愛吳子光之文，更知其文之精華可寶處，是可直通唐三百年古文真氣脈的大手筆，只嘆世人不知，也因世人買櫝還珠，故能知己者就寥寥不可尋了。

在史識史論方面，吳子光的史學素養，被讚揚為班孟堅、范蔚宗後的接替能手，而對修纂地方志史的熱情和能力則受到極大的肯定，如其云：

> 會香根陳侯奉檄署淡水篆，既至，政成民和，有議修廳志之舉。侯與僚友謀曰：「江淹有言，修史莫難於志；今郡邑志即史之流派也，非才學識兼長與其人心術品行粹然無傾險側媚之習者，不足以膺厥任，微吳君吾誰與歸？」〔註134〕

同治4年（1865）中舉後，吳子光的知名度大開，社會地位也向上翻昇了一層，故能結交名公鉅卿且可暢議的話題自不同以往。因此，當陳培桂就署淡水廳後，透過縉紳官宦的社交網絡連結，吳子光的高才佳品自然得到矚目，並進入其人際交流的名單之中。上文中「才學識兼長」與「心術品行粹然無傾險側媚之習者」兩句隱然是「才品雙絕」的最佳註腳，也說明了何以吳子光如此的珍重與陳培桂的交誼。當然吳子光也相當有自信能成就《淡水廳志》，只不過事與願違，後來他失去能一展史學長才的舞臺，其〈淡水廳修志試筆序〉云

> 初陳司馬培桂之設志局也，事在同治戊辰間，業關聘有專責矣。適臺帥薦其幕客某至，……限六閱月成書，能事逼促，非特無此才，亦無此精力。幸舊稿具存，某客無恙，姑以傭書之役歸之，則山人可擱筆以去矣。……山人拂袖後技癢不已，故擬定者若干篇，私志與私史不同。私史大干例禁，私志則否，此後，苟有長吏可與語史學者，當抱此冊出為印證，任海內外具千手眼人辨之。〔註135〕

可見主修《淡水廳志》的人事安排有其複雜性，情勢發展到最後，具有擇定纂修志書權力者已非陳培桂，又因理念和當權者不合，吳子光遂拂袖而去，

〔註133〕〈書茅選八大家文集後〉，王國璠執行編輯：《吳子光全書（上）‧經餘雜錄》，卷4，「書後題跋類」，頁209～210。

〔註134〕〈一肚皮集敘〉，王國璠執行編輯：《吳子光全書（下）‧一肚皮集》，頁1。

〔註135〕〈淡水廳修志試筆序〉，王國璠執行編輯：《吳子光全書（上）‧芸閣山人集》，頁965～967。

只是因技癢不已，後又私擬 28 篇序文，且信心滿滿地說，若有想與他一起討論史書的官吏（私志不犯法），他非常樂意捧出此書，任人審視之，其在史學領域的自負和專業，由此可見一般。

事實上，徐宗幹和陳培桂以外，吳子光中舉後有來往的遊宦要員增多，外交圈也擴大，以下列表匯整之如表 2-1，以示其人際網絡。

表 2-1　吳子光中舉前後有來往的遊宦要員

編號	執事者	籍貫	職　銜	到任時間	書信篇名	備　註
1	徐宗幹〔註 136〕（1796～1867）	江南通州人	按察使銜分巡臺灣兵備道〔註 137〕	道光 28 年（1848）	〈寄徐次岳孝廉書〉〔註 138〕、〈上撫軍徐樹人夫子〉〔註 139〕	徐宗幹主持歲考時擢吳子光為臺灣府學廩生，吳子光感念其知遇之恩，視為一生知己，也是他中舉前有來往的官員〔註 140〕。
2	吳大廷（1824～1877）	湖南沅陵人	按察使銜分巡臺灣兵備道	同治 5 年（1866）	〈呈齯使家桐雲先生〉四首〔註 141〕	吳子光參加補行甲子科鄉試時，吳大廷時任監考官，是他中舉前便交遊的官員。

〔註 136〕徐宗幹為官清廉操節，有政聲，同治 5 年（1867）卒，諡「清惠」，祀福建名宦祠。

〔註 137〕臺灣兵備道是當時臺灣的最高行政長官，簡稱臺灣道，是臺灣道主事者的正式職銜。

〔註 138〕〔清〕吳子光：〈寄徐次岳孝廉書〉，高志彬主編：《一肚皮集（一）》（臺北縣：龍文出版社，2001 年 6 月），卷 3，頁 164。

〔註 139〕〔清〕吳子光：〈上撫軍徐樹人夫子〉，高志彬主編：《一肚皮集（五）‧小草拾遺》，頁 45～47。

〔註 140〕〈寄徐次岳孝廉書〉：「光昔受公知補廩，屢以雋才相推許也。」，王國璠執行編輯：《吳子光全書（下）‧一肚皮集》，卷 3，頁 168。

〔註 141〕〔清〕吳子光：〈呈齯使家桐雲先生〉，高志彬主編：《一肚皮集（五）‧小草拾遺》，頁 48～49。

3	黎兆棠〔註142〕（生卒年不詳）	廣東順德人	按察使銜分巡臺灣兵備道	同治八年（1869）	〈興誦篇〉〔註143〕並繫以七律四首〔註144〕	
4	嚴金清（生卒年不詳）	江蘇金匱人	臺灣府淡水廳撫民同知〔註145〕	同治5年（1866）		嚴金清接任時逢戴潮春之亂後，百事待興政務弛滯、社會紛亂。
5	富樂賀（生卒年不詳）	滿州	臺灣府淡水廳撫民同知	同治7年（1868）	〈臺地籌積貯說〉〈贈富崇軒（樂賀）司馬詩并序〉四首〔註146〕	吳子光揚美富樂賀是「公真健者，聞雞驚祖逖之風。」〔註147〕

〔註142〕 關於黎兆棠是否與吳子光有確切的往來存在不同意見。呂欣芸於《清代臺灣客家文人的人際網絡——以吳子光為中心》一文認為葉靜謙的碩論《吳子光與《一肚皮集》中的臺灣風土探析》將黎兆棠、薩雁南等列為和吳子光有往來的官員是不妥的，因「翻遍《吳子光全書》卻找不到吳子光與黎兆棠兩人互動的書信，或有一同出席某宴，或經某人介紹而相識。〈興誦篇〉僅可見在吳子光心目中黎兆堂是『傲骨寒梅』真氣節之能士，是欣賞之意，並不表示相互認識。」即文獻資料不充分難以證實他們之間的交往程度，見《清代臺灣客家文人的人際網絡——以吳子光為中心》頁73。衡諸兩造的意見，筆者查索吳子光的所有著述，《吳子光全書（上）·小草拾遺》中的〈興誦篇為臺澎觀察黎公兆棠作〉，按讀文章似乎語意未完，如「塊壘填胸，空負一腔熱」，文末也未有七律四首，顯然版本不同，文字內容已出現差異，但細讀該文確實難以斷定兩人的交誼情形，不過即使兩人在實際生活上沒有太多重疊（感恩易，知己難），但能得到吳子光的欽仰，並行之詩文寄寓個人不遇的遭逢和志趣才學，據此，兩人應不致陌生疏離。

〔註143〕 〔清〕吳子光：〈興誦篇為臺澎觀察黎公兆棠作〉，高志彬主編：《一肚皮集（五）·小草拾遺》，頁32～35。

〔註144〕 七律四首之一：「廿年簪筆冠蓬萊，皇路馳驅負異才。包老何曾關節到，使星遙識益州來。功名鐘鼎千秋定，衡嶽雲山此日開。留取檀惟真面在，有人風骨傲寒梅。」〔清〕吳子光：〈興誦篇為臺澎觀察黎公兆棠作〉，高志彬主編：《一肚皮集（五）·小草拾遺》，頁34。

〔註145〕 淡水廳同知專責北臺灣內政，管轄範圍約今臺灣基隆至新竹一帶，可謂是淡水廳實際的地方治理者。

〔註146〕 〔清〕吳子光：〈贈富崇軒（樂賀）司馬詩并序〉，《一肚皮集（五）·小草拾遺》，頁39～41。

〔註147〕 〔清〕吳子光：〈贈富崇軒（樂賀）司馬詩并序〉，《一肚皮集（五）·小草拾遺》，頁39～41。

6	陳培桂	廣東高要人	臺灣府淡水廳撫民同知	同治 8 年（1869）	〈答香根先生書〉、〈第二書寄陳香根先生書〉（有目無文）、〈第三書〉、〈第四書〉、〈第五書〉〔註148〕、〈陳香根司馬六十壽文〉〔註149〕。	吳子光以「陳培桂為當事中唯一可稱知己者」〔註150〕
7	向燾（不詳～1878）	四川中江人	臺灣府淡水廳撫民同知	同治 11 年（1872）	〈覆向靜庵司馬書〉〔註151〕	光緒 3 年任臺北府知府
8	陳星聚（1817～1885）	河南臨潁縣人	臺灣府淡水廳撫民同知	同治 12 年（1873）	〈覆淡防司馬陳耀堂先生書〉〔註152〕〈槐忙編序〉〔註153〕	光緒 2 年任臺北府首任知府
9	吳光亮（1833～1898）	廣東韶州府英德縣人	臺灣鎮總兵	同治 13 年（1874）	〈覆家霽軒提軍書〉〔註154〕	光緒元年，吳光亮負責臺灣中路「開山撫番」事宜時，吳子光便提出切合當時番漢民情的可行策略。

〔註148〕以上五封書信見〔清〕吳子光，高志彬主編：《一肚皮集（一）》，卷 2，頁 58～66。

〔註149〕〔清〕吳子光：〈陳香根司馬六十壽文〉，高志彬主編：《一肚皮集（六）·經餘雜錄選》，卷 11，頁 67。

〔註150〕陳培桂與吳子光往來的書信中，曾跋吳子光〈先考守堂公家傳〉及〈雜詠八章〉兩篇。

〔註151〕〔清〕吳子光：〈覆向靜庵司馬書·附太守來書〉，高志彬主編：《一肚皮集（一）》，卷 3，頁 127～131。該文亦收入《芸閣山人集》

〔註152〕〔清〕吳子光：〈覆淡防司馬陳耀堂先生書〉，高志彬主編：《一肚皮集（七）·芸閣山人集》，頁 214～217。

〔註153〕〔清〕吳子光：〈槐忙編序〉，高志彬主編：《一肚皮集（七）·芸閣山人集》，頁 189。

〔註154〕〔清〕吳子光：〈覆家霽軒提軍書〉，高志彬主編：《一肚皮集（一）》，卷 3，頁 107～111。

以上九人是吳子光中舉前後有來往的遊宦要員，這之中以徐宗幹和陳培桂最受他親睞。徐宗幹是他中舉前即相當敬仰且感激知遇之恩的官員，而陳培桂則是他中舉後引以為知己的地方執事。至於其它的遊宦要員，吳子光與他們的往來情誼也留有詩文記錄，只是他們之間的情誼看來似乎沒有很深厚，書信內容多為公共事務的討論，較少涉及私人情感。

（二）地方望族──神岡呂氏家族

吳子光和神岡呂家三代有極深厚的交往情誼，也因為這特殊的師友、父師關係，使得中部臺灣的文教得以依此為基點向外拓展，尤其是吳子光主講文英書院兼坐館神岡呂家時期，門下從學弟子如呂氏三兄弟汝玉、汝修、汝成（有「海東三鳳」之稱）、丘逢甲、謝道隆、傅于天、吳茂郎等，可謂中部臺灣一時俊彥盡匯於斯。而以呂家筱雲山莊為中心的私人講學活動，因能聘請當時一流的優秀師資如臺南進士施士洁、彰化舉人陳肇興、嘉應舉人吳子光、烏日貢生楊馨蘭等任教，不僅開闊了呂氏子弟的文化視野，也間接影響了中部地方的文教水準和風尚。〔註155〕

呂氏祖父孫三代對吳子光而言是知己，也是施恩行義者，他與神岡呂家的因緣始於道光17年（1837），那是他第一次客遊臺灣，但為何會去拜訪呂世芳，因文獻不足徵，無法得知原由。神岡呂家「家世業農。至贈公世芳先生，善居積，不數載，家業大昌，而呂氏遂以富盛聞。……公為人坦，中無畛域，且敏於才，故遇事能決斷，一時排難釋紛，人目為今之魯仲連。」〔註156〕，顯然呂世芳因理財有術而資產大增，再加上為人坦白、才敏而善解紛爭，已使呂家在地方上備受敬重，逐漸成為士紳領袖。之後，長子呂炳南（1829～1870）接掌家政，重視子弟教育，聘請名儒教導，又雅好文學，關心地方文化發展，故與文藝人士時相往來，無形中推動了當地文風，同治5年（1866）年「筱雲山莊」別業建成，山莊藏經、史、子、集書籍二萬一千三百三十四卷，是當時臺灣最大的私人圖書館，吳子光也曾受此惠得飽覽群書，精益博深知識界域。〔註157〕

〔註155〕施懿琳、許俊雅：《臺中文學發展史》（豐原：臺中縣立文化中心，1995年6月），頁43。

〔註156〕〈候補訓導邑庠生呂公傳〉，王國璠執行編輯：《吳子光全書（下）·一肚皮集》，卷4，頁255。

〔註157〕「呂炳南（1829～1870），諱潮朗，字耀初，原籍福建詔安。十二世祖詳省於乾隆三十六年（1771）來台，卜居彰化；五十五年移居三角仔莊，呂家于

　　吳子光 19 歲那年，父親本欲為他聘請湯其珍儒師教之，以裁成其舉業文字，怎奈迫於蹇困家境，間接促成了其遊臺謀生的機運，而彰化縣三角仔（臺中市神岡區）望族呂世芳（衍納），與他一見如故，遂成忘年之交，「故每歲必至其家，至則流戀匝月不忍去。」〔註 158〕，這如非彼此累積了深厚情誼，實難有此盛情真意款待一個無親緣關係的人，無怪乎吳子光說：

> 乙丑科，受丁亦溪同卿與湯四如明府兩公之知，遂舉於鄉，因得與
> 名公鉅卿遊；有為陶胡奴送米者、有為閔仲叔餽豬肝者，然感恩有
> 之，知己則未。當事中可稱知己者惟陳香根司馬一人；交好中可稱
> 知己者惟呂君汝玉、汝修昆弟而已。〔註 159〕

中舉後，吳子光的人際關係有了極大變化，但此中的人情冷暖，令他感受頗深，不過「感恩」和「知己」是兩回事，在他的分判中屬於「知己」等級的只有陳培桂和呂氏汝玉、汝修昆弟，其差異在於陳培桂是能欣賞深識其文、史學才能的知己，而呂氏兄弟則是嗜其文和情感上交好的知己。實際上，呂汝玉、呂汝修不僅是其文章知己，更在情感上視吳子光為父師，也在物質上給予吳子光莫大支持，這不禁讓他感慨萬千認為：

> 昌黎所謂感恩有之，知己則未也。若二呂則異是，言其供養一寒
> 煗之宜，一食飲之節，實本丹心寸意蓄積而出，無一毫矯飾于其
> 間，又其家富圖史博覽多聞，于古大家源流剖析備至，見有能為
> 古人文字者，心敬之、服之、默識之猶不足，則從故紙堆中、劫
> 灰爐中一一收拾存之以傳其人，此種風義真合師道父道而一之

此繁衍成大族。炳南自幼聰慧，未弱冠，補弟子員，父親猝逝，以長子秉家政。同治五年（1866）年建築『筱雲山莊』於今台中縣神岡附近。莊中有清代臺灣最大的私人圖書館，藏經史子集書籍二萬一千三百三十四卷。八年岸裡社建『文英書院』，炳南出力甚多，官方擢為護理訓導。翌年，炳南於上海返台途中，近岸時遇颶風，不幸溺斃。丘逢甲、吳子光等名流皆曾於筱雲軒中讀書。其四子在詩書畫上都有所成，可謂書香傳家。日據時總督府所編《臺灣列紳傳》中，有炳南子汝玉、鶴巢之傳。」林偉洲、張子文、郭啟傳撰文；盧錦堂主編：《臺灣歷史人物小傳：明清時期》（臺北：國家圖書館，2001 年 6 月），頁 59。

〔註 158〕〈義門呂氏厚贈記〉，王國璠執行編輯：《吳子光全書（下）‧一肚皮集》，卷6，頁 383；又見〔清〕吳子光：〈義門呂氏厚贈記〉，高志彬主編：《一肚皮集（二）》，頁 371。

〔註 159〕〈芸閣山人別傳〉，王國璠執行編輯：《吳子光全書（下）‧一肚皮集》，卷5，頁 333～334。

者。〔註160〕

吳子光真誠意摰的說呂氏「風義真合師道父道而一之者」，此非虛言，實是語重心腸的切身之感，師生倆則推心置腹相待或可概之。獨稱呂氏昆仲為文章知己，主要表現在兩方面，一是呂氏昆仲推崇師作和有實際的評點工作，二是是因「感恩易，知己難。」，反映了吳子光在情感上、精神上的肺腑之言，其曰：

> 稱呂氏二呂則汝玉、汝修昆弟實為文章知己。……或問君文名籍籍，公卿中適館授粲者繄詎無人？獨推二呂為文章知己何耶？山人愀然避席而對曰：「嗟乎！感恩易，知己難。」，言及此令人淚涔涔數行墜矣。〔註161〕

吳子光淚涔涔數行滑墜所意顯的是感謝呂氏三代對他的照顧和支援，尤其是光緒 2 年（1876），應聘文英書院後，他能就此在中部地區安頓下來，不用再四處課館維生，也提供吳子光棲居筱雲山莊的機會，讓他晚年能更悠閒自在的與書為伍，精進其學識。呂氏三代對吳子光的優待禮遇，他是點滴心頭，也試著回饋一二，如〈義門呂氏厚贈記〉云：

> 光丁酉歲，余遊臺始至其家，時世芳先生尚健在，一見如舊相識，及耀初舉茂才，聲譽大起，嗣後名場角逐，閱今數十年得及見其子之成立，學業與歲月俱進，此則五十九翁心稍稍自慰。異日可告無慚於耀初者也。然而，予則日益衰矣，遑言富利達哉！嗟乎！賢豪聚會事非偶然，憶樽論交以來不知閱幾許滄桑，易幾浦炎涼，獨能耐久到頭，不以初終渝節者歷四十年如一日，此老杜所謂文章有神、交有道，亦金蘭譜中可一不可再之機緣也。〔註162〕

又如〈筱雲軒記〉言：

> 汝玉、汝修昆季，以予性嗜酒，家貧不能恒得酒，日攜酒肴至，不虞羊肉之踏我菜園也，予因此終日泥飲，飲輒醉，醉而臥，臥而覺，起則行園中，視羣花開未，未開命僮以水澆之，無速效，無助長，

〔註160〕〈義門呂氏厚贈記〉，王國璠執行編輯：《吳子光全書（下）‧一肚皮集》，卷6，頁388。

〔註161〕〈義門呂氏厚贈記〉，王國璠執行編輯：《吳子光全書（下）‧一肚皮集》，卷6，頁387。

〔註162〕〈義門呂氏厚贈記〉，王國璠執行編輯：《吳子光全書（下）‧一肚皮集》，卷6，頁389～390。

油油然以俟氣機之自至。〔註163〕

是故回憶過往恩義，吳子光能做的便是教導呂氏子弟學業能與歲月俱進，以酬報呂氏家族四十年不變的樽酒論交。光緒3年（1877），吳子光正式開館於文英書院，時年59歲，〈義門呂氏厚贈記〉即作於此年。而之所以揭明「遑言富利達哉」，實肇因於光緒2年（1876）擬赴會試，但因文書遲至，又阻於颱風斷途難以成行，自此便絕意仕進，這也就是為什麼吳子光感慨人世滄桑，世態炎涼之際，呂家卻「獨能耐久到頭」以父師之道禮敬他，使其無比珍惜呂氏昆季的「文章有神、交有道」和此人生「不可再之機緣」。光緒4年（1878），恰逢呂汝玉、呂汝修新葺「筱雲軒」精舍數椽，吳子光怕子孫不能免俗為其做壽而避居筱雲山莊。光緒9年（1883），吳子光卒，門人呂汝玉、汝修、錫圭兄弟以師禮葬之，並濟助其家，待師之厚，可謂近世無匹。〔註164〕

三、自修成學

基本上，吳子光的學思歷程，應分成三個面向來談，一是吳子光自身的性格，二是原鄉的師承學習，三是渡海經驗及移居臺灣後的自學。

吳子光個性疾惡不寬，坦白直截，或憐苦悲怨；論文治學又自負自信；論史則充滿恕道精神。筆者勉思再三，何以致之？後來發現這應與他從小體質萎弱有關，其云：

> 余幼時，質孱弱，終日閉兀坐，不好弄，有春秋晉夷吾風，且膽小，惡人言鬼神是事。親友有塵談及此者，亟走匿虛室中，閉門泣，衣斑斑盡濕。稍長，入書塾，儕輩以其怯也，輒取稗官事大詭異者恍之以為惡謔。是夕則寢不成寐，雖伏署必將衾裯掩護至再三乃已。然心猶惴惴驚疑，慮有默相於屋漏中者。〔註165〕

體力不佳自然活動力弱，常待室內空間少了與戶外的人群、自然互動，以致

〔註163〕〈筱雲軒記〉，王國璠執行編輯：《吳子光全書（下）・一肚皮集》，卷6，頁407。

〔註164〕王國璠於《海東三鳳集》提要言：「清彰化縣呂汝修、呂汝玉、呂錫圭撰。家富豪，購書兩萬餘卷，築筱雲軒藏之。其師吳子光題聯云：『筱環老屋三分水，雲護名山萬卷書。』兄弟沉寖其中，學益進。後子光死，禮葬之，並卹其家。越年，復出資刻其書，待師之厚，近世無匹，人呼為海東三鳳。」王國璠編：《臺灣先賢著作提要》（新竹：台灣省立新竹社會教育館，1974年6月），頁75～76。

〔註165〕〈開卷有益論〉，王國璠執行編輯：《吳子光全書（上）・經餘雜錄》，卷10，「論辨類」，頁625。

心思也就偏向消極膽怯，因此他膽小怕人說鬼神事，一聽到即立刻躲到房門內嚎淘大哭。年紀大些後，入書塾讀書，同輩知其怯懦，也都常說些詭異可怖之事來捉弄他以為樂事，即使是燥熱的溽暑，他也會害怕到躲在棉被內找掩護，甚至是驚疑鬼怪似已藏身在房內。

筆者以為貧困而體弱的吳子光，會因為「移情理解」這樣一種心理歷程，而轉現出自負自豪的態度，且想要盡其所能地樹立起自尊，這就是促成他想要在社會教育、政治策略（與名公鉅卿遊時提出建議，在《一肚皮集》卷2、卷3「書信」類時有所見）、文史著作上「成一家風骨」的強烈願望的內因。但弔詭的是也因為貧窮無所施力，所以在孝養雙親上，他便顯得更自卑自慚。

然而渡海經驗及移居臺灣後的自學，卻更快速廣泛地擴大了他的學術視野，尤其是三次渡越臺灣海峽的經驗，不僅讓他對生命可能的瞬逝有了新的死亡體驗，臺灣的奇山異水、豐饒物產也令他一新耳目。如〈寄座主丁亦溪夫子書〉述：

> 光弱不好弄，惟喜讀書，旋以親老家貧，作乘桴浮海之計，間關至臺，壯矣哉此行也。臺灣古毘舍耶國，在澎湖之東計程一帆風可至，其地延袤一千八百餘里廣，次之人民數百萬，閩為土著，粵則寄籍。物產豐饒，有《漢書·食貨志》與《桂海·虞衡志》所未載者，風景絕類瓊州，泱泱乎大都會也。四面環海，欲問津者非舟楫不為功，其或軒然大波，舵樓兀坐，日月吞吐，雷電晦冥，……驚奇境之冠絕平生矣。尤奇者，星月交輝，水天共色，舟一葉游漾恬波間，白鷗狎潮，輕風送柂，舟中人如覆平地，為成連移情者久之，益歎寄蜉蝣於天地，渺滄海之一粟，非東坡不能有此襟懷，亦非東坡不能消受此風月，彼俗工惡足以知之？〔註166〕

寫給鄉試主考官丁亦溪的信中，清楚說明雖體弱不好活動，惟讀書一事仍積極投入，後因親老家貧，不得不渡海謀生臺灣。吳子光所聞見的臺灣，海島上人民數百萬，閩為土著，粵則寄籍〔註167〕；加以四面環海而波濤排天，驚

〔註166〕〈寄座主丁亦溪夫子書〉，王國璠執行編輯：《吳子光全書（下）·一肚皮集》，卷2，頁45～46。又見〔清〕吳子光，〈寄座主丁亦溪夫子書〉，高志彬主編：《一肚皮集（一）》，頁51～52。

〔註167〕光緒11年（1885）臺灣建省之前，是屬於福建省管轄，當時治理臺灣的最高行政長官是臺廈兵備道，因此閩人入臺算是同籍的遷移，而福建以外的省份則是寄籍。

奇之境不斷實冠絕平生，此行可謂壯偉之旅。為此，吳子光引用蘇東坡〈前赤壁賦〉以自況，江風水月連天，舟行輕快，睹景興懷，油然生起天地無窮廣遠而人生易盡之感，但能像東坡一般享受此清風明月亦算是得造物之奧秘了，此處顯現吳子光少見的曠達飄逸之襟懷。

可知渡海經驗開闊了吳子光的文境，而移居臺灣後的自學時光則深邃了他的思境。這部分主要得力於筱雲山莊的豐富藏書，也是學力日有斬獲的助因。按〈筱雲軒藏書記〉載：

> 山人一生無他長，酷嗜讀書與蓄書而阻於力之不足。按古人體弱者，稱張良、王粲，晚更得皤然一老，……光緒己卯，春季，體偶不適，變而為泄瀉之疾，……數日憊甚，汝修出全力與二豎子爭（幾不勝卒，一戰勝之，於是游魂乘隙出竅）者，復一絲絲生入玉門關焉。余故語人曰：「老夫耄矣，以身家付二兒，以性命託三君。」……，三君謂呂子汝玉、汝修、錫圭也，古今人何遽不相及哉？洎病起，得藥餌以補之，酒肉以養之，壯佼復常，因掀髯一笑曰：「疾愈矣，可從事於鉛槧之役矣。」……呂君性風雅，禮賢下士，……其家聚書萬卷一一編摩而貫串之，余發篋時亦常滴露研朱僭書數語其後，戴記所謂教學相長。山人將以經史為菟裘而隱焉，此事可為知者道也。卓哉！呂君是真讀書人，是真藏書家矣！〔註168〕

由〈筱雲軒藏書記〉之內容看來，其重點大致可分為三部份，一是吳子光「酷嗜讀書與蓄書」出於天性，只是「阻於力之不足」而不能隨心所欲。二是受到呂家父子真誠而摯情的相待，甚至呂汝玉、汝修、汝成三兄弟以父師之禮侍之。三是由於呂家筱雲軒藏書的豐富，終使其能放下「名場勢利」的遺憾，悠然在此軒中上下數千載與古人相晤，關於此點，筆者認為對吳子光來臺後的學識養成實為關鍵，因以吳子光和呂家的交情而言，即使在他未擔任呂家三兄弟的業師時，相信筱雲軒中的藏書，他亦能隨心觀覽借閱，在經過長期的精思博識的淬鍊下，於光緒初元（1875 年）寫就的《一肚皮集》，光緒 5 年（1879 年）完稿的《經餘雜錄》、《小草拾遺》和光緒 6 年（1879 年）定稿的《三長贅筆》，這些兼具學術與文學性的著作，若沒有大量的藏書可資參讀，尤其是像《一肚皮集》、《三長贅筆》、《經餘雜錄》這類需經書、史書交錯運用

〔註168〕〈筱雲軒藏書記〉，王國璠執行編輯：《吳子光全書（下）‧一肚皮集》，卷7，頁 473～475。

的作品，勢必影響到創作內容的豐富性、可靠性和交叉辨別書籍載記的真偽。就此而言，呂家筱雲軒藏書對吳子光的成學確功不可沒，細看他所記的筱雲軒藏書類別如下表，便可讓人真切理解到呂家筱雲書軒，如何深深地影響吳子光的晚年生活，他曾感慨地說：

> 予老矣。稍俟歲星一周天，則與絳縣老人作同庚會矣。名場勢利，萬念俱灰，惟有文字之業，老而彌篤。予于讀書蓋天性也，今士讀古書者甚尠，得呂子以張吾一軍，雨憇雪幌，日與古人相對上下數千載間，翠然以一紙書通之祇隔面談耳。當把卷時不知實身在何世塵世中，更無他物可易吾此樂也，嘻！有旨哉〔註169〕！

因讀書之樂，吳子光深刻領略「文字之業」的永恆，且老而彌篤。或許也只有把卷之時，他在人生上的諸種逆挫失落方稍得消解。簡言之，有呂氏家族的護持，晚年吳子光的自學與治學才能無憂而進入到成熟之境。以下整理筱雲軒藏書內容以示吳子光的閱讀範圍如表 2-2 所示。

表 2-2　筱雲軒的四部藏書內容

四部分類	藏書內容	卷　數
經部	《詩》、《書》、《易》、三《禮》、三《傳》、《論語》、《孝經》、《爾雅》、《孟子》十三經。御纂註疏全	共四千五百一十四卷
史部	紀傳正史：馬、班以下至《明史》。編年：《資治通鑑》、《紫陽綱目》。古史：《竹書紀年》。雜史：《吳越春秋》之類	共六千二百六十卷
子部	《老子》、《莊子》以下至稗官百家言	共三千六百七十五卷
集部	文家：漢、唐、宋、明諸大家文集。本朝諸名家古今文集。詩家：李、杜、韓、蘇、庾子山、白香山、李樊南諸大家集。本朝諸家古今體詩集	共五千一百四十二卷
其它	金石文字，擬援歐、趙集古金石二錄之例，列于錄中又得一百五十三種。如山經地志、字典會典、子史精華、《淵鑑類函》、《滿漢名臣傳》等原異雜家者流，似當列之類中	共一千五百九十卷
軒中藏書總計		二萬一千三百三十四卷

─────────────

〔註169〕王國璠執行編輯：《吳子光全書（下）‧一肚皮集》，卷 7，頁 477。

　　呂氏筱雲軒所擁有四部藏書達二萬一千三百三十四卷，這在當時可謂是全臺首屈一指的藏書家。吳子光能坐擁書海並孜矻悅讀其中，除了師生之緣的促成了，也顯見書籍的流通並不如想像中那麼容易。

　　綜而言之，吳子光除了早年在原鄉的學問師承外，移居臺灣後，從他和朋儕官宦來往的書信看來，幾乎很少有學問知識上的討論，這或許是吳子光目前保存下來的交遊書信有限，以致難以多面向的探析其成學的過程；又或者是吳子光個性耿介不群難向流俗低頭，甚至與人齟齬，因此能得其心意拳服的就只能是聖人賢哲了，所以〈雙峰草堂（八）〉所言「上友古人」應為吳子光處世的真實寫照。再者，從他留存的書信內容所示，確實很難看到他與友人討論經史學的議題，唯一有明確主題的是與陳瘦嵐商討古文、時文創作的兩篇文章。

　　因此，基於上述原由，僅能初步判定吳子光坐館筱雲山莊時期，是其自學以成學的關鍵階段。吳子光家窮，無力多購置書，而學問欲廣博深厚，若沒有豐饒藏書以供閱讀，勢必無法跨越更深一層的知識門界，故而筆者認為筱雲軒貳萬多卷的藏書，是其晚年學識成熟的最根本資籍。據筆者查索吳子光所有著作後的觀察，其用心於文、史領域的創作，基本上，文是指古散文，而史則包括了地方史料搜集、方志撰寫和史書、史事評論兩大部份。是以不論從吳子光所自道「余生平以文章視性命，不以存歿視性命。……，稍長則涉獵於古文、經、史、諸子百家，以及稗官小說，無不含英咀華。以供作文之用。古文不拘一格亦不名一家，……論贊法龍門，魏晉非吾師也。」，或「僕耽讀有年，無畔援歆羨，一生以經史為性命。」，已清楚表明「文章」、「經史」的閱讀、創作與評論、實踐是其生命的最終關懷所在。又若是由其門弟子的眼光來審視吳子光的學術情懷，呂汝玉、謝道隆的詩歌更是一針見血地指明吳子光「以史為裡」、「以文為表」的學術格調。所謂「以史為裡」是指通過諸多的歷史事件、記憶、敘述筆法的反芻考索，透過不斷的揣摩、學習、思量之後，那些歷史事件或記憶成為了寫作的基底養料。因此，考證手法或典故人事自然而然地化而為文章中的一部份，這使文章理脈無形中流露了歷史感，但有時也造成了閱讀理解的不小阻礙。

　　故而，在檢視吳子光的學術成就及影響時，可從縱橫的兩軸線來看。首先，縱軸是指他在中國原鄉對當時的學術內涵、風氣、技藝的繼承，這主要

反映一種學術流變的現象,或說學術的傳播(區域)實質現象。次者,橫軸則呈顯吳子光來臺後他的學思成熟歷程,而這樣的學術逐層拓深終能自成一家的學術格局,不僅顯現在其「學術」交往的書信裡,更主要是透過對呂氏筱雲軒豐富藏書的精研實究,和受臺灣奇山曠海特殊地理環境的啟發。此外,吳子光定居臺灣後,他在中舉前後的交往對象是有所不同的,應該說是中舉後他能與名公鉅卿遊,人際網絡是大大的擴展了,但令人好奇的是在其人際網絡的主支脈組成裡,是學術研論的居多,還是從事政治、文教活動的為主。為釐清此疑問,筆者檢索吳子光的全部書信一類作品後,政治、文教活動類的討論議題占了八成以上的篇幅,其它則是零星提及學術問題。因此,探討吳子光的學術傳承、自學治學實情,就只能依其思想塑成過程、著作和治學方法運用,所留下的蛛絲馬跡來建構其學術框架。

第三節　吳子光的著作與版本述要

　　清代臺灣儒者中,著作最豐且有較完整儒學文獻留存至今的就屬吳子光。他的著作內容含括經、史、子、集四部,可說是一位好學黽勉又富廣識創見的儒者,且其儒學著作和思想已引起經學名家林慶彰先生的注意,已著手要進行校點其著作的工程,顯見其著作具有很高的儒學文獻價值。以下就其五部留存著作做簡要討論,並對唯一獲得梓刻流通的《一肚皮集》進行版本考述。

一、吳子光的著作簡介

　　關於吳子光著作不論是全書或選集的介紹,已於第一章第三節研究範圍和文獻材料、第四節研究步驟有所概述,以下擬就其各部著作的內容做一提要式的勾勒。

(一)《一肚皮集》

　　吳子光以《一肚皮集》名世,該書也是清代臺灣儒者著作中數一數二的大部頭鉅著。王國璠言:

> 狷介成性,不能從俗,稍有拂逆,便牢騷難耐。惟遣於酒,酒後遣
> 於文。久之成帙,名曰《一肚皮集》,蓋取東坡朝雲故事也。門人彰
> 化呂汝玉刊行。連橫謂是書語多拉雜,援引未精,不若其考據之佳

也。集中附有《小草拾遺》一卷，為子光詩集。〔註 170〕

是以《一肚皮集》書名取意自蘇東坡「一肚皮不合時宜」〔註 171〕之典故，同時亦相契於吳子光狷守耿直不隨俗的個性，所謂的「不合時宜」是不符應於時代風氣、潮流、形勢，或適合當代趨向的需要，這其實是一種獨立不群的表現〔註 172〕，是故修為上乘者則躋昇為高層次境界，下乘者則淪為牢騷怨懟的情緒發洩。又〈一肚皮集敘〉道：

> 將舊作蒐輯，方愧螢鳴蟲吟，終日手一編相對，偶有篇章，不過奪他人之酒杯澆自己之壘塊耳！惡在其為文章報國乎？數十年之行藏已和盤託出矣，足跡則由梅而循而潮而漳而八閩而海疆，遭逢則由黨而序而學而名場而友教，馬背船脣歷歷可僂指數。蓋阨窮第一、卞潔第一、嗜讀書作文第一、意外遭口舌第一，未識天之生此人者何意？異日惇史家之位置果居何等也？有論世者，當於唐子畏、徐青藤數君子中求之〔註 173〕。

從吳子光的學術取向和與人論文、評議時事的書信來看，那麼他亦有較接近一種高層次境界，存有一種卓然不阿、恥居下流的自期在，如才藝雙全、眼光獨具不盲眾的唐伯虎（1470～1523）、徐渭（1521～1593），就是他所企盼與之並列的人物。但若從他自怨、自悲、自嘆、自憐遭逢不遇的不平之情溢乎文而言，確實屬牢騷難耐一流者的抒發無疑。

《一肚皮集》共 18 卷，內容豐富且談論廣泛，其體例如表 2-3 所示〔註 174〕：

〔註 170〕王國璠編：《臺灣先賢著作提要》，頁 69。

〔註 171〕一肚皮是滿肚子、滿腹之意。按〔宋〕宋費袞《梁谿漫志・侍兒對東坡語》載：「東坡一日退朝，食罷捫腹徐行，顧謂侍兒曰：『汝輩且道是中有何物？』一婢遽曰：『都是文章。』坡不以為然。又一人曰：『滿腹都是見識。』坡亦未以為當。至朝雲，乃曰：『學士一肚皮不合時宜。』坡捧腹笑。」詳見漢語大詞典編輯委員會，漢語大詞典編纂處編纂：《漢語大詞典》（上海：漢語大詞典出版社，1995 年 11 月），第 1 卷，頁 38。

〔註 172〕《漢書・哀帝紀》：「朕過聽賀良等言，冀為海內獲福，卒亡嘉應，皆違經背古，不合時宜。六月甲子制書，非赦令也，皆蠲除之。」〔漢〕班固撰；〔唐〕顏師古注；楊家駱主編：《新校本漢書并附編二種》，中國學術類編，臺北：鼎文書局，1991 年 9 月），卷 11，頁 340。

〔註 173〕〈一肚皮集敘〉，王國璠執行編輯：《吳子光全書（下）・一肚皮集》，頁 1。

〔註 174〕本表參考自林敏勝：〈吳子光與一肚皮集〉，頁 28～30。

表 2-3 《一肚皮集》之體例和內容概要

卷　次	卷　名	內　容	備　註
卷一	「總論」後附「論文數則」	先明言人生「十四事之難」，後於「論文」條例中略見吳子光之文學觀	主要是古文的創作要件和評析標準
卷二、三	書	概觀吳子光和朋儕、官宦、師長、弟子等對治臺措施、文學創作的諸多見解，或自我期許、生活瑣事等	
卷四、五	傳	記嘉應州同邑賢人、家族長輩，乃至自寫「別傳」以及臺地之巧藝者	有家傳、自傳、師長同儕列傳或他傳
卷六、七	記	多以臺灣為範圍，山川、景觀、建築、物產，皆為取材對象	個人經歷之作
卷八、九	說	或說經論史，或評議臺事（社會風俗、經濟現狀）	
卷十、十一、十二	雜說	自「皋陶非庭堅」起至「列女傳非始後漢書」止共 123 條	
卷十三、十四、十五	考與雜考	凡文學、人事、儀典、器物、氏族、地名、歷史等皆為其考索之對象	
卷十六、十七	紀事	記臺地怪異、山川形勝、物產、漢番風俗等，保存了臺灣當時在封域、開闢、風俗、勝蹟、沿革的歷史記錄	臺灣文獻叢刊曾選入第 36 種編為《臺灣紀事》2 卷及附錄，具史料價值
卷十八	序	為替各種聚會祀典所寫的序文與擬《淡水廳志稿》諸序文	

　　就《一肚皮集》的內容言，不出「經濟」（據經史以經世）、「考據」（求真去偽）、「辭章」（文學書寫）三類，吳子光自認《一肚皮集》是「將舊作蒐輯，方愧螿鳴蟲吟，終日手一編相對，偶有篇章，不過奪他人之酒杯澆自己之壘塊耳！惡在其為文章報國乎？數十年之行藏已和盤託出矣。」，可知欲了解吳子光其人其文其思，這本融攝了其「數十年之行藏」的作品是最佳的入門書。

（二）《經餘雜錄》

　　除了《一肚皮集》外，《經餘雜錄》是近來屢被提及的著作〔註 175〕，如

〔註 175〕 王國璠與邱勝安合著之《三百年來台灣作家與作品》：「《經餘雜錄》共分十二卷，是吳子光讀經的箚記，凡一百卅七則。在這部書裡，他把前儒的看法，跟自己的創意，互相參證，辨其離合，求其確徵。進士楊士芳認為此書對於

王國璠《臺灣先賢著作提要》介述此書：

> 本書共分一十二卷，為子光讀經劄記，凡一百七十三則。廣輯前儒
> 之說，與己意互為參證，並辨其離合，求其確徵。進士楊士芳〔註176〕
> 許為解經之助。另附辭語、典實多則。稿存呂氏處，今佚。〔註177〕

從提要內容可歸納出四個要點：一是該書為「讀經劄記」，解經之作；二是全
書共 12 卷，凡 173 則，另有辭語、典實多則；三是己意與前儒之說能相互印
證而得其實；四是書稿曾存呂氏處，但今已佚。然而，筆者實際翻檢全書略
讀後，發現王國璠先生的提要有不合原書之處。首先，《經餘雜錄》絕非解經
之作，而是兼涉經、史、子、集的綜合性學術著作，撮其要則匯為史學和文
學。第二，《經餘雜錄》手稿本確實保存於呂氏筱雲山莊未失，此疑點在 1979
年同樣由王國璠執行編輯《吳子光全書》出版後，便不證自明，這或許是《台
灣先賢著作提要》在 1974 年出版時，王國璠尚未能見及此書所致。至於《經
餘雜錄》的內容為何？吳子光於《一肚皮集‧總錄》後明言：「另《三長贅筆》
一編，共十六卷，則二十三史緒論也；又《經餘雜錄》一編，共十二卷，則書
後題跋、古今辭語、詞林典實之類也。……《三長贅筆》、《經餘雜錄》二編具
存雙峰草堂，俟續出。」〔註178〕可知，《經餘雜錄》分 12 卷，其卷之一至卷
之四為「書後題跋類」，卷之五及卷之六為「詞林典實類」，卷之七及卷之八
為「古今辭語類」，卷之九及卷之十為「論辯類」，卷之十一及卷之十二為「文
辭類」。其體例和內容概要如表 2-4 所示：

解經，大有幫助。書中並附有許多辭語，典實。原稿存在呂家，現在已經佚
散了。」見王國璠、邱勝安：《三百年來台灣作家與作品》（鳳山：台灣時報
社，1977 年 8 月），頁 106；連橫《台灣通史》：「又著《切長贅筆》、《經餘
雜錄》，稿存呂氏」。連橫：《台灣通史》，頁 983。

〔註176〕按楊士芳的生平行跡實與吳子光無任何交集處，蒐羅「台灣文獻叢刊」如《臺
灣通史》、《臺灣通志》和《淡水廳志》只錄存其科考功名，或查索《台灣歷
史辭典》、《台灣歷史人物小傳：明清時期》，也未記載楊氏留下著作。楊士
芳（1826－1903），字蘭如，號芸堂，臺灣噶瑪蘭廳人，同治元年（1862）
鄉試中舉人，同治 7 年（1868）中式三甲進士，欽點浙江省即用知縣，加同
知五品官銜。後因丁父憂守制，未能赴任。光緒元年（1875）應聘仰山書院
山長。光緒 22 年（1895）出任宜蘭廳參事，翌年獲佩紳章，明治 36 年（1903）
卒。見林偉洲、張子文、郭啟傳撰文；盧錦堂主編：《臺灣歷史人物小傳：
明清時期》，頁 270。

〔註177〕王國璠：《台灣先賢著作提要》，頁 8。

〔註178〕〔清〕吳子光著、高志彬主編：《一肚皮集（一）》，頁 9。

表 2-4 《經餘雜錄》之體例和內容概要

卷 次	卷 名	內容概要	篇目異名
卷之一	書後題跋類〔註179〕	以懷疑的精神讀史解經，如〈書《竹書紀年》後〉：懷疑《竹書紀年》為周秦人手筆，證據是帝王、諸侯、大夫「崩、薨、卒」的用詞有異。或如〈書《禮記。檀弓篇》末〉：吳子光自比為檀弓，認為檀弓所記「殷人作誓而民始畔，周人作會而民始疑」是未讀《尚書》古史的誤解史事；班固作〈司馬遷傳〉多疏略，如將孔子、淳于髡、聖人、賢人等措置於世家、列傳失當。其它讀史、諸子的評論則〈書《莊子》書後〉、〈書《莊子》「仁義說」後〉、〈書《離騷經》後〉、〈書《史遷·游俠傳》後〉、〈書《漢史·宣帝紀》後〉、〈書左氏叔孫穆子三不朽傳後〉、〈書范蔚宗《後漢書·西域傳論》後〉	〈書左氏三不朽傳後〉、〈讀《莊子》書後〉、〈書《史記·游俠傳》後〉、〈書《班史·宣帝紀》後〉、〈書范史西域傳論後〉
卷之二	書後題跋類	該卷主要討論讀史的方法，及如何評人論事。又或者對既有地理學知識提出質疑等。本卷重要篇章有〈書范史方術傳後〉、〈再書傳後〉、〈書《後漢書·逸民傳》後〉、〈再書傳後〉、〈書《後漢書·獨行傳》後〉、〈書《後漢書·黨錮傳》後〉、〈書陶淵明《歸去來辭》後〉、〈書《宋書·謝靈運傳》後〉、〈書《昭明文選》後〉、〈書桑欽酈道元《水經注》後〉	〈書范史逸民傳後〉、〈書范史獨行傳後〉、〈書范史黨錮傳後〉
卷之三	書後題跋類	本卷以文學批評為特色，如〈書《文心雕龍》後〉長短共 47 條，〈書韓文公集後〉則是評韓愈的古文風格特色。其它篇章有〈書《南史梁武帝紀》後〉長短共 15 條、〈書顏太師爭坐位帖與古名蹟後〉	〈讀韓子書後〉、〈書顏太師爭坐位帖後〉
卷之四	書後題跋類	〈書韓文公平淮西碑後〉、〈書韓文公諱辯後〉、〈讀韓文公進學解書後〉、〈書相經後〉、〈書東坡〈赤壁賦〉後〉、〈書茅選八大家文集後〉、〈書吳氏家譜後〉、〈書《嶺南三大家詩集》後〉、〈書屈翁山詩後〉、〈書《南疆繹史》後〉長短共 22 條、〈書顧氏《日知錄》後〉、〈跋元人小說〉〈書聊齋志異後〉、〈書《紅樓夢》後〉長短共 12 條	〈書平淮西碑後〉、〈書諱辯後〉、〈書進學解後〉、〈書嶺南詩後〉、〈讀相經書後〉、〈書《日知錄》後〉

〔註179〕 吳子光《經餘雜錄》的「書後題跋類」總共有 47 篇文題，但在各主文題下，又各有偏重的分述段落，故論總數便多達 219 則。

卷之五	詞林典實類	自《論語》緒餘節起至頌贊一例節止長短計共七十有五條續三條	
卷之六	詞林典實類	自符籙入《經籍志》起至陶潛〈責子詩〉止長短計共九十有七條	
卷之七	古今辭語類	自鄉俗方言唐取閩童為宦官節起至雋語次節止長短共一百八十有五條	
卷之八	古今辭語類	自蘇秦嫂四拜禮起至詩家評隲篇止長短共五十有三條	
卷之九	論辨類	〈君子博學以文論〉、〈鄭伯克段于鄢論〉、〈紀侯大去其國前論〉、〈紀侯大去其國後論〉、〈史論一〉、〈史論二〉、〈史論三〉、〈史論四〉、〈史論五〉、〈史學餘論共八條〉、〈禹疏九河論〉	
卷之十	論辨類	〈匡章不孝論上〉、〈匡章不孝論中〉、〈匡章不孝論下〉、〈多文為富論〉、〈元亨論〉、〈殷仲文論〉、〈好名論〉、〈稗官小說論〉、〈開卷有益論〉、〈淫祀無福論〉、〈陽明禪學辨上〉、〈陽明禪學辨下〉、〈喪服辨・末論繼室一條〉	〈淫祀餘論篇有引〉
卷之十一	文辭類	〈陳香根先生六十壽文〉、〈劉伯文中翰六十壽文〉、〈朱太孺人六十壽文〉、〈游太孺人六十壽文〉、〈室人陳氏六十壽文〉、〈擬杜牧之罪言〉、〈擬韓文公送窮文〉、〈擬韓文公諛墓文〉、〈再擬諛墓文〉、〈大旱祈雨澤文《漢・志・雜占家有請雨止雨二十六卷今不傳》〉	〈淡防司馬陳香根先生壽文〉、〈內閣中書銜孝廉伯文劉先生雙壽文〉、〈朱太宜人五秩壽文〉、〈游太孺人五十壽文〉、〈壽室人六十文〉、〈送窮文〉、〈擬前人諛墓文〉、〈擬諛墓文〉
卷之十二	文辭類	〈擬策秀才文五首〉、〈諛墓辭〉、〈彭劉二生哀辭〉、〈瀛壖偶述上・長短共五條〉、〈瀛壖偶述下・長短共十九條〉、〈預定遺囑・有引長短共九條〉	〈諛墓辭・有序・辭亇錄〉、〈彭劉二生哀辭・辭未錄〉、〈瀛壖偶述上篇〉、〈瀛壖偶述下篇〉、〈預定遺囑・有引〉

　　誠如上表篇章所示，《經餘雜錄》書寫的內容橫跨了經、史、子、集四部。內容可謂相當多元且豐贍，例如有解經讀史之作，亦有提出寫史需合史體的

撰作、論斷之法的觀點；又有專意經、史思想的發揮；或者是針對《文心雕龍》的文學批評法作出回應的詮釋等不一而足。然而，綜觀而言，《經餘雜錄》的內容大要，實不出經學／史學和文學兩個向度，這頗符合吳子光以經史、文章為性命的人生志趣。

但若論其著書的旨要，《經餘雜錄·自序》有云：

> 雜錄者，瑣碎零星如太史公年表旁行斜上〔註180〕，似無脈絡可尋，又何著作可言？……世傳白居易作《六帖》，以陶家缾數十，各題名目置齋中，命諸生採集其事類投缾內，倒取之抄錄成書，故所記時代多無次序云。……余於古人，無能為役，惟于嗜學蓋天性，模山範水，下筆不能自休，又家貧無給簡札如韓荊州者出而佐助其間，著書傭書〔註181〕，一身直兼兩役，若重行編次，非惟力有難勝，抑且日不暇給，以此見吾道之窮、調之孤。讀書過半世，而所得僅有此數，吁！可愧也。
>
> 光緒五年歲次己卯，賈浪仙酒脯祭詩日，鐵梅老人序。時年六十有一，壯心未已，老眼非花，猶作蠅頭細書，天憐自憐，未知此債于何日償清，此事于何日了局也，姑兀坐俟之。〔註182〕

按「瑣碎零星如太史公年表旁行斜上，似無脈絡可尋」之言，即指《經餘雜錄》非一系統性的論著，而是一瑣碎零星且文義無法前後連續的單篇雜記集合。但因天性嗜學，喜模山範水，下筆不能自休，故在力有難勝重行編次下，只能以雜錄形式暫予留藏，雖說家道貧窮和性格孤介影響了吳子光的青雲之

〔註180〕 江藩於《國朝漢學師承記》言：「田祖好學，多所瞻涉，喜《左氏春秋》，未嘗去手，旁行斜上，朱墨爛然。……藩也未識其人，亦未讀其所著書，墓誌云旁行斜上者，豈田祖為《春秋》之表學歟，然明經不輕許人，其言可信也。」據「朱墨爛然」句意推敲，「旁行斜上」概指評讀文章時的點批註記。又「旁行斜上指用表格形式排列的系表、譜牒等。如《史記》有『十二諸侯年表』」分見〔清〕江藩輯：《國朝漢學師承記》（臺北：臺灣中華書局，1980年1月），四部備要本，卷7，頁3；新辭典編纂委員會：《新辭典》（臺北：三民書局，1991年1月），頁913。

〔註181〕 三國時吳闞澤，家貧而好學，以替人抄書而求得學問的故事。「闞澤字德潤，會稽山陰人也。家世農夫，至澤好學，居貧無資，常為人傭書，以供紙筆，所寫既畢，誦讀亦遍。追師論講，究覽群籍，兼通曆數，由是顯名。」見〔晉〕陳壽撰；南朝〔宋〕裴松之注；楊家駱主編《三國志·吳書八·闞澤傳》（臺北：鼎文書局，1980年），中國學術類編，卷53，頁1249。

〔註182〕 王國璠執行編輯：《吳子光全書（上）·經餘雜錄·自序》，頁1～2。

路，不過「壯心未已，老眼非花，猶作蠅頭細書，天憐自憐，未知此債于何日
償清，此事于何日了局也。」這種以文章名世且能自成一家風骨的壯懷，卻
始終縈繞其心，也是吳氏能稍感快慰之處。

（三）《三長贅筆》

王國璠（1917～2009）《台灣先賢著作提要》云：

> 本書共十六卷，為子光考究二十一史緒論之作，未梓，稿在彰化呂
> 氏處，久佚。蘇元紅《棉閣雜脞》謂：「吳子光著《三長贅筆》，頗
> 得虛心涵泳，切己體察之功。」足見士林禮重云。〔註183〕

《三長贅筆》是 23 史緒論之作，吳子光已於《一肚皮集·總錄》揭明〔註184〕，
王國璠先生本則提要的失察之處，應是《台灣先賢著作提要》在 1974 年出版
前，未能蒐羅到此書所致。不過所引蘇元紅《棉閣雜脞》的評論，似乎不甚符
合《三長贅筆》論史的思想意趣，揣摩「頗得虛心涵泳，切己體察之功。」語
意，倒與朱子學涵養存敬之旨一致。再者，筆者查無蘇元紅是何許人也，因
若是台灣先賢也應會在《台灣先賢著作提要》或是臺灣文獻叢刊、《臺灣歷史
人物小傳：明清時期》、《台灣歷史辭典》有所著錄，假如為非，那麼《棉閣雜
脞》即可能是私人藏書而已。然「足見士林禮重」此句亦啟人疑竇，這意謂
《三長贅筆》在陳炎正偶得呂氏所藏手稿前就已流傳坊間，但依目前的研究
結果顯示這可能性很低，筆者臆想此或為王國璠先生的推測語，洵難以證實。
又《三長贅筆·敘》言：

> 史論由來久矣，按許氏《說文》：論，議也；陸機〈文賦〉論精微而
> 朗暢；《文選·原序》論則析理精微；《文心雕龍》聖哲彝訓曰經述
> 經，敘理曰論。論者，倫也。此論之說也。又《後漢書·王符傳》：
> 「著書三十餘篇不欲章顯其名，故號曰《潛夫論》云」。其以論為專
> 家者，東漢劉毅一人而已。予向讀陳同甫〈忠臣論〉、郭子章〈管蔡
> 論〉詫為奇筆，惟是非頗謬於聖人，遂棄如廢紙，似此武斷孰若卑
> 之無甚高論耶？用是平心靜氣不敢為詭誕不近情理之說以炫惑人
> 世，偶有所得，隨筆紀錄，故雜亂無章未暇更為編次，猶草薰也。
> 歐陽公云：「吾不畏先生畏後生耳」，姑存此以俟後之糾繆者。光緒

〔註183〕王國璠：《台灣先賢著作提要》，頁 9。
〔註184〕「另《三長贅筆》一編，共十六卷，則二十三史緒論也。」〔清〕吳子光撰，
　　　　高志彬主編：《一肚皮集（一）》，頁 9。

六年庚辰夏季鋏梅老人序於雙峰艸堂。〔註185〕

從「史論由來久矣,按許氏《說文》論,議也……論者,倫也。此論之說也。……用是平心靜氣不敢為詭誕不近情理之說以炫惑人世,偶有所得,隨筆紀錄,……歐陽公云:『吾不畏先生畏後生耳』,姑存此以俟後之糾繆者。」的書寫寓意來看,吳子光清楚表明《三長贅筆》是議論歷史且以情理來評斷史實的著作,對照於蘇元紅《棉閣雜脞》:「頗得虛心涵泳,切己體察之功。」之判語,兩者的立意歧別已昭然可辨。

吳子光《三長贅筆》16 卷,雖自言是廿三史緒論,但從該書的書寫內容檢視,實不僅止於廿三史〔註186〕,更包括了《春秋》三傳,且將《春秋》三傳置於《三長贅筆》的卷頭,這樣的編撰安排,吳子光顯然是將《春秋》三傳視為史書,而《左傳》更是下開了《史記》做為一部具開創性史書範式的源頭。其體例和內容概要如表 2-5 所示:

表 2-5 《三長贅筆》之體例和內容概要

卷 次	史書名	內容概要
卷之一	讀《公》《穀》內外傳偶得	自左氏首簡語起至費無極禍楚語止長短共八十二條
卷之二	讀《公》《穀》內外傳偶得	自魯昭公孫《國語》起至《公羊》僖三十一年傳語止長短共四十八條
卷之三	讀《史記》偶得	自《史記》緣起至張蒼相漢止長短共壹百二十有八條
卷之四	讀《史記》偶得	自范睢蔡澤起至儒林傳後餘論止長短共壹百三十有五條
卷之五	讀《前漢書》偶得	自外戚傳語起至景十三王傳語止長短共七十有九條
卷之六	讀《前漢書》偶得	自陳湯傳語起至劉之驎參校古本《漢書》語止長短共七十六條
卷之七	讀《後漢書》偶得	自漢世圖讖篇起至光武十王傳末止長短共八十有九條
卷之八	讀《後漢書》偶得	自朱暉朱穆傳起至賈復傳論止長短共七十八條

〔註185〕王國璠執行編輯:《吳子光全書(中)・三長贅筆・敘》,頁 1～2。
〔註186〕廿三史包括了史記、漢書、後漢書、三國志、晉書、宋書、南齊書、梁書、陳書、魏書、北齊書、隋書、南史、北史、舊唐書、新唐書、舊五代史、新五代史、宋史、遼史、金史、元史、明史等諸部史書。

卷之九	讀《後漢書》偶得	自漢大司馬大將軍傳起至史家變例止長短共壹百三十有九條
卷之十	讀《三國志》偶得	《魏書》自魏武帝起至杜畿司馬朗傳止長短共五十五條 《蜀書》自劉氏二牧傳起至三國官制節止長短共四十三條 《吳書》自破虜討逆傳起至一時習氣語止長短共四十三條
卷之十一	讀諸史偶得	自蝦蟆應讖文一節起至魚怪宜補入〈五行志〉止長短共八十六條
卷之十二	讀諸史偶得	自唐代循良吏節起至南漢世家止長短共九十有六條
卷之十三	讀諸史偶得	自宋太祖代周節起至胡銓諫疏問答節止長短共八十有一條
卷之十四	讀諸史偶得	自檜賈似道文語起至元代多人才語止長短共七十條
卷之十五	讀諸史偶得	自《元史》儒教大宗師節起至元代諸神封號止長短共八十有一條
卷之十六	讀諸史偶得	自明太祖得賢后起至龔芝麓軼事止長短共八十有五條

（四）《芸閣山人集》

　　《芸閣山人集》在吳子光的著作中明顯具有特殊性，其特別之處在於文字的改易塗銷甚多，且同樣篇題或文字內容相似的文章也出現在其他著作裡，因此，臺灣文獻類編編輯室〔註187〕認為：

> 今集之文字，為吳子光已刊行之《一肚皮集》、《小草拾遺》及已編定未梓之《經餘雜錄》、《三長贅筆》所未收者，有十七篇，審其文字內容，當係子光自選汰餘之文章。……除一、二篇文字相同外，餘者有本文同而附按識語不同、文句略有歧異、文字精繁有別、旨意同而文字不同等差異，類此當係子光撰文之初稿；另有文章結構、段落、舉例引文有極大差異者，此當子光撰文之底稿。而疏文、祭文之類，此集中所錄之文字有首、有尾（時間），當係原本，其後收入《小草拾遺》者，蓋已經修飾非原貌矣。〔註188〕

不論是初稿、底稿或原本之說，《芸閣山人集》是吳子光許多作品草稿的集合

〔註187〕臺灣文獻類編編輯室是龍文出版社《一肚皮集》的編輯團隊。
〔註188〕《芸閣山人集·芸閣山人集附印說明》，〔清〕吳子光著，高志彬主編：《一肚皮集（七）》，無頁碼。

殆無疑義，且因其藏於呂氏「筱雲軒」未梓，是故能保存早期作品的原貌而
與刊刻的《一肚皮集》顯其差異來〔註189〕。此外，《吳子光全書》中也收有
《芸閣山人集》，但書內「無序、跋，亦無編輯識語，且無目錄，當非吳子光
生前自訂集。封面標有疏、序、文、書後、論、節略、書等七項。今存集之文
字凡六十餘篇，另有若干殘稿葉或片斷，蓋為散佚殘存之集冊也。」〔註190〕

（五）《小草拾遺》

《小草拾遺》是 1 卷本的詩文集手抄本，附於光緒元年刊刻的《一肚皮
集》之後，其內容有疏、壽文、祭文、序、詩歌等。其自序言：

> 此寥寥者，乙丑秋賦酬應之餘也。初予少而好賦，與揚子雲同癖，
> 存古律賦一百餘篇。厥後中年，絲竹陶寫性情，存近體詩二百餘首，
> 貯行篋中，遊學往返，亡也。忽然為鬱鬱者，久之。西京尚辭賦，
> 班志臚列甚詳，此原有專家，孔璋不閑於辭賦，溫公不能為四六，
> 甚矣，兼才之難也。吾儕小人何有焉？白頭如許，彌工莊舄之吟〔註
> 191〕，遠志無存，爰取郝隆之語，凡我同人甯以濁酒澆之，毋以醬
> 瓿覆之。〔註192〕

鐵梅老人時年六十有一

由序言可知《小草拾遺》所留存的多是酬應作品，其中年後所寫的二百餘首

〔註189〕「今存《芸閣山人集》，既有《一肚皮集》、《小草拾遺》、《經餘雜錄》未收
之文凡二十二篇；而已收之文，或為原本，或為初稿，或為底稿，實有與已
刊或已定之稿相互比讀之價值，蓋可覘子光潤飾之痕跡。」見《芸閣山人集·
芸閣山人集附印說明》，〔清〕吳子光，高志彬主編：《一肚皮集（七）》，無
頁碼。

〔註190〕《芸閣山人集·芸閣山人集附印說明》，見〔清〕吳子光，高志彬主編：《一
肚皮集（七）》，無頁碼。

〔註191〕《史記·張儀列傳》：「惠王曰：『子去寡人之楚，亦思寡人不？』陳軫對曰：
『王聞夫越人莊舄乎？』王曰：『不聞。』曰：『越人莊舄仕楚執珪，有頃而
病。楚王曰：『舄故越之鄙細人也，今仕楚執珪，貴富矣，亦思越不？』中
謝對曰：『凡人之思故，在其病也。彼思越則越聲，不思越則楚聲。』使人
往聽之，猶尚越聲也。今臣雖棄逐之楚，豈能無秦聲哉！』惠王曰：『善。
今韓魏相攻，期年不解，或謂寡人救之便，或曰勿救便，寡人不能決，願子
為子主計之餘，為寡人計之。』」，又魏王粲《登樓賦》：「鐘儀幽而楚奏兮，
莊舄顯而越吟。人情同於懷土兮，豈窮達而異心。」〔漢〕司馬遷撰；〔劉宋〕
裴駰集解；〔唐〕司馬貞索隱；〔唐〕張守節正義：《史記》（臺北：鼎文書局，
1981 年），中國學術類編，頁 2301～2302。

〔註192〕〔清〕吳子光，高志彬主編：《一肚皮集（五）·小草拾遺·序》，頁 3。

近體詩，已在遊學往返時遺失了。其實細看序言之意，如「彌工莊鳥之吟」，概指本集實為懷鄉之詠與感傷之情的具體呈現，因當時他已 61 歲，離開嘉應故鄉越 36 年，雖說與原鄉已遠疏，但記憶情懷仍在。而吳子光所謂的「爰取郝隆之語」指的其實是《小草拾遺》該詩集命名的本由，原來吳子光取名「小草」〔註193〕與《一肚皮集》一樣，都隱含嘲諷意味，不迎合社會的主流趨向，其行事言思都能保有個人清醒的獨立判斷。

此外，值得注意的是《全臺詩》第陸冊收錄並校編其詩作 84 首，但其中〈滬尾竹枝詞〉5 首，當為託名之作，因筆者檢覽吳子光全部著作，尤其是個人詩文集《小草拾遺》或《芸閣山人集》，並無〈滬尾竹枝詞〉這樣的作品，是故在引用、詮釋其詩文作品時，各部著作類同作品得相互參校對照，以避免誤用錯解。

二、吳子光《一肚皮集》的版本考述

歷來對吳子光學思行誼的研究，所依據的文獻主要是《一肚皮集》和《臺灣紀事》，但事實上，《臺灣紀事》是《一肚皮集》的一部分。1959 年時，臺灣銀行經濟研究室選錄《一肚皮集》中有關臺灣史事、地理山川、礦產風物等，輯為《臺灣紀事》一書，此後《臺灣記事》在不同的時間點被重新勘印四次（附錄五），可見其受重視的程度。而為何得到高度關注，這實與當時的社會文化氛圍有關，從出版序言概可窺知一、二。

至於《一肚皮集》則更是吳子光為人所熟知的著作，主要有三個版本（附錄六），第一個版本：1979 年，陳炎正先生把偶得自呂氏筱雲山莊的手稿本，交讓給臺灣史蹟研究中心，並由王國璠執行編輯，是為三冊本的《吳子光全書》，其中《一肚皮集》列為《吳子光全書》下冊。

第二個版本：2001 年，龍文出版社按照清光緒元年刻本影印《一肚皮集》，

〔註193〕東晉郝隆藉桓溫問「遠志」這味藥草的兩名，在山叫「遠志」，出了山則為「小草」一事，以嘲諷謝安意志不堅，因其隱居東山後不久又出仕。此典出自《世說新說・排調》：「謝公始有東山之志，後嚴命屢臻，勢不獲已，始就桓公司馬。于時人有餉桓公藥草，中有『遠志』。公取以問謝：『此藥又名「小草」，何一物而有二稱？』謝未即答。時郝隆在坐，應聲答曰：『此甚易解：處則為遠志，出則為小草。』謝甚有愧色。桓公目謝而笑曰：『郝參軍此過乃不惡，亦極有會。』」〔南朝・宋〕劉義慶著，〔南朝・梁〕劉孝標注；余嘉錫箋疏：《世說新語箋疏・排調第二十五》（北京：中華書局，2007 年 10 月），下冊，頁 944。

收錄在王國璠總輯，高志彬主編《台灣先賢詩文集彙刊》第三輯的 1～7 冊。除《一肚皮集》是光緒初元刻本外，隨附《經餘雜錄》選集（卷 9、卷 10「論辯類」，卷 11、12「文辭類」）、《小草拾遺》全及《芸閣山人集》全為手稿本。雖該版本總名為《一肚皮集》，但《一肚皮集》是第 1 至 4 冊，再加上第 5 冊的前三分之二（卷 16 紀事上、卷 17 紀事下、卷 18 序，頁 979～1160）；第 5 冊後三分之一是《小草拾遺全》，內容是疏、壽文、祭文、序、詩歌；《芸閣山人集》是第 7 冊，《經餘雜錄選》則是第 6 冊。

　　第三個版本：2007 年，文听閣出版社以龍文出版社《臺灣先賢詩文集彙刊》之《一肚皮集》刻本為底稿，將其重新排版、校對、標點，收錄在黃哲永、吳福助主編《全臺文》第 10～14 冊。第 10 冊：吳子光《一肚皮集一》、第 11 冊：吳子光《一肚皮集二》、第 12 冊：吳子光《一肚皮集三》、第 13 冊：吳子光《一肚皮集四》、第 14 冊：吳子光《一肚皮集五》。此版本是重新點校的本子，文字清晰且書前有提要簡述吳子光的生平、著作、文學觀等，並附原稿方便和新校本對照。

　　以上三個版本的《一肚皮集》，不論是手稿本的《吳子光全書》、刻本的「光緒元年（1875）吳氏雙峰草堂自刊本」，或是文听閣重新排印斷句的本子，其共同處是均為 18 卷本的《一肚皮集》。然而，這當今奉為定式的 18 卷通行本，在筆者翻查《苗栗縣志》、《臺灣先賢著作提要》、《光緒嘉應州志》時有了意外發現，一般而言，擁有科舉功名、超人行誼、博學深識、文苑能手或炳赫事蹟者多能載錄方志中，而科第功名更是入選的優先條件。且看《苗栗縣志》所記述的吳子光：

> 吳子光，號芸閣。居樟樹林莊之雙峰山；原籍嘉應州。壯年來臺，文名大噪。長於詩，尤長駢體，有天風海濤之觀；隸書，直追漢、唐人。同治甲子科，舉於鄉。中丞徐宗幹屢貽書使北上，而生平恬淡，不營仕宦，故不果。端溪陳培桂官淡水廳，悉其學行，延修《廳志》。所著有前、後《一肚皮集》，屢萬言。沒後，其門人舉人呂賡年兄弟刻其前集；後集待梓。今得其書者寶貴焉。〔註194〕

上文簡述了吳子光的文學才華、科舉功名、來往的仕宦要員、個性喜好和門人呂氏兄弟為其刊刻《一肚皮集》等情實，但令人疑惑的是《一肚皮集》分為前、後兩集，且在吳子光沒後，才由門人呂氏兄弟刊刻其前集而後集則待梓。

〔註194〕沈茂陰纂修：《苗栗縣志・列傳先正》，卷 14，頁 203。

又如《海東三鳳集》（清彰化縣呂汝修、呂汝玉、呂錫圭撰）提要言：

> 家富豪，購書兩萬餘卷，築筱雲軒藏之。其師吳子光題聯云：「筱環
> 老屋三分水，雲護名山萬卷書。」兄弟沉寢其中，學益進。後子光
> 死，禮葬之，並卹其家。越年，復出資刻其書，待師之厚，近世無
> 匹，人呼為海東三鳳。〔註195〕

《臺灣先賢著作提要》此條資料內容和《苗栗縣志》所載相彷彿〔註196〕，差別只在《一肚皮集》不分前、後集，但把刻印的時間講得更明確，因「越年，復出資刻其書。」對解讀《一肚皮集》刊印的時間斷限甚為關鍵，吳子光卒於光緒9年（1883），所以光緒10年（1884）是呂氏兄弟為其師籌資《一肚皮集》付梓的時間。然而〈一肚皮集敘〉作於光緒元年，且《一肚皮集·總錄》後，更載有吳子光感謝呂氏兄弟力肩鋟刻事宜及邑人楊春華出館穀金佐助刻印之語，很顯然地，《苗栗縣志》、《臺灣先賢著作提要》所提及的刊刻時間和〈一肚皮集敘〉所言不能相侔，兩者刊印的時間點竟產生九年的差距。

　　若再就文章內容看，吳子光於〈答芷香居士書〉、〈寄徐次岳孝廉書〉都曾提到正在按次序編輯散亂文章成書準備付梓，如光緒3年，他寫信給千里外的故鄉友人芷香居士：

> 數千里外，忽聆故人謦欬，慰甚，……今歲山人重事舌耕，力殊憊，
> 幸小子狂狷，斐然多進取才，吾道為不孤矣。……山人亦生貧而無
> 諂，自成陶靖節沖淡家數，室無百金之蓄，泊如也。……久之，而
> 宂者、道碎者警；又久之，而徑路絕風雲通，於是文章益奇，此山
> 人甘苦有得之詣，不憚傾筐倒篋以出之者，事未易為俗流言也。邇
> 來，囊橐益貧文益富，諸集編纂垂成，行將授梓，天生此才終老于
> 天風海濤之鄉而蹶然不振可惜；天生此才不遇中執法身為勸駕入史
> 館而操著作之權更可惜。〔註197〕

此書除感慰故人外，也談及重操課徒之業，自己的文章因人生閱歷與積學博識的加深加廣，而更能體會創作之奧詣，作品也愈顯奇特而豐富，雖然「囊橐益貧」，但「文益富」，只要稍加整理傾筐倒篋之文，「諸集編纂垂成，行將

〔註195〕王國璠編：《臺灣先賢著作提要》，頁75～76

〔註196〕《苗栗縣志》是清季成書的，早於《臺灣先賢著作提要》甚久，筆者推估王國璠的說法所依據的文獻應就是《苗栗縣志》。

〔註197〕〈答芷香居士書〉，王國璠執行編輯：《吳子光全書（下）·一肚皮集》，卷3，頁119～120。

授梓。」。又〈寄徐次岳孝廉書〉亦云:「今歲開館岸裡社文祠內,呂、謝二君,才品雙絕,是扶風帳中高足,阿咸亦有造之才,慰甚。閒暇無事,將諸集編次,急思流布醜拙。」〔註 198〕,顯然吳子光有意想在設館岸裡社時,利用生活穩定之餘,將他平日累積的撰作做一次第或依內容連貫上的編排,並期待能趕快刊刻流傳。但「將諸集編次,急思流布醜拙。」也意謂他的著作在光緒 3 年(1877)2 月前尚未鑴刻出版,因所謂「今歲」是指光緒 3 年(1877)2 月,如吳子光在〈寄徐次岳孝廉書〉開頭逕言「歲二月初吉,山人遊展至岸社,于小阮處接到贄儀。」,此信是吳子光有感於門生徐仲山「北面執弟子之禮惟謹」的誠摯之情,且能如此敬重崇仰一「耄老窮居之村夫子,無佛稱尊至此耶?」,故在「且感且慚。」〔註 199〕的欣緒下覆書。

另外,吳子光在一些篇章上有註記確切時間,如光緒 2 年(1876)作〈雙峰嶺望祀記〉(卷七)、〈雙峰草堂竈神記〉(卷七)、〈槐忙編序〉(又名〈滬津舟中候風記〉卷六);光緒 3 年(1877)作〈芸閣山人別傳〉(卷五)、〈寄徐次岳孝廉書〉(卷三)、〈答芷香居士書〉(卷三);光緒 4 年(1878)端午日作〈論文數則〉(卷一後)、〈小齋紀事〉(卷十七)、〈筱雲山莊雅集序〉、〈筱雲軒記〉;光緒 5 年(1879)撰〈筱雲軒藏書記〉(卷七)、〈天道福善禍淫後說〉(卷八)、〈求田問舍記〉(卷七)等。換言之,這些寫於光緒元年之後的文章,依理而言,是不會超越時空出現在光緒初元的刻本的。因此,可能的原由是,光緒元年時吳子光已將《一肚皮集》大體編就完畢,並交授梓人鑴刻,但卻因各種因素延遲,這期間若有新作,也可能每隔一段時間便按次第編纂好,再行交予梓人放入,等到刻刷成書後,吳子光卻已歸道山,而未能親身眼見完整作品梓印。從這個角度來看,或許就能稍稍解釋《苗栗縣志》所述《一肚皮集》有前集、後集的說法。

王幼華認為「吳子光作品累積的數量甚多,在清代臺灣具有相當高的知名度,然而名聲始終未進入『原鄉』,未曾在清代成為知名作家,而原鄉大陸的廣東梅縣,在清末到民國八十年代為止,幾乎完全沒有有關他的記述。雖然他很有自信,於文中再三自我肯定,必可流傳後世,事實上目前世人對他

〔註 198〕 〈寄徐次岳孝廉書〉,王國璠執行編輯:《吳子光全書(下)‧一肚皮集》,卷3,頁 162。又見〔清〕吳子光:〈寄徐次岳孝廉書〉,高志彬主編:《一肚皮集(一)》,卷 3,頁 164。

〔註 199〕 〈寄徐次岳孝廉書〉,王國璠執行編輯:《吳子光全書(下)‧一肚皮集》,卷3,頁 159。

的作品，仍然缺乏真正的了解；其意義還停留清代臺灣文學的範圍裏。」〔註200〕，就整個清代文學與海外臺灣的互動而言，王幼華所言大致符合實情，唯一需商榷之處是「而原鄉大陸的廣東梅縣，在清末到民國八十年代為止，幾乎完全沒有有關他的記述。」的判定，因《光緒嘉應州志》第5冊卷23人物志篇，在增列的「新輯人物志」中，出現了一條介紹吳子光的資料：

　　　　吳子光，字芸閣，天才卓越，年方舞勺〔註201〕，文名大噪。弱冠後
　　　　因其父久客臺灣不歸，偕弟往省遂寄籍臺灣，中同治甲子科舉人。

　　　　酷嗜書，手不釋卷，老而彌篤，著有《一肚皮集》十二卷。〔註202〕
這條資料相當寶貴且饒富意義，它釋放了四個關鍵訊息。第一、吳子光年少時即以卓越的文學才華聞名於鄉里。第二、道光22年（1842），吳子光是與仲弟肇光同父親纘謨公為稻粱之謀而一起避居臺灣，並非偕弟往省纘謨公後才寄籍臺灣，方志此處的記載有誤，茲以〈先考守堂公家傳〉、〈先妣太孺人家傳〉、〈芸閣山人別傳〉為準據。第三、讀書向學之志愈老愈堅定，著有《一肚皮集》12卷。第四、《光緒嘉應州志》由著名嶺南才學之士溫仲和總纂，歷時八年蒐羅研修，終成書於光緒27年。〔註203〕可知甲午戰後，吳子光的文名、才學已遠播到原鄉嘉應州，引起修志者的關注，只不過自道光22年（1842），吳子光第三次抵臺正式移居臺灣後，就再也沒有回去中國原鄉，若再加上其所交往的遊宦士友來看，幾乎在文學、經史等領域上也未能自成一家，自然這些遊宦士友返歸中國後，吳子光也無法透過他們的交遊圈來擴大

〔註200〕王幼華：〈吳子光〈雙峰草堂記〉連作創作技巧論析〉，頁218。

〔註201〕「舞勺」是指古代兒童學文舞。《禮記・內則》：「十有三年學《樂》，誦《詩》，舞《勺》。成童，舞象，學射御。」孔穎達疏：「舞勺者，熊氏云：『勺，鑰也。』言十三之時，學此舞勺之文舞也。」後借指13歲的男孩。漢語大詞典編輯委員會，漢語大詞典編纂處編纂：《漢語大詞典》（上海：漢語大詞典出版社，1995年11月），第3卷，頁1191。

〔註202〕〔清〕溫仲和總纂：《光緒嘉應州志》，第5冊，卷23，頁1725～1726。

〔註203〕「自乾隆十五年（西元一七五〇年）之後，嘉應州人文蔚起，科甲聯綿尤稱鼎盛，至光緒十六（西元一八九〇年）庚寅歲，相隔已一百四十年，咸認為前志所收寥寥，良多遺漏，歷經兵燹板本亦無存。知州吳宗焯慨倡修。……是年冬，銜恤歸里。越明年於潮州金山書院主講，而兩位舉人又就館於他處，三人皆不能駐局，稿本往返，商榷不無遲延，故自甲午歲（西元一八九四年）至光緒二十七年（西元一九〇一年）辛丑歲，歷時近八年，八十大員襄助，始克竣事，刻本刊行，洋洋大觀，共三十二卷、都七十萬字，……分為：圖說、沿革表……號曰《光緒嘉應州志》。」見邱鎮森：〈重刊《光緒嘉應州志》小引〉，〔清〕溫仲和總纂：《光緒嘉應州志》，第一冊，頁iii。

其在中國文壇或整個學術界的聲名。

綜合上述，完整 18 卷本《一肚皮集》合理的刻印時間上限當在光緒 5 年之後〔註204〕，而《光緒嘉應州志》所謂的 12 卷本《一肚皮集》，確實是一個大問題，筆者揣想幾個可能原因：其一、十八誤植為十二；其二、修志者當時所能蒐聞查索的訊息確為 12 卷本，而這個 12 卷本有可能和《苗栗縣志》的前、後集之說，存有密切的相關性；其三、《苗栗縣志》與《臺灣先賢著作提要》皆主張《一肚皮集》刻於吳子光歿後，即刊刻時間不得早於光緒 9 年（1883），那麼光緒 20 年（1894）始開志局修撰《光緒嘉應州志》的同時，《一肚皮集》也可能正處在刊刻階段，且已有相當成果出刊，但不能確定是否有在市面上流布，因此《光緒嘉應州志》從何處取得 12 卷本《一肚皮集》的訊息，就成為一個待解的問題。

〔註204〕 王幼華：「光緒六年（1880）寫有〈三長贅筆敘〉、〈游太孺人五十壽文〉，光緒七年（1881）有〈壽室人六十文〉之後便沒有作品出現了，可見此書不得在光緒元年即已刻成。……由其內容來看，都應該是刻於光緒七年（1881）之後，或者這個集子初刻是在光緒元年（1875），其後一直拖延，時刻時停，吳子光亦纂述不斷，新作不斷收入，才有這種情形。」〈三長贅筆敘〉、〈游太孺人五十壽文〉（《經餘雜錄》卷 11「文辭類」）都不是《一肚皮集》內的作品，所以光緒 7 年不能做為推算《一肚皮集》刻印的起始時間。王幼華：〈吳子光〈雙峰草堂記〉連作創作技巧論析〉，頁 219。

第三章　吳子光的恕道史論

　　王國璠《台灣先賢著作提要》指出本地儒者專意在著史、讀史、論史者，僅知連橫《臺灣通史》、彭培桂《讀史剳記》（本書已佚）、吳子光《三長贅筆》三部。又蔡淵洯〈清代台灣的學術發展〉亦言：「清代臺灣的史學著述，亦間有史論之作。吳子光，……曾著《三長贅筆》，考究廿三史，論者謂該書『頗得虛心涵泳，切己體察之功。』。彭培桂，淡水榛榔庄，撰《讀史剳記》，記述讀史心得。」〔註1〕這意謂清代臺灣儒者論史之作，吳子光的《三長贅筆》是惟一留存至今的。然而，《三長贅筆》條列式解述讀史心得的札記方式〔註2〕，卻讓人不易掌握其論史大旨，是故為能清楚呈現吳子光史論的核心面貌，一窺吳子光史學思想的堂奧，本章擬從他另一部綜合性的史學、文學著作《經餘雜錄》入手，以該書卷9、卷10「論辨類」具有完整形式與論述意涵的論史諸文著眼，尤其篇題為「史論」者為爬梳基底，如〈史論一〉、〈史論二〉、〈史論三〉、〈史論四〉、〈史論五〉、〈史學餘論共八條〉、〈匡章不孝論〉等史論文〔註3〕，並與

〔註1〕蔡淵洯，〈清代台灣的學術發展〉，許俊雅編著：《第一屆臺灣本土文化學術研討會論文集》（臺北：國立臺灣師範大學文學院、人文教育研究中心，1995年4月），頁558。

〔註2〕據筆者檢閱《三長贅筆》後之見，該書是依史書的朝代依序記注，論史觀點多散見各篇未能有系統聚焦，加之條例甚多且涉及內容複雜，如人物、事件、器物、制度、地理、史書書法和體裁等，實已超出本章內容所能負載。因此在有限的篇幅下，為能框現其史論的要旨，故從形式和內容上具有完整論述的《經餘雜錄》的論史篇章進行分析，並旁參《三長贅筆》以輔證史論文內涵，深掘廣發其義。

〔註3〕關於本章有二點要先予以敘明：第一，本章所採用的相關史論文章，簡稱「史論文」。第二，雖然《吳子光全書》是本論文引文的主要依據，但該套書不常

《三長贅筆》互參以見其論史要意,力圖從其:一、論史的理念向度;二、史論文的形式、內容;三、論史的旨趣等,來探討潛藏在吳子光史論文背後的社會關懷與公理正義,及其史論文的價值。

第一節　史學視野下的「中庸之道」論

　　吳子光所理解的「道」源自於對「忠恕違道不遠」(《中庸》)的體悟,並由此開展出來他獨樹一格的「恕道史論」,於古往今來中,以之論人、評事、衡勢。這可以說是立基在「中庸之道」上的實證史學觀,亦是一種欲通天人之際的經世胸懷。

一、吳子光所理解的「道」

　　吳子光一生以經、史之學為性命攸關,故以「下筆蘄至於古之立言者,如桃源人不知有漢,奚論魏晉。」〔註4〕自勉自勵,這若非醉心於學術天地和有極堅定的意志,實難達到此精神境界。因此,張永堂認為「吳子光雖然因為祖訓而不得不關懷舉業,但是舉業只是他的重要關懷,卻不是他的終極關懷,他一再提及『一生以經史為性命』,『生平以文章視性命』,而且在五十八歲放棄舉業以後也說:『名場勢利,萬念俱灰,惟有文字之業,老而彌篤。』,『譬諸繭室春蠶,直待僵死日,絲始盡。』,甚至說他要『以經史為菟裘而隱』,可見他在放棄舉業以後,不但沒有放棄『文字之業』,反而更加關懷。因此我們可以肯定地說學術才是吳子光畢生的終極關懷。」〔註5〕雖然,張永堂先生已為吳子光的核心學術特色定調,但直到現在,吳子光的學術成績仍多被誤解為是只以「考據一家鳴」的考據學者〔註6〕,而非他所自許的「經、史

見且無頁碼,頁碼為筆者自標。因此,為了讓讀者能查閱到較普及的龍文版《經餘雜錄選》,以下有關《經餘雜錄》卷9、卷10「論辨類」的論文諸文,筆者將使用高志彬主編之龍文版第6冊《經餘雜錄選》為主要材料,以方便有志研究吳子光者易於文獻的取得,至於《經餘雜錄選》所未錄選的文章則仍依《吳子光全書(上)‧經餘雜錄》為準。

〔註4〕〔清〕〈寄張子訓(書紳)同年書〉,王國璠執行編輯:《吳子光全書(下)‧一肚皮集》,卷3,頁139。

〔註5〕張永堂:〈一肚皮不合時宜的吳子光先生〉,《臺北文獻》63、64兩期合刊(1983年6月),頁68～69。

〔註6〕吳子光好讀書,尚考據是其學術興趣之一,這是無庸置疑的,更何況他對考據研究有所期待,希望考據成果有實用性,並盼知音人識其才,如其嘗言:

學家」，或更精確的說是視經為史的「史學家」，甚至有論者評其是只在意形下人倫事物而不見道體的保守儒者。〔註7〕然而，「歷史上的儒家複雜而多面，透過對《論語》等先秦儒家經典的詮釋，儒家在漢、宋、明、清都表現出各自不同的理論型態。入世的儒家有強烈的現實關注，因而儒家的學說向來都不是純粹的理論，而更多是處世的社會實踐方案。儒學這種與時代背景緊密聯繫的學說性格，一方面顯示出它獨特的實踐性與歷史性，同時卻也造成我們對於儒家學說之普遍意義的理解，一直都難以避免受到歷史脈絡的限制。」〔註8〕，可見原始儒學複雜而多面，宋明理學只是儒學詮釋的一種型態，吳子光著重形下人倫經驗的觀察、實踐，是否就等於不見道體的保守儒者，這是一個值得從不同面向討論的議題。

　　按筆者檢閱《吳子光全書》後，發現《經餘雜錄》卷9、卷10「論辨類」中，許多具完整文章形式與論述意涵的論史諸文，隱含了吳子光對「道」的理解和詮釋，如〈史論一〉云：

　　吳子曰：流行於天地間者道也。權其輕重大小之數，而無失之過不及者則為中庸之道。凡有意為畸行以矯激成名，出乎情理之外者，即非中庸。〔註9〕

　　昔劉知幾《史通》謂作史有三長，才、學、識缺一不可。竊謂讀史亦然，君子行無論出處窮達，皆折衷于孔子之言，以求所謂中庸者

「余以中土人作海外寓公，野鶴飛鴻偶留爪跡，生毛刺字，罕入公門，貧居無事，手未嘗釋書，性又健忘，故隨得隨記，久之，積數千百萬言，……是為原始編分作六門：曰職官，曰刑政，曰文學，曰典禮，曰人事，曰器物，如經緯然，理其緒而分之，復比其類而合之。竹頭木屑都入陶公網羅，芝術參苓半是狄家藥籠，識者得毋笑其瑣碎否？」〈原始雜考序〉，王國璠執行編輯：《吳子光全書（下）‧一肚皮集》，卷15，《襍考》，頁931～932。

〔註7〕黃麗生以吳子光視性理之學如「魔障」、「空言」，只著意讀書應舉、忠君孝親之事，又「唯其既反對形上超越論的提法，亦未著意陽明『致良知』教的核心旨意，可說是超越、內在兩相疏離，唯知拘泥於詞章功名而不見道體。無非也是思考模式重外在、形下、他律等因素的結果。」參黃麗生：〈近代臺灣客家儒紳海洋意識的轉變：從吳子光到丘逢甲〉，《海洋文化學刊》第2期（2006年12月），頁135。

〔註8〕林遠澤：《儒家後習俗責任倫理學的理念》（臺北：聯經出版社，2017年4月），頁299。

〔註9〕〔清〕吳子光著，高志彬主編：《經餘雜錄選‧史論一》（臺北縣：龍文出版社，2001年6月），第6冊，卷9，頁22。

　　　　而蹈之，乃幾於道耳。〔註10〕

對科舉時代的士人而言，《四書》是必須熟習的聖經，也是科第中人共同的思想指引，若將《四書》當成一門對象化的知識學讀較容易，但要把握《四書》要旨深意，並付之於日常生活中實踐，就不是一件簡單的事了。筆者認為吳子光對《中庸》意旨有其個人特殊體會與見解，他以「權其輕重大小之數，而無失之過不及者」來詮釋「中庸」二字的基本義，即程頤所謂「不偏之謂中，不易之謂庸。中者，天下之正道。庸者，天下之定理。」〔註11〕之義。然而，就世間之情理而言，「意為畸行以矯激成名」即非實情實理、通情達理之行，如「東京崇尚節義，而矯激成名是以有黨錮之禍。」〔註12〕，自然不符合中庸之旨。

　　既然「中庸之道」是「流行於天地間者」，那麼在時空上就具有無所不包、不及的普遍性，但這個普遍性卻必須從人心道德覺察證得。朱子說：「此篇乃孔門傳授心法，子思恐其久而差也，故筆之於書，以授孟子。其書始言一理，中散為萬事，末復合為一理，『放之則彌六合，卷之則退藏於密』，其味無窮，皆實學也。善讀者玩索而有得焉，則終身用之，有不能盡者矣。」〔註13〕歷來對於《中庸》是否為子思所作多有爭議，如高柏園以為「《中庸》、《易傳》之作者及成書年代很難確定，蓋文獻不足徵之故也，文獻既已不足，是以吾人只能就二書之思想性格加以推斷，……《中庸》、《易傳》與漢代思想有著明顯的差異，前者是通過道德、價值說明存在的意義，而後者卻是通過存有來說明價值，前者是道德的形上學，而後者卻是形而上的道德學，……由此吾文可暫時推斷《中庸》、《易傳》乃是在孟子、莊子之後，而在漢代以前的儒家作品，而作者不必是一人。」〔註14〕。又勞思光指出「《中庸》中一部份皆標明『子曰』者，可能是流傳甚早的材料，大體是追記孔子之言；其中頗有與《論語》所記相同的。至於論『誠』、論『聖』之說，則必為儒家後學之理論；首章所載，亦是後學之論著。合起來成為一篇《中庸》，應是漢初之事。……

〔註10〕〔清〕吳子光著，高志彬主編：《經餘雜錄選・史論一》，第 6 冊，卷 9，頁 25～26。

〔註11〕〔宋〕朱熹：《四書章句集注・中庸》（北京：中華書局，2003 年 6 月），第 1 章，頁 17。

〔註12〕〈德門謝氏贈物記〉，王國璠執行編輯：《吳子光全書（下）・一肚皮集》，卷 6，頁 418。

〔註13〕〔宋〕朱熹：《四書章句集注・中庸》，第 1 章，頁 17。

〔註14〕王邦雄、岑溢成、楊祖漢、高柏園編著《中國哲學史》（臺北縣：國立空中大學，2001 年 2 月），頁 110。

又《中庸》引孔子之言，皆稱『子曰』；但第二章卻有一處是『仲尼曰』，顯然來源不同。……總之，《中庸》一書成分甚雜；其論說與紀言部份可能各有來源。其中最晚出的必在秦以後。至於作者，則自然不能是子思。我們取謹慎態度，只能說《中庸》是漢初儒生編成的，所用資料則非常複雜。」〔註15〕關於《中庸》編成的確切時間，高柏園和勞思光的見解雖不同，但在《中庸》作者問題上，皆對朱子所謂「子思授孟子」一說持相左之論。

據上所述，吳子光所揭示的「中庸之旨」是以「出乎情理之內」為準則，但所謂的「情理」是指什麼？如何在人倫日用中實踐？這就涉及吳子光的道德信念、人生價值的問題。幾經尋繹《中庸》和「情理」之關連何在？並考索吳子光《一肚皮集》、《經餘雜錄》和《三長贅筆》三部著作後，筆者發現「出乎情理之內」的中庸之道，指的就是《中庸》第13章的「忠恕違道不遠」之義，如云：

> 子曰：「道不遠人。人之為道而遠人，不可以為道。」《詩》：「伐柯伐柯，其則不遠。」執柯以伐柯，睨而視之，猶以為遠。故君子以人治人，改而止。忠恕違道不遠，施諸己而不願，亦勿施於人。……庸德之行，庸言之謹，有所不足，不敢不勉，有餘不敢盡；言顧行，行顧言，君子胡不慥慥爾！〔註16〕

按「忠恕違道不遠」是因君子能「施諸己而不願，亦勿施於人」。君子以同理心處世，故能於日常生活中言謹慎、行篤實，責己嚴而待人寬。〔註17〕因此「出乎情理之內」的中庸之道必得在「人道」中方能證成，而所謂的情理當指「忠恕」的修養功夫，這是在人倫日用實踐中才得以彰顯的仁德。又吳子光主張讀史者也同樣要具備劉知幾所謂的作史三長才、學、識，而且認為君子無論進退窮達，皆須折衷于孔子之言。這意謂作史、讀史、論史都須依孔子之教而行，如其言：

〔註15〕勞思光著，黃慧英編：《大學中庸譯註新編·附錄》（香港：中文大學出版社，2000年），頁108。

〔註16〕〔宋〕朱熹：《四書章句集注·中庸》（北京：中華書局，2003年6月），第13章，頁23～24。

〔註17〕忠恕之道近仁，是因君子能「『盡己之心為忠，推己及人為恕。』……『施諸己而不願，亦勿施於人』，忠恕之事也。以己之心度人之心，未嘗不同，則道之不遠於人看可見。故己之所不欲，則勿以施立於人，亦不遠人以為道之事。張子所謂『以愛己之心愛人，則盡仁』，是也。」〔宋〕朱熹：《四書章句集注·中庸》，第13章，頁23。

作史論史評者，動稱簡策中無全才，書生習氣，磨宋、元至今如一日。……吾謂持躬宜恕，論古更宜恕，豈辭章之學大言欺人？僅口過可比哉！〔註18〕

今史論傷於深文者，殊失忠恕之道。〔註19〕

史家謂雖不屈而死，非其志也，未免過于深文，大抵死事之臣，作史者宵恕毋刻。彼已拚一命以相示，吾何靳一字以相與耶！〔註20〕

此處，吾人可以清楚看到吳子光論史、論古的態度全緗攝在恕道之中。這是他作為一位讀史者的別有會心，「恕道史論」亦於焉形成。然而，從宏觀的視野看，吳子光應是將《四書》做為一個整體來把握，因為不管是《大學》、《中庸》、《論語》或者《孟子》均有涉及忠恕之道的闡解。忠恕之道在《大學》那裡，又稱為「絜矩之道」〔註21〕，即「所惡于上，毋以使下；所惡于下，毋以事上；所惡于前，毋以先後；所惡于後，毋以從前；所惡于右，毋以交于左；所惡于左，毋以交於右：此之謂絜矩之道。」〔註22〕；《孟子》亦言：「萬物皆備於我矣。反身而誠，樂莫大焉。強恕而行，求仁莫近焉。」〔註23〕，這是說行事能推己及人，時時反身而誠，則仁已在矣。「故當凡事勉強，推己及人，庶幾心公理得而仁不遠也。……行之以恕，則私不容而仁可得。」〔註24〕。至於《論語》中關於「忠恕」之道的闡發甚夥，舉其精要者有三：

子曰：「參乎！吾道一以貫之。」曾子曰：「唯。」子出。門人問曰：「何謂也？」曾子曰：「夫子之道，忠恕而已矣。」〔註25〕

〔註18〕〈東萊博議〉，王國璠執行編輯：《吳子光全書（中）·三長贅筆》，卷1，《讀《公》《穀》內外傳偶得》，頁58。

〔註19〕〈《春秋》責備賢者說〉，王國璠執行編輯：《吳子光全書（下）·一肚皮集》，卷8，頁513。

〔註20〕《讀諸史偶得》，王國璠執行編輯：《吳子光全書（上）·三長贅筆》，卷12，〈史筆太苛〉條，頁752。

〔註21〕「絜矩」二字之義是「如不欲上之無禮於我，則必以此度下之心，而亦不敢以此無禮使之。不欲下之不忠於我，則必以此度上之心，而亦不敢以此不忠事之。至於前後左右無不皆然，則身之所處，上下、四旁、長短、廣狹，彼此如一而無不方矣。彼同有是心而興起焉者，又豈有一夫之不獲哉？」〔宋〕朱熹：《四書章句集注·大學》，傳第10章，頁10。

〔註22〕〔宋〕朱熹：《四書章句集注·大學》，傳第10章，頁10。

〔註23〕〔宋〕朱熹：《四書章句集注·孟子》，卷13，盡心章句上，頁350。

〔註24〕〔宋〕朱熹：《四書章句集注·孟子》，卷13，盡心章句上，頁350。

〔註25〕〔宋〕朱熹：《四書章句集注·論語》，卷2，里仁第4，頁72。

子貢曰：「如有博施於民而能濟眾，何如？可謂仁乎？」子曰：「何
事於仁，必也聖乎！堯、舜其猶病諸！夫仁者，己欲立而立人，己
欲達而達人。能近取譬，可謂仁之方也已。」〔註26〕

子貢問曰：「有一言而可以終身行之者乎？」子曰：「其恕乎！己所
不欲，勿施於人。」〔註27〕

孔子對不同資質、性格學生的提問，施以能適性揚才的教法，雖求仁之方殊
途，但行仁之心卻無歧別。孔子「一以貫之」之道即「忠恕」〔註28〕，他告
訴子貢這是為仁之方，只要待人處世以「己欲立而立人，己欲達而達人」和
「己所不欲，勿施於人」為言行準則，那麼至德之仁自然水到渠成不假外求。
是故，《四書》雖從不同側面討論忠恕之道，但其旨義並無二致，誠如吳子光
所強調的，「皆折衷于孔子之言」，是以《中庸》「忠恕違道不遠」之義當遠紹
孔子對「忠恕之道」的揚揭，君子無論進退窮達亦奉之為行事圭臬，進而能
仁民愛物以安天下。

　　總言之，吳子光以恕道為核心的論史理念，從根本上講，是實踐孔子的
仁道；從儒學思想承衍上看，則是回復先秦儒學的本調。不過有學者討論吳
子光的學思特徵、道德修養時，多集中於超越性道體此點評議，如以「吳子
光的例子說明，唯尊君父而不見道體的形式儒家，既缺乏超越性價值理想的
提撕，亦不能掌握內在自主的體踐動力。」〔註29〕，或者是「吳子光治學重
考據、好瑣屑，尤視作文章為性命。其讀史傳，主要著眼於用典、考據，重
在細碎處，玩味冷僻艱深的字句辭典，以供其作文之用，而非關春秋大意或
古今演變之旨。……充份反映出其治學傾於重詞章、究考據、而疏於義理的
一面；與清代乾嘉以降的學風，若合符節。」〔註30〕這樣的批評顯然和上述
的研析結果大異其趣，但卻也反證吳子光「恕道」史論所具有道德的形上學

〔註26〕〔宋〕朱熹：《四書章句集注·論語》，卷3，雍也第6，頁91～92。
〔註27〕〔宋〕朱熹：《四書章句集注·論語》，卷8，衛靈公第15，頁166。
〔註28〕程子曰：「以己及物，仁也；推己及物，恕也。『違道不遠』是也。忠恕一以
　　　　貫之：忠者天道，恕者人道，忠者無妄，恕者所以行乎忠也；忠者體，恕者
　　　　用，大本達道也。……又曰：「聖人教人，各因其才，『吾道一以貫之』，惟曾
　　　　子為能達此，孔子所以告之也。曾子告門人曰：『夫子之道，忠恕而已矣』，
　　　　亦猶夫子之告曾子也。《中庸》所謂『忠恕違道不遠』，斯乃下學上達之義。」
　　　　〔宋〕朱熹：《四書章句集注·論語》，卷2，里仁第4，頁72～73。
〔註29〕黃麗生：〈近代臺灣客家儒紳海洋意識的轉變：從吳子光到丘逢甲〉，頁164。
〔註30〕黃麗生：〈近代臺灣客家儒紳海洋意識的轉變：從吳子光到丘逢甲〉，頁133。

的學術特色。更一深層言，吳子光所把握的整體《四書》的要旨，其背後的奧義源頭當歸本於《六經》，因《六經》透過孔子的整理後，其內容或編排方式必然隱含了孔子「述而不作」之志，而《四書》中的思想又以孔子的仁學作為闡發的主體，是故吳子光的「恕道」史論實是原始儒家思想的發揮無疑。

二、吳子光的史實與哲理交通

　　承上所述，吳子光論史既然是以實踐孔子仁道和回歸先秦儒學為根本，那麼其史論自然深具儒家色彩，並以儒家的價值標準來衡量史實與人物，彰顯史實與哲理交通的傳統學術特色。易言之，史哲合一的歷史敘述是為了建立能垂範百代的典模，如「在儒家經典中所見的對黃金古代或典範人格的敘述，都是以朝向建立普遍的道德理則或抽象命題為其目的。因此，儒家歷史學實質上是一種道德學或政治學。在這種特質之下，儒家歷史敘述是一種證立普遍理則的手段。」〔註31〕

　　吳子光「一生以經史為性命」，嘗嘆言「蓋讀書難事也，莫難於經世之學，其次經史之學。……經史之學至漢稱極盛，及魏晉而辭章之學興，……夫辭章之學雖稍次經史之學亦有淵源授受存焉，諸大家傳世遺編，今皆賴以考見，乃庸庸者于時藝試帖之外別無所用心也，悲夫！」〔註32〕，此處「經世之學」─「經史之學」─「辭章之學」的順序，說明了吳子光的治學次第，「經世之學」之難在於實現淑世、救世理想時，必須在瞬息萬變的人事遷化中，與之同步做出符應現況的回應。而「經史之學」則反應了思維歷史的眼光和「重視歷史之流變中『人』的主動性角色。……相信『人』不是被客觀結構所宰制的客觀，『人』可以挺立心志而成為歷史中旋乾轉坤的中流砥柱。所以，在中國史學家眼中，讀史的目的不在於積累諸多歷史事實或知識以致於玩物喪志，而在於經由讀史而受古聖先賢偉大人格的感召，起而致力於淑世、經世、救世之事業。」〔註33〕，基於這樣的動態史學的背景理解，就能明白「辭章之

〔註31〕黃俊傑：〈儒家論述中的歷史敘述與普遍理則〉，《臺大歷史學報》第25期（2000年6月），頁21。

〔註32〕〈漢儒多經術說〉，王國璠執行編輯：《吳子光全書（下）‧一肚皮集》，卷9，頁571～573。

〔註33〕黃俊傑：〈從東亞視域論中國歷史思維的幾個關鍵詞〉，收入《思想史視野中的東亞》（臺北：國立臺灣大學出版中心，2016年10月），頁39。

學」為何稍殿其後了。是故，吳子光讀史、論史的過程正是此種道德化、政治
化儒家歷史學的活生生顯例，其〈論史之難〉云：

> 自唐堯即位，至崇禎甲申，四千零二年矣。年久則史多，以《三國
> 志》言之，此史若出他手，當用曹魏大書紀年，以蜀、吳作小字分
> 註，明示正閏也。陳壽獨否，雖以曹魏為正統，仍平還三國局面有
> 軒輊而無予奪，此處頗費幹〔註34〕旋苦心，蓋晉承魏，魏承漢體例
> 宜爾，不然置司馬家兒于何地？豈如朱子作《綱目》可以予奪隨心
> 耶，……嘻！壽真良史才哉！〔註35〕

雖說儒家歷史敘述有從道德、政治層面證立普遍性理則的傳統，但論史仍有
其鉅觀和微觀平衡的量議，不管是全幅式的鳥瞰或者是點狀式的細察，這都
須存公正不阿之心才能鑑照諸殊相中的共相〔註36〕。吳子光稱讚陳壽是「真
良史才」，雖以曹魏為正統，但仍能保持公正不會隨心予奪史料，還三國鼎立
無有軒輊的局面。他不認同朱子作《綱目》可以予奪隨心的作史態度，所謂
「論史之難」即是在賦予類近史實普遍理則時，作史者、讀史者、論史者須
自客觀衡量，不因好惡有別而妄自裁斷。無獨有偶的，史學大家章學誠（1738
～1801）在論及陳壽《三國志》的體例、書法時亦持相同看法，認為「習（習
鑿齒）與朱子，則固江東南渡之人也，惟恐中原之爭天統也。（此說前人已言。）
諸賢易地則皆然。」〔註37〕，這是從換位思考的角度來審酌論史的客觀性有

〔註34〕原文是「幹」字，但文句不通，當為筆誤，故改為「斡」字。

〔註35〕〈論史之難〉，王國璠執行編輯：《吳子光全書（下）·一肚皮集》，卷 1，頁
　　　　21。

〔註36〕按黃俊傑教授對中國史論作品作用的研究，「史論作品的第一種作用就是從
　　　　『殊相』中提煉『共相』。傳統中國史學家從來不以史料之收集或史實之重建
　　　　為史學工作的最高目標，他們重建具體而特殊的歷史事實，是為了提煉歷史
　　　　事實後面的抽象而普遍的原理，以作為經世之依據，章學誠（實齋，1738～
　　　　1801）說：『史學所經世，……，整輯排比，謂之史纂；參互搜討，謂之史考，
　　　　皆非史學。』」黃俊傑：〈中國歷史寫作中史論的作用及其倫理問題〉，收入杜
　　　　正勝，劉翠溶等著《中國歷史的再思考》（臺北：聯經出版社，2015 年 7 月），
　　　　頁 48。

〔註37〕章學誠言：「昔者陳壽《三國志》，紀魏而傳吳、蜀，習鑿齒為《漢晉春秋》，
　　　　正其統矣。司馬《通鑒》仍陳氏之說，朱子《綱目》又起而正之。『是非之心，
　　　　人皆有之。』不應陳氏誤於先，而司馬再誤於其後，而習氏與朱子之識力，
　　　　偏居於優也。而古今之議《國志》與《通鑒》者，殆於肆口而罵詈，則不知
　　　　起古人於九原，肯吾心服否邪？陳氏生於西晉，司馬生於北宋，苟黜曹魏之
　　　　禪讓，將置君父於何地？而習與朱子，則固江東南渡之人也，惟恐中原之爭

可能受到地域、身份屬性的影響，如習鑿齒與朱子都是南方人，而曹魏代表
北方政權，吳、蜀代表南方政權。因此，在論及誰是政統真正的繼承者時，政
治、權力、經濟、文化等許多因素，均會被納入考量，從而對作史者史識的通
貫性造成拉扯，以致出現作史「予奪隨心」的強烈主觀立場。這就是為什麼
「歷史最容易受到批評，在所有著述中，寫歷史最辛苦。以司馬遷、班固的
通雅之才，仍然不斷受到後代的詆毀。如果『任情失正』，寫出來的歷史，就
太危險了！這應是對史學家極為嚴重的警告了！」〔註38〕

又其〈史論〉論人才和國家興衰關係時言：「人才顯晦之故，在朝者以正
議嬰戮，謝事者以黨致災，往車雖折而來軫方遒，所以傾而未顛，決而未潰，
豈非仁人君子心力之為乎？嗚乎！數語為黨錮諸公說法也。」〔註39〕，這段
話典出范曄《後漢書‧左周黃列傳》〔註40〕，主要是針對東漢兩次黨錮之禍
造成國家危難進行簡短評論，不過此處「只有人才顯晦之故」和「數語為黨
錮諸公說法」是吳子光的話，較難看出他對黨錮之禍的整體看法，必須配合
參看《三長贅筆》卷9《讀《後漢書》偶得》中的〈陳蕃傳〉、〈黨錮傳〉較能
清楚呈現吳子光的論議，如下所述：

> 蔚宗謂蕃上疏有三空之說，謂田野空、朝廷空、倉庫空也。宦官矯
> 詔，收蕃詣獄，……陳蕃諸公，功雖不終，然其信義足以攜持民心，
> 漢世亂而不亡百餘年間，數以之力也。〔註41〕〈陳蕃傳〉

此處吳子光引范曄評陳蕃、李膺諸人（太學生郭泰、賈彪）之言，予以正面肯
定他們對東漢朝政、社會的貢獻。兩次黨錮之禍發生於桓、靈二帝時，起於
外戚、宦官鬥爭，而宦官專權之害尤甚，朝中士大夫痛心疾首之餘時加抨擊，

天統也。（此說前人已言。）諸賢易地則皆然，未必識遜今之學究也。」〈文
　　德〉，〔清〕章學誠：《新編本文史通義：含方志略例及校讎通義》（臺北：華
　　世出版社，1980年9月），內篇2，頁61。
〔註38〕　杜維運：《中國史學史（第二冊）》（臺北：杜維運出版，2002年9月），頁74。
〔註39〕　〈史論〉，王國璠執行編輯：《吳子光全書（中）‧三長贅筆》，卷9，《讀《後
　　漢書》偶得》，頁553。
〔註40〕　〈左周黃列傳〉云：「其餘宏儒遠智，高心絜行，激揚風流者，不可勝言。而
　　斯道莫振，文武陵隊，在朝者以正議嬰戮，謝事者以黨錮致災。往車雖折，
　　而來軫方遒。所以傾而未顛，決而未潰，豈非仁人君子心力之為乎？嗚呼！」
　　〔南朝宋〕范曄撰；楊家駱主編：《新校本後漢書并附編十三種》（臺北：鼎
　　文書局，1984年3月），第3冊，卷61，列傳第51，頁2043。
〔註41〕　〈陳蕃傳〉，王國璠執行編輯：《吳子光全書（中）‧三長贅筆》，卷9，《讀《後
　　漢書》偶得》，頁558。

遂造成宦官侯覽、曹節、王甫等的誣告追殺，以「黨人」罪名來禁錮士人終身。〈黨錮傳〉云：

> 邦無道危行言孫，宣聖之論，百世不易。是時昏君守府，閹尹擅權，雖母儀萬國者，猶委死生於若輩之手，況朝士乎？鉤黨諸公乃欲以一木支大廈，一簣障狂瀾，多見其不知量也。……黨錮之獄所連逮者，二百餘人，諸死徒廢禁者六七百人，罪及五族并門生故吏，居停主人，坐是誅滅者無算，……其主之者則宦寺也。〔註42〕

由宦寺所主導而起的第二次黨錮之禍，其殘害慘況更勝第一次，朝中清正賢良之士受牽連之故幾乎為之一空。吳子光對此局勢的總評是鉤黨諸公「不知量也」，如同獨木難支大廈、一簣難障阻狂瀾般終究無功。這個裁斷並非無的放矢，以失敗主義自持，其評斷背後的理念是依據孔子「邦有道，危言危行；邦無道，危行言孫。」〔註43〕的訓誨，這是屬於政治層面普遍性價值的證立，此與吳子光以恕道論史的精神相貫通。是以論史須從古今相類事件做前後的盱衡，把握整體時勢演進的軌跡，方能得出具普遍性的通則，如同「劉知幾認為史家起碼應該對孔子《六經》的倫理道德精神有所領悟，應該有相對客觀的是非標準。他認為對孔子《六經》的道德精神在史學領域的體現，應該像左丘明那樣首先徵實——保持歷史的真實性。」〔註44〕，即在「綜其終始，稽其成敗興壞之紀」中達到「究天人之際，通古今之變，成一家之言。」〔註45〕的理想，並透過通古今以行經世的目的，這應是作史者、讀史者、論史者研究歷史的最重要目標。〔註46〕

〔註42〕〈黨錮傳〉，王國璠執行編輯：《吳子光全書（中）·三長贅筆》，卷9，《讀《後漢書》偶得》，頁559～560。

〔註43〕〔宋〕朱熹：《四書章句集注·論語》，卷7，憲問第14，頁149。

〔註44〕張豈之主編：《中國歷史的十五堂課》（臺北：五南圖書出版股份有限公司，2006年8月初版），頁298。

〔註45〕司馬遷〈報任安書〉：「僕竊不遜，近自托於無能之辭，網羅天下放失舊聞，略考其行事，綜其終始，稽其成敗興壞之紀，上計軒轅，下至於茲，為十《表》，《本紀》十二，《書》八章，《世家》三十，《列傳》七十，凡百三十篇，亦欲以究天人之際，通古今之變，成一家之言。草創未就，會遭此禍，惜其不成，是以就極刑而無慍色，僕誠已著此書，藏之名山，傳之其人，通邑大都；則僕償前辱之責，雖萬被戮，豈有悔哉！」〔西漢〕司馬遷：〈報任安書〉，收入〔東漢〕班固著，〔唐〕顏師古注；楊家駱主編：《新校本漢書并附編二種》（臺北：鼎文書局，1991年9月），卷62，司馬遷傳第32，頁2735。

〔註46〕但「就歷史研究的終極目的觀之，中國史學家衡論史事最常運用的關鍵詞有

第二節　吳子光論史的理念

　　對於經學、史學的關係，吳子光基於「史學經世」的目的，倡提「古有史無經」的概念。並在「經世致用」這個層次上，將經史合一，以經為義理源泉，以史為實證應用，而所謂「恕道史論」即是《六經》、《四書》義理的顯現，修方志則為實證史學的開展。吳子光論史理念的特殊性，是在於以「了解之同情」做為歷史理解的準線，並藉此對傳統的「《春秋》責備賢者說」提出異議。要言之，這是一種合主觀的「情」、和客觀的「理」、「勢」為一的論史原則。

一、經、史之關係

　　就吳子光的著作內容所呈現的思想脈絡來看，筆者認為史學是其學術根本關懷所在，而經學則被其納入史學的範疇，此即「古有史無經」的概念展現，但這並不是說經學被史學取代，而是因史學重實證應世的特質獲得吳子光高度的重視，進而被加以凸顯和宣揚，此為經世之學理想的實踐途徑之一，是以吳子光所謂「以經史為性命」正是此意的展顯。然而在多年的讀書、寫作經驗的積累裡，他體悟真正高超的、具隻眼的大手筆史書撰作，書寫者本身必擁有上乘的文學素養而使得求真的史學和求美的文學融為一體，《史記》正是此一令人激賞的鉅著，他說：

> 余年甫勺象即讀《史記》而愛之，但所嘗祇一臠耳。居有頃，購得此史全部，因秘作王充《論衡》，由淺而深，略通大意，……余固不能文，然時懸此人於心目中與為對晤、與為寢。每一運筆皇皇然有求而不得，即得如恐失之，用自慚愧，此則予數十年嚮往之私未之逮也而有志焉。〔註47〕

吳子光奉《史記》為史學、文學百世不易的經典，是其臨摹的準繩，故能在讀史、論經之餘，「下筆蘄至於古之立言者，如桃源人不知有漢，奚論魏晉。」〔註48〕，顯然可見「經史之學」是其畢生的眷注。而經、史之學兩者間，吳

二：一是『通』，二是『經世』。……『通』乃是傳統中國史學第一義，是中國史學思維最重要的關鍵詞。」黃俊傑：〈從東亞視域論中國歷史思維的幾個關鍵詞〉，收入《思想史視野中的東亞》，頁 26～27。

〔註47〕《讀史記偶得》，《吳子光全書（上）‧三長贅筆》，卷4，〈龍門史學〉條，頁303～304。

〔註48〕〈寄張子訓（書紳）同年書〉，《吳子光全書（下）‧一肚皮集》，卷3，頁135。

子光的眼光不同一般儒者是把經學置為第一序，反而是將史學擺為第一序，
經學含括在史學的範圍內。他對經學本質的認定，其實是和史學連繫在一起，
幾乎可以說「經即史」且「史」是「經」的源頭，因為「古有史無經」，他指陳：

> 古有史無經，孔子曰：「吾志在《春秋》，行在《孝經》，止此一見而
> 已。」除《易》、《禮》外，《詩》紀朝野政教，即史之流派也。《書》
> 即三代《史記》也，《書》有今古文之別，伏生所口授者今文也，孔
> 壁所藏為安國校定者古文也，見《漢書・儒林傳》。然今奧于古者，
> 《金史・國語解序》曰：「今文《尚書》辭多奇澀，蓋亦當世之方音
> 也，若六經之名實始於莊子。六經者，先王之陳迹也，夫迹履之所
> 出而迹豈履哉？史之別于經也，蓋自王儉《七志》，阮孝緒《七錄》
> 始。〔註49〕

上引文出自〈經學〉條，由篇名之命意顯然是吳子光有意解釋「經學」的內涵
而作。再就內容來看，他在史學、經學的關係上倡提「古有史無經」的概念。
除了《易》、《禮》非史書外，「《詩》紀朝野政教，即史之流派也」，「《書》即
三代《史記》也」，而《春秋》編定自魯史殆無疑問。〔註50〕接著便解釋《六
經》之名實始於《莊子》，而「六經者，先王之陳迹也，夫迹履之所出而迹豈
履哉？」〔註51〕意指現在先王留下的陳舊遺跡，在經過人為變化和傳播之後，
已不是先王遺跡的本來面目了。最後話鋒一轉，提到史學的獨立地位始自南
朝齊王儉（452～489）《七志》、阮孝緒（479～536）《七錄》的文獻分類，此
後史學開始與經學有了區隔，並興盛發展起來〔註52〕，漸而「史學開始由經

〔註49〕〈經學〉條，王國璠執行編輯：《吳子光全書（上）・經餘雜錄》，卷6，「辭林
　　　　典實類」，頁361～362。

〔註50〕孔子對《六經》的人文化成之功，曾就其功能解說：「入其國，其教可知也。
　　　　其為人也：溫柔敦厚，《詩》教也；疏通知遠，《書》教也；廣博易良，《樂》
　　　　教也；潔靜精微，《易》教也；恭儉莊敬，《禮》教也；屬辭比事，《春秋》教
　　　　也。」〔漢〕鄭玄注，〔唐〕孔穎達正義，呂友仁整理：《禮記正義》（上海：
　　　　上海古籍出版社，2008年9月），卷58，〈經解〉第26，頁1903。

〔註51〕莊子云：「孔子謂老聃曰：『丘治《詩》、《書》、《禮》、《樂》、《易》、《春秋》
　　　　六經，自以為久矣，孰知其故矣，以奸者七十二君，論先王之道而明周召之
　　　　跡，一君無所鉤用。甚矣夫！人之難說也，道之難明邪？』……老子曰：『幸
　　　　矣子之不遇治世之君也！夫六經，先王之陳跡也，豈其所以跡哉！今子之所
　　　　言，猶跡也。夫跡，履之所出，而跡豈履哉！」王先謙：《莊子集解・天運
　　　　第十四》（臺北：東大圖書，2004年10月），卷4，外篇，頁134～135。

〔註52〕杜維運分析「魏晉南北朝時代為什麼史學極盛呢？時代的衰亂，應是主導性

學附庸變為獨立的學科。戰國以前，史學不曾單獨自立成學。秦漢時期，《史記》的出現標誌著中國史學的初步形成，但《漢書‧藝文志》仍然把史學著作附於〈六藝略〉的『春秋家』之後。魏晉南北朝時期，由於經學衰微，史學地位提高，成為學術領域的一門獨立學科。『史學』一詞，最早見於石勒初稱趙王時。」〔註53〕一般來說，中國傳統的知識體系是以經學為主體，其它門類的學問都收附在經學的指引框架裡，這是多數士人的基本認知。但從吳子光對經學本質理解的陳述中，卻反而看不到此種共識，而是強調史學可以為政典、為史書的經世作用。就此而言，吳子光「古有史無經」的概念，竟和袁枚（1716～1797）〈史學例議序〉的主張有相似之處，其云：

> 古有史而無經。《尚書》、《春秋》，今之經，昔之史也；《詩》、《易》者，先王所存之言；《禮》、《樂》者，先王所存之法。其策皆史官掌之。……夫《綱目》，繼《春秋》者也。《春秋》，繼《尚書》者也。《尚書》無褒貶，直書其事，而義自見。《春秋》本魯史之名，未有孔子，先有《春秋》。孔子「述而不作」，故「夏五」、「郭公」，悉仍其舊。寧肯如舞文吏，以一二字為抑揚，而真以素王自居耶？朱子惡王通作《玄經》擬《春秋》，必不自蹈其非。〔註54〕

該序文首句即點明「古有史無經」的見解，同樣認為《六經》的本質是史而非經，它們是存先王之言、法的史書和政典。不過，值得注意的是，袁枚持孔子「述而不作」的觀點，一反《春秋》一字褒貶之義，而認為孔子不會如舞文吏般搬弄文字，甚至是以素王自居。因為《春秋》本魯史筆削而成，繼承了《尚書》無褒貶，直書其事，而義自見者的書法。又說：

> 夫史者，衡也，鑒也，狹曲蒙匡也。國家人物政事，則受衡受鑒，

的原因。時代衰亂，社會劇變，外在的因素，刺激了此一時代的人，醉心寫史，衰亂而有安定之時，劇變而有喘息之日，寫史的客觀條件具備；經濟繁榮，學術昌盛，史學的傳統，又若排山倒海般自遠古源源而來，史學內在發展的因素，適與外在的因素配合；君主的提倡歷史，社會意識的尊重歷史，個人藉歷史以不朽的慾望，多種的原因，遂使此一時期的史學蓬蓬勃勃，盛況空前。」杜維運：《中國史學史（第二冊）》（臺北：杜維運出版，2002年9月），頁29。

〔註53〕張豈之主編：《中國歷史的十五堂課》（臺北：五南圖書出版股份有限公司，2006年8月初版），頁297。

〔註54〕〔清〕袁枚：〈史學例議序〉，《小倉山房文集》（臺北：臺灣中華書局，1980年11月），四部備要本，卷10，冊1，頁10。

> 而盛載於蒙匭者也為之例，為之議，然後衡平鑒明，而匡篚亦無舛
> 午之虞。〔註55〕

此處說明史書對國家人物政事，所能發揮的校正斟酌、映照警惕的作用。可見袁枚對「古有史無經」的詮釋，主要是從先王所遺留下的典章制度角度來檢視史書的本質。再從史書所載錄之例以見議，即「以事見義」，凸顯了史書所具有的政治指引、道德訓誨意涵，這也是一種「史學經世」的意義呈現。

　　若把袁枚、吳子光「古有史無經」的主張置於清代學術脈絡看，此概念較接近章學誠的「六經皆史」說〔註56〕，而相異於乾嘉考據史學〔註57〕，但卻缺乏章學誠史學理論那樣的成系統和精密。章學誠的「『六經皆史』說的提出，主要針對有二，一是宋明以來儒者解經專重義理，而忽略考實，易流於空疏，所謂『經學即理學』；一即對應顧亭林以來，以至乾、嘉時期，以戴東原為代表的經學考證學風。」〔註58〕。「六經皆史」說其來有自，從先秦莊子、唐、宋、元至清都有學者提出相類或實質內涵已同章學誠「六經皆史」的看法，不過「章學誠雖主六經皆史，並非很單純地即把經與史劃成雙向等號，

〔註55〕〔清〕袁枚：〈史學例議序〉，《小倉山房文集》，四部備要本，卷10，冊1，頁10～11。

〔註56〕章學誠「六經皆史」說的要點：「一是『經史同源』，從經、史之性質及其出現，來證其為一，此是一種史證法。二是『道器不離』，從六經之內涵及其形跡兩方面來辨明經、史之價值所在，討論經、史之形式與內容之相依俱起，不可單看，此亦是章學誠『六經皆史』說之精神、內涵所寄，無此一義，六經皆史便只是古文經學家或整理史纂者之六經皆史，全不與經學發生聯繫。三是『官師合一』，從經、史之同用，來發揮經、史之功能，及追摹古代經、史合同實治之盛蹟，以說明經、史同用之功，與分立之弊。四是『周孔之辨』，由周公之創，與孔子之述，言經、史之流與變。」張至廷：〈從章學誠「六經皆史」說與蒙文通「經史分途」說論經、史分合關係〉，《鵝湖月刊》第34卷第11期總號第407（2009年5月），頁52～53。

〔註57〕「明清之際的學術思潮由反對空疏無用之學轉向經世致用的實學，認為史學的經世意識建立在客觀實證性的歷史研究的基礎之上。」，而所謂「客觀實證性的歷史研究」指的是「乾嘉史學家對於經、史文獻資料所做的校注、重訂和重輯工作，使得傳統考據法在繼承歷代以來、特別是明代中葉以後的考據法的基礎上，形成了一個龐大的方法論體系。……但是，這種考據最大限度也只是在文獻史料本身的真實性上得到科學的論證，關於如何詮釋文獻，理解文獻典籍的記載，從中求出因果聯繫是考據方法所未能涉及的。」張豈之主編：《中國歷史的十五堂課》，頁309～310。

〔註58〕張至廷：〈從章學誠「六經皆史」說與蒙文通「經史分途」說論經、史分合關係〉，頁51。

章學誠的『史意』、『史學』等詞語是一種上通於道的高度,一般未達史意之史甚至不能稱其為史學,更不與經(經旨)同。因此『六經皆史』,但『史非六經』。『史非六經』的『史』可等於『經史分途』的『史』,皆是史材、史料、史纂、記注等事。」〔註59〕,因此,從「史意」上言,「六經皆史」是歸實於道德、哲理層面上講的,也就是在這個史哲合一的層次上看,袁枚、吳子光「古有史無經」的大旨似相通於章學誠的「六經皆史」說。

二、歷史理解的準線:「了解之同情」

吳子光據《中庸》第13章「忠恕違道不遠」之義,形成他特殊的「恕道史論」。簡言之,「恕道」是其理解歷史的準線,也是讀史、論史的思想指引。基於此歷史理解的準則,吳子光不贊同以「《春秋》責備賢者說」來全面評斷人物、裁量史實。原因在於以「《春秋》責備賢者說」月旦人物、事件,一有不慎則容易因論史者的好惡而失之苛薄,他指陳:

> 大約責備賢者之說起於宋代,故洛、蜀分門彼此攻擊不已,《春秋》
> 宵有是哉?引咎自責猶可,豈可宜咎朝廷手滑歟,皆由責備之說誤
> 之也。今史論傷於深文者,殊失忠恕之道。」〔註60〕

這段評議顯然是針對宋儒論史傷於深文而發,談述的要點有二:一是認為「《春秋》責備賢說」起於宋代;二是宋代的新舊黨爭引發了士人在政治、社會、學術議題上的彼此攻伐,進而造成內政失調,社會文化充滿緊張感。易言之,黨爭諸人持「《春秋》責備賢者說」為思想武器來攻伐對手,使黨爭之勢更加水火難容,而壁壘分明的黨人群體又各自對「《春秋》責備賢者說」採取有利己方的詮釋引證,遂使「責備求全」之苛刻論人論史成見瀰漫朝野,失卻了盡己、自省、愛人的「忠恕之道」,無怪乎其感慨道:

> 《春秋》固魯史也,自經聖人筆削而萬世之是非以定。故史家祖述
> 之,杜預〈左氏傳序〉曰:『經之條貫必出于傳,傳之義例總歸諸凡。』
> 又《晉書·劉實傳》撰《春秋條例》二十卷,有正例,有變例,大
> 書特書屢書,讀《春秋》者一一可考證云。第赴告之辭宵無詳略,
> 傳聞之久或有異同,使句櫛字比,謂某事用某例,如後世舞文法者

〔註59〕張至廷:〈從章學誠「六經皆史」說與蒙文通「經史分途」說論經、史分合關係〉,頁61。
〔註60〕〈《春秋》責備賢者說〉,王國璠執行編輯:《吳子光全書(下)·一肚皮集》,卷8,頁513~514。

之所為則聖經掃地盡矣！是說也，朱子嘗言之，蓋謂今註疏家非失
之傅會，則流為穿鑿甚矣，尚論古人之難也。故陶淵明讀書不求甚
解，非不欲求解也，但不解所不當解爾。〔註61〕

吳子光以陶淵明讀書不求甚解為例，指明對《春秋》詮解角度的差偏，就可
能強加「解所不當解」而「失之傅會，流為穿鑿」。因此，對於《公》、《穀》、
《左氏》三傳的闡解《春秋》成果，他指出：

《公》、《穀》、《左氏》雖原本《春秋》而意理各別，猶今人分題作
文，平奇工拙各成一家風骨，三傳異同處不勝枚舉，《國語》、《史記》
亦然。讀史者自能辨之，總不若《春秋》之微而顯，志而晦，婉而
成章也。學者會而通之可以資學問，《公》、《穀》峭折處不可及亦有
涉纖佻者，《左傳》華贍過于《公》、《穀》遠甚，然不無繁冗之辭，
昔人云爾，吾見亦罕矣。夫以游、夏一詞不能贊者，而公、穀、邱
明獨出其才學發明麟經宗旨，遂以開百世編年、紀傳之局，其啖兩
廡特豚也宜哉！若王介甫詆《春秋》為斷爛朝報，嘻！此其所以為
名教罪人歟！〔註62〕

《公》、《穀》、《左氏》三傳解述《春秋》的著眼點有異，故在義理上各有勝
處，各成一家之言；敘述筆法上，《公》、《穀》峭折處不可及亦有涉纖佻者，
《左傳》則華贍遠過于《公》、《穀》，然不無繁冗之辭。既然《公》、《穀》、《左
氏》三傳各有解經的擅場處，是故吳子光主張回歸《春秋》原典的研讀，以見
「《春秋》之微而顯，志而晦，婉而成章。」之義，這與章學誠言「史之大原，
本乎《春秋》之義，昭乎筆削，筆削之義，不僅事具始末，文成規矩已也。以
夫子義則竊取之旨觀之，固將綱紀天人，推明大道。所以通古今之變，而成
一家之言者。」〔註63〕之觀點實有暗合之處。

　　吳子光以「恕道」為理解歷史的準線，於是他提出「設身處地說」反對
宋儒的《春秋》責備賢者說」，避免論史評事過當而流於議論深刻。例如，
《經餘雜錄》卷9中〈春秋鄭伯克段于鄢論〉、〈春秋紀侯大去其國前論〉、〈春

〔註61〕〈讀《春秋》說〉，王國璠執行編輯：《吳子光全書（下）·一肚皮集》，卷8，
　　　　頁497。

〔註62〕〈讀《春秋》說〉，王國璠執行編輯：《吳子光全書（下）·一肚皮集》，卷8，
　　　　頁501。

〔註63〕〈答客問上〉，〔清〕章學誠：《新編本文史通義：含方志略例及校讎通義》（臺
　　　　北：華世出版社，1980年9月），內篇4，頁138。

秋紀侯大去其國後論〉等三篇文章，除了篇幅上較完整外，文章中屢屢可見「設身處地說」的觀點顯現，並以此來釐清文章中的人物作為、親情糾葛、國際關係、保一人和保社稷等議題。〔註64〕以下就「春秋鄭伯克段于鄢」和「春秋紀侯大去其國」二事分述之。吳子光〈春秋鄭伯克段于鄢論〉言：

> 鄭莊公誠中人，有可以為善之資而不得謂之巨奸。史家詆之不遺餘力，過矣。左氏以為書鄭伯，譏失教也；謂之鄭志不言出奔，難之也。夫鄭，國名。伯，爵。鄢，地名。不此之書而誰書哉？《公》、《穀》二傳則以為殺之，取諸其母之懷而殺之云云。夫恩莫深於骨肉，禍莫甚於攘奪。觀不義不暱數言，叔段之爰書已具矣。鄭武公且不能教其子，莊公安能教其弟？則何不責周公失教管、蔡致其以殷畔耶？註家又謂姜氏一婦人何能為？乃有將啟之文以為失實，不知婦人之心異丈夫，他猶可言，獨忌妒心、溺愛心二者，雖至死猶堅牢不可破，無貴賤一也。〔註65〕

此處顯見吳子光持平而論鄭莊公的失教，以忌妒心、溺愛心評姜氏；以「設身處地之想」來析論鄭莊公對共叔段的處置。歷來對「春秋鄭伯克段于鄢」一事的評論，幾乎是一面倒的負評，《左傳》即譏鄭莊公對共叔段未盡兄長教導責任而「失教」；莊公母親武姜溺愛共叔段，導致共叔段坐大叛變，莊公克段於鄢後，共叔段逃往共國，但是「黃泉之誓」〔註66〕卻也造成武姜、莊公母子失歡的窘境。然而，吳子光從人性情理觀點衡之，舉鄭武公失教其子和周公失教管、蔡為例，卻得出「鄭莊公誠中人，有可以為善之資而不得謂之巨奸。」的結論，即認為鄭莊公面臨共叔段的叛變醞釀過程，確實在因應措

〔註64〕廖咸茗《吳子光《春秋》學研究》亦持相同的研究意見，不過他並沒有明確說明吳子光是以經學家、文學家或史學家立場闡解《春秋》義理。其論文第五章第一節「論《春秋》大義一節」以「鄭伯克段于鄢論」、「紀侯大去其國」、「魯昭公孫國」三事來討論《春秋》大義。廖咸茗：《吳子光《春秋》學研究》（國立臺北大學古典文獻與民俗藝術研究所碩士論文，2015年7月），頁97～106。

〔註65〕〈春秋鄭伯克段于鄢論〉，〔清〕吳子光著，高志彬主編：《經餘雜錄選》，第6冊，卷9，頁6。

〔註66〕《左傳·隱公元年》：「段入于鄢，公伐諸鄢。五月辛丑，大叔出奔共。書曰：『鄭伯克段于鄢。』段不弟，故不言弟。如二君，故曰克。稱鄭伯，譏失教也。謂之鄭志，不言出奔，難之也。遂寘姜氏于城潁，而誓之曰：『不及黃泉，無相見也！』既而悔之。」楊伯峻：《春秋左傳注》（高雄：復文圖書出版社，1991年9月），頁13～14。

施上有不當之處，但鄭莊公是有可為善之資的中人，並非巨奸之徒，故意要放縱共叔段坐大後，才設局誘其犯逆上之罪後，除之而後快的。又云：

> 人謂鄭莊公處心積慮失之太忍，吾謂鄭莊公措置此事猶為近古，若後人處此，必以謀危社稷為辭于姜氏賜自盡。坐叔段以大逆不道律斬立決，其他附和者，知而不發者皆得引君親無將，將則必誅，與亂臣賊子人人得諸之條以繩其後，而蔓延者不下千數百家矣。又安有誓後之悔乎？至胡氏《春秋傳》與《東萊博議》論尤刻深。……毋乃蔽於古而不知有今歟？不甯惟是廿一史中藩王作難之事史不絕書，得如鄭莊之處置否？〔註67〕

從換位思考的視點看，吳子光認為胡安國《春秋傳》與呂祖謙《東萊博議》對鄭莊公的評斷過於苛刻，其議論盲點是「蔽於古而不知有今」。縱觀廿一史中藩王作亂之事甚多，如西漢七國之亂，西晉的八王之亂，明靖難之役等，故而他以為歷代史家的詆諆與爭訟鄭莊公處置共叔段逆叛一事皆未能平情而論，因若能平心稱情以論，後人在處置此事時，必能改變單向線性思考的方式，不以謀危社稷為託辭，賜姜氏自盡和坐叔段以大逆不道律斬立決，甚至是他們身邊近臣、奴僕不論附和或知情與否皆牽連入罪，無一倖免。又論析道：

> 當日武公不立叔段而立莊公，蓋知子莫若父也。武公薨，莊公立，不幸有一驕貴者起而搆之，又有一偏愛者從而開導之，斯時鄭亦危矣。人以鄭莊為天下之忍人，吾獨以鄭莊為武公之肖子，故黃泉之誓未畢，大隧之樂如初，且寡人有弟鬩口四方之語，亦非全無人心者，何諸家之爭訟不已也。又吾嘗以潁谷封人比之壺關三老，封人一言而回鄭莊母子之恩，三老亦一言而動漢武父子之性，事固有不謀而合者，此平情之論，非徒為鄭莊一人計也，廿一史中論斷，凡事有類此者亦作如是觀云。或問古語云：求忠臣必於孝子之門。梟惡若鄭莊，……？子何論之恕也。吾謂祭足之勞，如隧道之見。由其良心未死是以悔悟旋萌，惜其時無賢輔弼耳！使得子產一流出而左右之，真卓然命世英主。〔註68〕

〔註67〕 〈春秋鄭伯克段于鄢論〉，〔清〕吳子光著，高志彬主編：《經餘雜錄選》，第6冊，卷9，頁7～8。

〔註68〕 〈春秋鄭伯克段于鄢論〉，〔清〕吳子光著，高志彬主編：《經餘雜錄選》，第6冊，卷9，頁9。

對於共叔段起兵謀反的根原，吳子光跳脫傳統的意識，不認同鄭莊公有故意害人之心的看法，反而認為他是武公之肖子，是可以顧全大局之人。所以當有人提出「子何論之恕」和有違原情定罪之則的質疑時，吳子光舉「黃泉之誓未畢」、「隧道之見」等作為，實是鑑量鄭莊公良心未死，悔悟旋萌的明證，並非要以「恕」道來替鄭莊公所犯下的罪責說解，只因無如子產一流的輔弼賢臣，致使鄭莊公未能取得先機避免禍事發生，否則依鄭莊公中人之資的材質，若能得明臣賢相輔佐，成為一世英主亦是可能。是故，吳子光一反歷來史書評議「鄭伯克段于鄢」一段的看法，就史實細節提出個人見解，實可視為翻案文章。〔註69〕

此外，〈春秋紀侯大去其國前論〉、〈春秋紀侯大去其國後論〉二文亦是翻案文章，因歷來論史「諸家論紀侯去國之是非得失，則貶斥多於褒美：如宋李明復《春秋集義》引程頤《語錄》曰：『紀侯大去其國。大，名，責在紀也，非齊之罪也。……齊師未加而已去，故非齊之罪也。』紀侯身為諸侯，守土有責，社稷是賴，畏於齊襄之逼，懼禍而去國，可乎？故謝湜以為：『紀侯之偪難也，內無守國之心，外無守國之備，乃至季以邑入齊，身棄國而出，君道絕於紀矣。《春秋》書紀侯去其國，罪其自去也。書名，罪其失國也。』」〔註70〕然而，吳子光讀解此事，卻有其特殊見解，其云：

> 土地養人者也，以養人者害人則不仁，必犯造物所深忌，恐節義之虛名不能蓋。其殺戮之大罪矣！春秋時，齊欲滅紀，紀侯不能下齊，以與紀季。故季以鄑入于齊為附庸。魯子曰：「請後從五廟以存姑姊妹云」《穀梁·紀侯大去其國傳》，大去者，不遺一人之辭也，言民之從者，四年而後畢也。《左氏傳》：「違齊難也」，按禮諸侯失地名，今觀《春秋》一書紀季，次書紀侯，……，則孔子以為賢可知，吾則以為智。三代下，強凌弱，眾暴寡，小國難與圖存，與其不量力而覆宗祀，毋寧安職分以存宗祀，此事太王始之，微箕效之，孔子

〔註69〕〈春秋鄭伯克段于鄢論〉一文就寫法而言，吳子光是先舉史書意見但予以批駁，後再抒己見。本文約略可剖分為兩部分，而以「求忠臣必於孝子之門」一句做為文脈標界。其一是專論鄭莊公克段的作為及商榷諸史評；其二是就忠孝之理，評議宋太祖、宋太宗宗室恩情與史彌遠奇冤一案。最後，總評南宋諸多朝政的施為中能讓人予以肯定的，就只有解禁朱熹理學，並配饗孔廟一節令人稱快。

〔註70〕張高評：〈《春秋》曲筆書滅與《左傳》屬辭比事——以史傳經與《春秋》書法〉，《成大中文學報》第45期（2014年6月），頁41。

直斷其仁，而激烈好名之說無取焉，唯武庚與洛邑頑民不知時勢而妄為，故取禍最速。〔註71〕

該文首言任何節義的虛名成就都不能掩蓋其所造成的殺戮大罪（生靈塗炭），因此吳子光認同《春秋》對紀侯去國，其弟紀季附于齊這一段史實的評斷，他舉《穀梁》、《左氏傳》的裁斷和《春秋》書法並列，更指出紀侯讓國以保國的作法是相當有智慧的，不僅是孔子讚許的賢明而已，否則像武庚般昧於時勢而妄動抗周，聯合三監叛亂失敗後，最後連殷宗祀都保不住。為此，董仲舒《春秋繁露・玉英第四》在揣想紀侯「大去其國」的心情時也說：「齊將復讎，紀侯自知力不加而志距之，故謂其弟曰：『我，宗廟之主，不可以不死也；汝以酅往服罪於齊，請以立五廟，使我先君歲時有所依歸。』率一國之眾，以衛九世之主。襄公逐之不去，求之弗予，上下同心而俱死之，故謂之大去。《春秋》賢死義，且得眾心也。故為諱滅以為之諱，見其賢之也。」〔註72〕因紀侯自知力不足以抗齊，故為保全社稷生民，決計讓國以保國，而非保土護己以連累人民。因此，《春秋》賢其得眾心之義，故為之曲筆諱滅以為之諱〔註73〕，此亦是吳子光稱許紀侯之處，因「天下有必不可為之事，不知其不可為而悍然為之，身死國亡，無益，祇戕生靈耳。……夫自古及今，豈有常存不亡之家國天下哉？」〔註74〕況且「古人視民命重而土地輕」，故而以紀侯的智賢，能識道理、明時勢，終能保紀國一脈香火。

又吳子光於〈春秋紀侯大去其國後論〉進一步具體評析道：

〔註71〕〈春秋紀侯大去其國前論〉，〔清〕吳子光著，高志彬主編：《經餘雜錄選》，第 6 冊，卷 9，頁 13～14。

〔註72〕〔漢〕董仲舒撰，〔清〕凌曙注，楊家駱主編：《春秋繁露注》（臺北市：世界書局，1989 年 10 月），四部刊要，卷 3，頁 61～62。

〔註73〕張高評也以《春秋》曲筆書滅之例直言：「紀伯大去其國，紀季以酅入齊，看似專命自恣，其實此舉正所以存家國社稷，專而非專，故出之以詭辭而示義。……《春秋》經莊公四年書『紀侯大去其國』，比事屬辭，究其終始，而後知不直書亡滅之故。《春秋》於桓公五年書『齊侯鄭伯如紀』，依《左傳》敘事，其動機為『欲以襲之』，此齊人滅紀初見於《經》，而紀始恐，盜竊之狀見矣。……若依據《春秋》直書之例，此一滅國亡國事件，應書為『齊襄公滅紀』，今卻不然。自始至終，《春秋》書紀之滅亡，不從一般滅國之書例，而變文言『去』。」張高評：〈《春秋》曲筆書滅與《左傳》屬辭比事——以史傳經與《春秋》書法〉，頁 38。

〔註74〕〈春秋紀侯大去其國前論〉，〔清〕吳子光著，高志彬主編：《經餘雜錄選》，第 6 冊，卷 9，頁 14。

　　或問《公羊傳》齊襄公復九世之讎，故紀侯去國，毋乃與《禮》國
君死社稷之義相庚歟！曰：「否否」，《禮記》漢儒所作，……齊紀勢
不敵，嚮使紀侯不忍小忿，出死力以與齊戰，一戰而身虜國亡，人
民死喪，紀國之宗祀隨湮此時，豈有明天子為之興滅繼絕，與紀侯
計之熟矣。計之熟，故讓國與弟以延宗社一線之脈，自後紀侯遂無
聞焉，所以謂之賢也。況家國天下，名同而實不同，古之土地受之
天子，傳之先君，且行一不義，殺一不辜而得天下不為者也。〔註75〕

此文強調審時度勢以保家國宗祀的重要，國君不忍小忿以死社稷，或許能贏
得節義虛名，但身虜國亡、人民死喪之餘，宗祀亦將隨之湮滅。讓國保民或
戰以殉國，兩者孰輕孰重的抉擇，正是紀侯之所以被稱賢之處，亦是《春秋》
曲筆書紀國存亡之微辭隱義所在〔註76〕。是以吳子光提醒知識分子和仕宦者，
若遭逢蹇阨或國難時，當以《春秋》大義為斷，也強調《春秋》大義在於明勢
得理，為大局著想。〔註77〕

　　以吳子光論《春秋》義理的文章而言，有完整篇幅立意的篇數著實不多，
〈春秋紀侯大去其國前論〉、〈春秋紀侯大去其國後論〉恰好是這篇數不多中
的兩篇，雖說為數稍少，但卻觀點新穎，已引起名學者張高評先生注意到其
《春秋》學的相關撰述，其言：

清領時期之臺灣儒學家吳子光（1819～1883），著有《經餘雜錄》十
二卷，其中有〈春秋紀侯大去其國前論〉及〈後論〉二文，則不然
前賢之說，稱許紀侯大去其國為賢為智：「今觀《春秋》一書『紀季』，

〔註75〕〈春秋紀侯大去其國後論〉，〔清〕吳子光著，高志彬主編：《經餘雜錄選》，
　　　　第 6 冊，卷 9，頁 16～17。
〔註76〕「諸家之論說，大抵集中在紀侯去國之是非得失，以及宗廟社稷之存亡絕續
　　　　方面。《春秋》紀事，『微而顯，志而晦』，尤其在曲筆之書法表現，尤其顯著。
　　　　朱熹謂孔子《春秋》，於微辭隱義『都說不破』，『蓋有言外之意』，經說之分
　　　　歧，見仁見智，亦緣此之故。《春秋》書紀國之存亡、書法頗異於書滅之直書，
　　　　蓋曲筆特書，其中多微辭隱義。」張高評：〈《春秋》曲筆書滅與《左傳》屬
　　　　辭比事──以史傳經與《春秋》書法〉，頁 40。
〔註77〕吳子光指出：「孔子曰：『殺身成仁』，孟子曰：『舍生取義』，乃古今正論，但
　　　　不當誤會其意耳！誤會則學忠孝而愚學名節，而矯非善讀書者也。且禦寇與
　　　　歸順不同，重臣與士民又不同，如洪經略、錢尚書誠明代偉人，欠當日一死
　　　　殊可惜。觀《五代史》所書馮道之事，則洪、錢不值一文矣！總之，為人君
　　　　父與臣子皆不可不讀《春秋》，太史公論之詳矣！」〈春秋紀侯大去其國後論〉，
　　　　〔清〕吳子光著，高志彬主編：《經餘雜錄選》，第 6 冊，卷 9，頁 18～19。

次書『季姑』，書法與『州公如曹』、『弦子奔黃』相類，則孔子以為賢可知，吾則以為智。」又云：「齊、紀勢不敵，嚮使紀侯不忍小忿，出死力以與齊戰，一戰而身虜國亡，人民死喪，紀國之宗祀隨湮，此時豈有明天子為之興滅繼絕與？紀侯計之熟矣！」亦持之有據，言之成理。〔註78〕

依張高評「持之有據，言之成理」之言，可見他對吳子光「春秋紀侯大去其國」的論析表示贊同。然而，值得關注的一個現象是，「《春秋》責備賢者說」傳衍到清代，其約束的範圍已發生變化，由原先的只責備賢者，在風俗移易的過程中，最後連普通百姓也受到此道德準則的影響，這在紀昀《閱微草堂筆記》即對此有所反映，如〈俠士情女〉云：

> 有遊士以書畫自給，在京師納一妾，甚愛之。……此雍正甲寅乙卯間事。余時年十一二，聞人述之，而忘其姓名。余謂：「再嫁，負故夫也；嫁而有二心，負後夫也。此婦進退無據焉。」何子山先生亦曰：「憶而死，何如殉而死乎？」何勵庵先生則曰：「《春秋》責備賢者，未可以士大夫之義，律兒女子，哀其遇可也，憫其志可也。」〔註79〕

又〈一姬墮樓死〉道：

> 余督學閩中時，院吏言，雍正中，學使有一姬墮樓死。不聞有他故，以為偶失足也。久而有泄其事者，……然其死志則久定矣，特私愛纏綿，不能自割。彼其意中，固不以當死不死為負夫之恩，直以可待不待為辜夫之望。哀其遇，悲其志，惜其用情之誤，則可矣；必執《春秋》大義，責不讀書之兒女，豈與人為善之道哉！〔註80〕

紀昀對文中姬、妾的行誼，以「哀其遇，憫其志」總評之，並反對以《春秋》責備賢者之義來苛律兒女子。《閱微草堂筆記》雖是筆記小說〔註81〕，但卻也

〔註78〕張高評：〈《春秋》曲筆書滅與《左傳》屬辭比事——以史傳經與《春秋》書法〉，頁41。

〔註79〕〈俠士情女〉，〔清〕紀昀：《閱微草堂筆記·灤陽消夏錄二》（臺北：台灣古籍出版社，2006年9月），上冊，卷2，頁33。

〔註80〕〈一姬墮樓死〉，〔清〕紀昀：《閱微草堂筆記·槐西雜志二》，下冊，卷2，頁342。

〔註81〕魯迅《中國小說史略》對《閱微草堂筆記》評價甚高，即在於紀昀藉對鬼狐怪譚、奇情軼事的描摹，反映出對世態人情的細微捕捉，魯迅認為「紀昀本長文筆，多見秘書，又襟懷夷曠，故凡測鬼神之情狀，發人間之幽微，托狐

凸顯世情幽微和艱難處。南懷瑾先生嘗言：「《春秋》是『經世』之學，是『先王之志』。但是孔子著《春秋》『議而不辯』，所以春秋的道理，只是責備賢者，而不是批評普通老百姓。《春秋》要批評的是歷史上負責的人，社會搞壞了，那是領導者的責任，與老百姓無關；因為百姓是被教育者，負責人是教育老百姓的人。所以春秋責備賢者，不責備一般人。因此孔子『一字褒貶』，一個字下去，就把領導者萬代罪名判下了。」〔註82〕之敘述，正是對上述兩篇故事總評的回應。

　　然而，回溯清代史學的發展歷程，尤其是在論史這一部分，筆者發現吳子光的「恕道史論」，已有章學誠（1738～1801）導之先聲，如「凡言義理，有前人疏而後人加密者，不可不致其思也。古人論文，惟論文辭而已矣。」〔註83〕，又抑或是：

> 是則不知古人之世，不可妄論古人文辭也。知其世矣，不知古人之身處，亦不可以遽論其文也。身之所處，固有榮辱隱顯、屈伸憂樂之不齊，而言之有所為而言者，雖有子不知夫子之所謂，況生千古以後乎？聖門之論恕也，「己所不欲，勿施於人」，其道大矣。今則第為文人，論古必先設身，以是為文德之恕而已爾。〔註84〕

> 凡為古文辭者，必敬以恕。臨文必敬，非修德之謂也。論古必恕，非寬容之謂也。敬非修德之謂者，氣攝而不縱，縱必不能中節也。恕非寬容之謂者，能為古人設身而處地也。嗟乎！知德者鮮，知臨文之不可無敬恕，則知文德矣。〔註85〕

章學誠從「不知古人之世，不可妄論古人文辭」著眼，以為「義理」即在致思

鬼以抒己見者，雋思妙語，時足解頤；閒雜考辨，亦有灼見。敘述復雍容淡雅，天趣盎然，故後來無人能奪其席，固非僅借位高望重以傳者矣。」〈第二十二篇清之擬晉唐小說及其支流〉，魯迅：《中國小說史略》（上海：上海古籍出版社，2004年2月），頁151。

〔註82〕南懷瑾講述：《莊子諵譁》（臺北：老古文化事業股份有限公司，2007年1月），上冊，頁238。

〔註83〕〈文德〉，〔清〕章學誠：《新編本文史通義：含方志略例及校讎通義》，內篇2，頁60。

〔註84〕〈文德〉，〔清〕章學誠：《新編本文史通義：含方志略例及校讎通義》，內篇2，頁61。

〔註85〕〈文德〉，〔清〕章學誠：《新編本文史通義：含方志略例及校讎通義》，內篇2，頁61。

古文辭時才能體悟，而為古文辭者必收攝浮氣方能中節，論古者則必先設身，如此臨文則敬、恕在其中矣。可知章學誠提出「論古必恕」的主張，是強調要有為古人設身處地之想。就此論史思路而言，章學誠和吳子光兩人時代雖相差近一世紀，但論史的主張卻有相通之處，或許是英雄所見略同（吳子光的著作中從未提過章學誠的相關思想、論著），但從清代學術發展的意義言，卻也顯示吳子光的學思與當時中國的學術發展現況並沒有太大的距離。

　　吳子光「恕道」視野下的史論，與近代中國史學大家陳寅恪（1890～1969）所提的「了解之同情」的治史方法，兩者亦有異曲同工之妙。筆者認為這種彰揚「設身處地」、恕道精神以論史、論古的態度，實與陳寅恪先生「移情史學」的中心術語「了解之同情」〔註 86〕（移情、神入）有會通之處。「所謂了解之同情，指史學研究包括哲學史研究中必須在材料不足的情況下，能以想像和內心的深刻體會，與古人站在同一立場和情境中，才能感同身受，深刻地理解古代的歷史；與歷史上的人物有著同樣的情感和思想，才能更真實地接近歷史的真實。」〔註 87〕是故，吾人可以說吳子光一本「了解的同情」之論史精神，「了解」是客觀理性的分析，是熟知時局走勢的慎謀能斷，「同情」則為設身處地般視人如己、民胞物與的仁心。這也是德國赫爾德解釋歷史思想時所主張「闡釋者還需要到達一種境界，能夠想像地重建作者當時寫作文本的有知覺的和有感情的感覺（perceptual and affective sensation）。這個『有知覺和有感情的感覺』正是了解之同情的最好表達，因為此處了解就是知覺，同情就是有感情的感覺。因此，研究歷史和闡釋歷史必須以了解之同情去理解政權、宗教、社會以及個人所發現的歷史現象。」〔註 88〕，與赫爾德對研究、闡釋歷史的主張相較，吳子光的「恕道」史論與之亦頗相類，因他不僅在

〔註 86〕學界有人用「同情之了解」來指稱陳寅恪先生的「移情史學」，但「了解之同情」和「同情之了解」，兩者語意有所不同，因「了解之同情」此術語源自德國啟蒙時代的重要思想家赫爾德。「了解之同情」強調感性的情，「同情之了解」強調理性的解，故而一些西方學者把德文原文 Einfühlung 用英文譯成 empathy 很有道理。同情之了解強調了解的一面，用英文 empathic understanding 譯更合理。陳懷宇：〈陳寅恪與赫爾德──以了解之同情為中心〉，收入氏著《在西方發現陳寅恪──中國近代人文學的東方學與西學背景》（香港：三聯書店，2015 年 5 月），頁 266～267。
〔註 87〕陳懷宇：〈陳寅恪與赫爾德──以了解之同情為中心〉，收入氏著《在西方發現陳寅恪──中國近代人文學的東方學與西學背景》，頁 268。
〔註 88〕陳懷宇：〈陳寅恪與赫爾德──以了解之同情為中心〉，收入氏著《在西方發現陳寅恪──中國近代人文學的東方學與西學背景》，頁 269。

〈春秋紀侯大去其國前論〉、〈春秋紀侯大去其國後論〉表達論古論史時須有「設身處地之想」，亦在〈《孟子》匡章不孝論〉上中下三篇延續這樣的價值觀〔註89〕，而且這個基本精神處處表現在他讀史、論史的字裡行間。

第三節　史論「文」的形式與內容、價值

　　吳子光自言「一生以經史為性命」〔註90〕、「古有史無經，……若六經之名實始於莊子。六經者，先王之陳迹也，夫迹履之所出而迹豈履哉？史之別于經也，蓋自王儉《七志》，阮孝緒《七錄》始。」〔註91〕，這之中顯見其對經史學的研究投入了一生所有的心力，也說明在他的學術分判觀點裡，經學是劃歸為史學構成的一部分，而史學則是諸學之源。由於對史學的熱愛和浸漬日深，光緒6年（1880）庚辰夏季時，吳子光寫就一部16卷本的《三長贅筆》〔註92〕，雖自言是廿三史緒論，但從該書的書寫內容檢視，實不僅止於廿三史〔註93〕，更包括了《春秋》三傳，且將《春秋》三傳置於《三長贅筆》的卷頭，這樣的編撰安排，吳子光顯然是將《春秋》三傳視為史書，而《左傳》更下開了《史記》做為一部具開創性史書的範式源頭。誠如其《三長贅筆·敘》云：

> 史論由來久矣，按許氏《說文》：論，議也；陸機〈文賦〉：論，精微而朗暢；《文選·原序》論則析理精微；《文心雕龍》聖哲彝訓曰經，述經敘理曰論。論者，倫也。此論之說也。又《後漢書·王符傳》：「著書三十餘篇不欲章顯其名，故號曰《潛夫論》云」。其以論

〔註89〕如〈《孟子》匡章不孝論上〉亦言：「匡章之失在責善，余求其說而不得，竊為設身處地，當有萬難措置之處。」，王國璠執行編輯：《吳子光全書（上）·經餘雜錄》，卷10，「論辨類」，頁594。

〔註90〕〈寄張子訓同年書〉，王國璠執行編輯：《吳子光全書（下）·一肚皮集》，卷3，頁139。

〔註91〕〈經學〉，王國璠執行編輯：《吳子光全書（上）·經餘雜錄》，卷6，「辭林典實類」，頁362。

〔註92〕吳子光於《一肚皮集·總錄》後明言：「另《三長贅筆》一編，共十六卷，則二十三史緒論也；又《經餘雜錄》一編，共十二卷，則書後題跋、古今辭語、詞林典實之類也。……《三長贅筆》、《經餘雜錄》二編具存雙峰草堂，俟續出。」〔清〕吳子光著撰，高志彬主編：《一肚皮集（一）》，頁9。

〔註93〕廿三史包括了史記、漢書、後漢書、三國志、晉書、宋書、南齊書、梁書、陳書、魏書、北齊書、隋書、南史、北史、舊唐書、新唐書、舊五代史、新五代史、宋史、遼史、金史、元史、明史等諸部史書。

為專家者，東漢劉毅一人而已。予向讀陳同甫〈忠臣論〉、郭子章〈管蔡論〉詫為奇筆，惟是非頗謬於聖人，遂棄如廢紙，似此武斷孰若卑之無甚高論耶？用是平心靜氣不敢為詭誕不近情理之說以炫惑人世，偶有所得，隨筆紀錄，故雜亂無章未暇更為編次，猶草藁也。歐陽公云：「吾不畏先生畏後生耳」，姑存此以俟後之糾繆者。光緒六年庚辰夏季鐵梅老人序於雙峰艸堂。〔註94〕

「偶有所得，隨筆紀錄」透露了一種生活的嗜好，可知讀史活動已是吳子光生命裡的日常生活儀式。而從「史論由來久矣，按許氏《說文》：論，議也……論者，倫也。此論之說也。……用是平心靜氣不敢為詭誕不近情理之說以炫惑人世，偶有所得，隨筆紀錄。」的書寫寓意來看，吳子光清楚表明「論史」是有基本條件約束的，首先是文字敘述要朗暢有條理，其二是議論史實時要析理精微，更重要的是必須用客觀冷靜、樸素切實和合乎人情事理的態度來評斷史實，不能為了汲營虛名而以詭誕言詞來炫惑人世。以下茲按上述的「論史」條件為前提，從《經餘雜錄》卷9、卷10「論辨類」有關論史諸文，尤其篇題為「史論」者做為爬梳基底，並著眼於其史論文的形式、內容和價值，來一窺吳子光史學的堂奧。

　　吳子光的史論文書寫，約略可從兩方面來分析，一是形式上的文章結構，這部分又以是否具有「吳子曰」此要件，分為兩種類型；二是內容上的史實評議，這部分則常以「翻古賢之案」的文章型式出現，凸顯了吳子光特殊的論史觀點，也呈現其深厚的史學學養，和真實生命閱歷凝鍊後的史識。

一、史論文的形式

　　基本上，吳子光的史論文書寫通常採用先論後敘、先敘後論或夾敘夾議的方式表現。但就文章結構的組成而言，筆者認為吳子光當是有意模仿歷代史書如「贊」（《漢書》）、「論」（《後漢書》）、「評」（《三國志》）、「史臣曰」（《宋書》）、「嗚呼」（《五代史》）等評騭人物、事件、典章制度的書法，來做為其史論文敘事論斷的範式，他說：「史家者流，敘事之後有論贊原本《史記》，不知《史記》又本《左傳》也。《後漢書》有論復有贊，前人已有譏之者？」〔註95〕，

〔註94〕〈三長贅筆敘〉，王國璠執行編輯：《吳子光全書（中）‧三長贅筆》，頁 1～2。

〔註95〕〈冊語〉，王國璠執行編輯：《吳子光全書（中）‧三長贅筆》，卷 14，頁 842。

顯然《左傳》「君子曰」的敘事論斷型式是其史論文遙承的宗祧，同時也對《後漢書》有論復有贊的史評體例不表苟同。因此，吳子光史論文中的「吳子曰」即是承襲自《左傳》「君子曰」、《史記》「太史公曰」而來，而依其在史論文中的有無、擺放的位置而使文章產生不同的作用效果，以下茲就文章中「吳子曰」的有無和書寫作法說明之。

（一）無「吳子曰」

1. 就歷史事件做提要評論，並將後代類似事件做為主題事件的佐證、比較、陪襯，且善用對話的方式來關照文題，在正反、懸疑、駁論技巧的應用下，彰顯了作者想凸顯的意旨。尤其是吳子光擅於作翻案文章〔註96〕，從另一個同理史實事件的視角，以情理倫紀為衡量的標準，重新詮釋已被史家典型化論斷的歷史事件，如〈春秋鄭伯克段于鄢〉、〈春秋紀侯大去其國前論〉。

2. 先確立一中心論點，再從史書書法用意著眼，另做翻案新解，如〈春秋鄭伯克段于鄢〉、〈春秋紀侯大去其國前論〉

3. 以開門見山法，指明題旨，如〈史論四〉

4. 以開門見山法，申明題旨，再從幾種史書書法、文學筆法對歷史事件人物的褒貶中，提出個人見解，如〈史論五〉。

（二）有「吳子曰」

1. 以「吳子曰」做為文章結束後的評論，另起一關聯性高的史實來補證或強化論點，如〈春秋紀侯大去其國後論〉

2. 將「吳子光曰」置文章開頭，實質作用是以幾句話勾玄提要做為總評，再舉例證說明、比較史事異同，如〈史論一〉；或先用數句話概括全篇並申明主旨，次以譬喻的方式舉例分述之，如〈史論二〉。

3. 把「吳子曰」做為文章的起始，但其功用只是當做一般敘述的開頭，作法是先引一則史事切入後，便以此為分析比較的基點，來推展後續的議題討論，這作法已顯然相異於〈史論一〉、〈史論二〉。換言之，是以「吳子曰」開頭後，非用數句話為總評或點明題旨，而是拋出一件

〔註96〕吳子光云：「〈師說〉作由昌黎，厥後張載彙比，胡瑗講授，……人之患好為人師，語似過泥，然必如吳子之崛強而後敢翻古賢之案，亦必有吳子之筆舌而後可翻古賢之案，若謂經師人師，道當在是。」〈答客問〉，王國璠執行編輯：《吳子光全書（下）‧一肚皮集》，卷2，頁95。

史實後再加以解釋、引證、評論，如〈史論三〉。

4. 雖以「吳子光曰」做為文章結束後的評議，但此篇的特殊之處是「吳子光曰」後的論述內容，和文章主體幾無關涉，如〈史學餘論〉。

　　為了能更清楚地揭示吳子光史論文的組織架構和特殊之處，筆者試以「吳子曰」擺放的位置（文章開頭或結束）、補語和弟子評語為三個觀察側面，來全面檢視《經餘雜錄》卷9、卷10「論辨類」史論文的面貌，如表3-1、表3-2所示：

表3-1　《經餘雜錄》卷9史論文有「吳子曰」的評論形式

書名卷次	《經餘雜錄》卷九「論辨類」 版本：龍文出版社之《台灣先賢詩文集彙刊第三輯》		
篇　名	評論形式		
	「吳子曰」擺放的位置 （文章開頭或結束）	補　語	弟子評語
〈春秋紀侯大去其國前論〉			呂賡年、呂賡虞各一條〔註97〕
〈春秋紀侯大去其國後論〉	「吳子曰」〔註98〕，文章結束		
〈史論一〉	「吳子曰」〔註99〕，文章開頭		呂賡虞識〔註100〕

〔註97〕呂賡年識：「誰人不讀《左傳》，只因鹵莽了事耳。但他人無此聰明，無此奇筆，亦必不能成此奇文。」；呂賡虞識：「吾師博通今古，其讀書非猶夫人之讀書也，又非師丹之老年多忘也。觀覽則五行並下，默識則一字不遺，由博而約，由絢爛而平淡，不傚韓歐一調，不襲語錄一詞，蓋醇乎醇矣。」見〔清〕吳子光著，高志彬主編：《經餘雜錄選》，第6冊，卷9，頁15。

〔註98〕「吳子曰：明季端州立桂王時所倚者孫可望、李定國二人，未幾，孫因封爵事遂跋扈不臣，丁是十八君子之獄起，兵敗勢蹙，日瀕于殆，人得其會計簿，有皇帝一員、皇后一口之文，是何如書法哉？傳云：天之所壞不可支也，甚宏可為前車之鑒矣！」見〔清〕吳子光著，高志彬主編：《經餘雜錄選》，第6冊，卷9，頁19。

〔註99〕「吳子曰：流行於天地間者道也。權其輕重大小之數，而無失之過不及者則為中庸之道。凡有意為畸行以矯激成名，出乎情理之外者，即非中庸。」見〔清〕吳子光著，高志彬主編：《經餘雜錄選》，第6冊，卷9，頁22。

〔註100〕呂賡虞識：「作史貴三長，論史亦貴三長，斯論惜不令劉知幾見之，見之亦當浣薇露恐後耳。」見〔清〕吳子光著，高志彬主編：《經餘雜錄選》，第6冊，卷9，頁27。

〈史論二〉	「吳子曰」〔註101〕，文章開頭	
〈史論三〉	「吳子曰」〔註102〕，文章開頭	
〈史論四〉		文章結束另起一小段補語〔註103〕
〈史論五〉		文章結束另起一小段補語〔註104〕
〈史學餘論〉	「吳子曰」〔註105〕，文章結束	
〈禹疏九河論〉		文章結束另起一小段補語〔註106〕

〔註101〕 「吳子曰：四海九州之人眾矣，實一儒者於一萬小世界中，直幺麼螻蟻耳。然其吉凶禍福亦似有一定之數，斷難以人力為轉移者，蓋人不能與天爭，理不能與數爭，君子不能與小人爭。」見〔清〕吳子光著，高志彬主編：《經餘雜錄選》，第6冊，卷9，頁28。

〔註102〕 「吳子曰：余流覽史書，惟由余對秦穆公一節論議先得我心之所同然。」見〔清〕吳子光著，高志彬主編：《經餘雜錄選》，第6冊，卷9，頁30。

〔註103〕 「《文苑英華》褚遂良上疏請禁捉錢令史，滿漢名臣傳盤踞部寺衙門而包攬宦官事者，號為缺主，知此風由來久矣！」見〔清〕吳子光著：《經餘雜錄選》，第6冊，卷9，頁35。

〔註104〕 「何晏〈景福殿賦〉云：『因東師東師之獻捷，就海嶭之賄賂。』指吳人為海嶭，比北朝之稱島夷尤毒。某詩云：『中朝駙馬何平叔，南國佳人（筆者案：佳人有誤，應為詞人）陸士龍。』按晏魏人，字平叔，為司馬宣王所誅，事見陳壽《三國志》豈因口業耶？」見〔清〕吳子光著，高志彬主編：《經餘雜錄選》，第6冊，卷9，頁39。

〔註105〕 「吳子曰：古今文人鮮有能脫然於世網者，讀〈歸去來辭序〉知陶公為貧而仕，縣近家百里可借薄俸以贍家耳。但與子儼等文有鄰靡二仲、室無萊婦以此內愧等語，不特（互）鄉可厭，亦得賢內助難也。蓋鄰有二仲則賞奇析疑談不到圭組間事可以增長識力，萊婦為偶則倡隨恐後，耳亡交謫之聲，……其最甚者，為馮敬通、劉孝標皆遭悍室以致家道坎坷，悲夫！」見〔清〕吳子光著，高志彬主編：《經餘雜錄選》，第6冊，卷9，頁50。

〔註106〕 「童時，塾師以此題課諸友，余擬古文辭一通，師極稱賞。然用後代事與襲韓調太多，不足言家數也。因少年筆路僅存是篇，錄之以誌辦香之感耳。」見〔清〕吳子光著，高志彬主編：《經餘雜錄選》，第6冊，卷9，頁54。

表 3-2　《經餘雜錄》卷 10 史論文無「吳子曰」的評論形式

書名卷次	《經餘雜錄》卷十「論辨類」 版本：龍文出版社之《台灣先賢詩文集彙刊第三輯》		
篇　名	評論形式		
	吳子曰 （文章開頭或結束）	補　語	弟子評語
〈孟子匡章不孝論上〉			
〈匡章不孝論中〉			呂賡年識〔註 107〕
〈匡章不孝論下〉			呂賡年識〔註 108〕
〈元亭論〉			呂賡年識〔註 109〕
〈殷仲文論〉		文章結束另起一小段補語〔註 110〕	

　　由上表條列內容可知，吳子光讀史確實有意師法《左傳》「君子曰」、「仲尼曰」和《史記》「太史公曰」等史書的論史評事形式，以「吳子曰」來樹立起他裁史斷事的鮮明旗幟，除有向賢達看齊之深意外，更存有自成一家言的遠志，其中差別只在於「吳子曰」多書寫於文章開頭的首句，或結束時另起獨立一段論事發議的首句。然而，饒有趣味的是若對比於《左傳》「君子曰」、「仲尼曰」和《史記》「太史公曰」的書寫位置，會發現吳子光「吳子曰」的書寫位置有或前或後的固定模式，每篇史論文「吳子曰」出現的次數也只一次，而《左傳》「君子曰」、「仲尼曰」與《史記》「太史公曰」則與之略有不同，如《左傳》「君子曰」、「仲尼曰」可書寫在文章整體的前、中或後的段落中，且均是未獨立成段發為議論的，甚至是一段之中出現三次「君子曰」如《左傳·昭公三年》，二次「君子曰」如《左傳·文公二年》，或是一篇之中出

〔註 107〕呂賡年識：「沈隱侯《謝靈運傳論》云：『相如工為形式之言，二班長於情理之說』，文殆兼而有之。」見〔清〕吳子光著，高志彬主編：《經餘雜錄選》，第 6 冊，卷 10，頁 64。

〔註 108〕呂賡年識：「不但設身處地，抑且推置腹，恕道即直道也。」見〔清〕吳子光著，高志彬主編：《經餘雜錄選》，第 6 冊，卷 10，頁 70。

〔註 109〕呂賡年識：「清音幽韻如歐陽修者，何處得來。」見〔清〕吳子光著，高志彬主編：《經餘雜錄選》，第 6 冊，卷 10，頁 76。

〔註 110〕「江文通雜體有擬殷仲文一首，先正以殷人品不佳，又非擅一代作手，擬胡為者，蓋鄙之不得，齒于士類云。」〔清〕吳子光著，高志彬主編：《經餘雜錄選》，第 6 冊，卷 10，頁 78。

現二次「君子曰」如《左傳‧隱公三年》、《左傳‧文公四年》、《左傳‧宣公十三年》、《左傳‧成公二年》等。但若與《史記》「太史公曰」相較，則能發現在寫法上會有相侔之處，如《本紀》、《世家》、《表》、《書》、《列傳》大多數是在敘事結束時，由「太史公曰」為開頭且獨立成段來月旦人物史事，就此而言，兩者是有共通點的。不過《史記》仍有少數篇章，「太史公曰」的書寫位置、次數和是否獨立成段等，卻有它的權宜在，如《史記‧太史公自序》出現了四次「太史公曰」，獨立成段為開頭者三次，段落中一次；《史記‧禮書》及《史記‧循吏列傳》出現了兩次「太史公曰」且是獨立成段開頭的首句，而《史記‧封禪書》出現一次於段落中；《史記‧建元以來侯者年表》則是總評中「太史公曰」出現在段落裡兩次；《史記‧游俠列傳》、《史記‧滑稽列傳》、《史記‧酷吏列傳》也都各出現兩次「太史公曰」，一次為段落中敘事引文或輔證，一次為總評。以上所舉《左傳》「君子曰」、「仲尼曰」和《史記》「太史公曰」所顯現的諸種褒貶論議方式〔註111〕，不管是獨立成段、段落中的評論，或者是稱引時人／他人言說來強化個人論見等，事實上都隱含了敘史者對史事的詮釋與理解以及論史者的史觀，相應於《左傳》和《史記》的論述模式，「吳子曰」所顯照的價值也在此。

此外，吳子光史論文中補語的功用多是針對文章論史議題的再延伸，主要是運用歸納、類比的方法將具體史事抽繹為概念後，再引用前賢詩、文、史事典例以互通旨意。至於弟子評語部分，筆者認為有兩個值得留意的地方：一是科舉與經史書評點的關係〔註112〕。呂汝玉、呂汝修視吳子光如父執，而

〔註111〕李隆獻於：「《左傳》徵引『仲尼曰』乃與其敘事脈絡吻合，有佐證、輔助敘事之效，說明『仲尼曰』應為《左傳》本有而較不可能為『後人增益』。其次，分析《左氏》的敘事立場、觀點與『仲尼曰』言論的細部差異，論證《左氏》雖重視、運用『仲尼曰』立論，但二者也有立場不同、談論範圍不一、史事認知有異等情形，以此釐清、證明『仲尼曰』乃《左氏》之『引用』而非『撰造』。再次，論析『歷史敘事』的《左傳》，其徵引『仲尼曰』以為評論，一方面凸顯『孔子形象』及其言論在先秦漢初文獻廣泛運用的現象，另方面也可見《左傳》敘事隱含的主體性——既以史為鑑的敘事立場，復有博採廣記以成一家之言的著作企圖，呈現經、史、子渾融一體的經世風貌。終則論析『仲尼曰敘事』的經史學意涵。」李隆獻：《先秦兩漢歷史敘事隅論‧導言》（臺北：國立臺灣大學出版中心，2017年6月），頁38～39。

〔註112〕「而八股取士之制，則催生了更多以論文、點明文法的經書評點本問世。明、清科場，中與不中的關鍵，主要是取決於八股。八股以經書文句命題，義理本乎經傳，且制義代聖立言，不容出現後世語，以化用經書為貴。因此在一

吳子光亦勠力教導以報，當時臺灣的文教水準已提升至與中國本地無異，為科舉學文之風盛行，因此在這樣的論文明辭的風氣下，筆者推想那些有關教授文法作意的經書評點選本，應也是呂氏兄弟的案頭書之一，因此這些以圈評形式如眉批、夾批及圈點標記等批注方式，來表現章法、句法、字法的經書評本，對他們而言當是相當熟稔，是故筆者有充分理由相信，呂氏昆仲把對時文諳習的讀寫法轉運用在評點吳子光的文史著作上。二是呂氏昆仲藉由評賞論文之舉，確實能清晰概括、揭明吳子光一生以經史、文章為性命的學術關懷，如呂賡年言「誰人不讀《左傳》，只因鹵莽了事耳。但他人無此聰明，無此奇筆，亦必不能成此奇文。」、「不但設身處地，抑且推置腹，恕道即直道也。」；又呂賡虞道「吾師博通今古，其讀書非猶夫人之讀書也，……由博而約，由絢爛而平淡，不傚韓歐一調，不襲語錄一詞，蓋醇乎醇矣。」、「作史貴三長，論史亦貴三長，斯論惜不令劉知幾見之，見之亦當浣薇露恐後耳。」，以上諸論洵為對吳子光文史著作的評。

二、史論文的內容

　　吳子光的史論文書寫，約略可從兩方面來分析，一是形式上的文章結構；二是內容上的史實評議，這部分論史觀點真實呈現了由學養、閱歷而轉化的史識。

　　在《經餘雜錄》卷9「論辨類」，吳子光有五篇以〈史論〉為篇題的連作，若再加上〈史學餘論‧共八條〉一篇則共有六篇。這六篇史論文即為本文探究的基底文獻，由於吳子光的博學多識，史論文內容所涉及的範圍相當廣泛，如天道、得失之勢、情恕之理、史論不宜刻深、社會制度和政治體制、禮法、文化風俗、藏書、史書評騭、科舉等議題，攝其旨要即是就人類生命經驗本身，在哲學、政治、歷史、文化、學術等領域問題的提問和闡釋。以下就這史論文內容要述之：

（一）「道」在情理兩兼

　　吳子曰：「流行於天地間者道也。權其輕重大小之數，而無失之過不及者

般古文選本充斥書坊的情況下，評經之作，仍有其市場需求。學文備考，諸經以具有文采、對話生動，而又不流於隱僻艱深的《左傳》、《孟子》最被看重。」見侯美珍：〈明清八股取士與經書評點的興起〉，《經學研究集刊》第7期（2009年4月），頁157。

則為中庸之道。凡有意為畸行以矯激成名，出乎情理之外者，即非中庸。」〔註
113〕，作為〈史論〉篇題連作之首，這段話實具有非常重要的開宗立旨意義，
也可說是吳子光論史理念的總綱，而經筆者檢視參較各篇和其論史專著《三長
贅筆》後，筆者更加確信，吳子光論史的準繩即在「情理兩兼」的中庸之道。
〈史論一〉主要談如何明徹洞見「得失之勢」才能實踐合情理，存化流行於天
地間之「道」，即他所把握的「道」是涵攝合情理、權輕重，無過與不及的。

首先，他認為宋儒闡揚經學確實有功，故能座列孔廟兩廡，但於「尋常」
史論則過於「刻深」不近情理。如舉聖門三出妻，七出之條為例，反證「古婦
人鮮有以節義著者」，而吳子光所謂的「刻深」，即指宋代道學（理學）在追求
形上的超越體系建立的同時，更在形下的實存社會透過人倫五常，以繁複的
禮法規定來束縛人心言行。

次者，「君臣之義」是屬「無所逃于天地之間」的當然之理，但「以道事
君不可則止」，他舉過往的遠近史實為例：

> 故季桓子受女樂，孔子遂決于行，若以李應昇、楊忠愍諸公處此則
> 必補牘批鱗上膺萬乘之怒，勢必至延杖讁戍而後已。楊慎大禮一議
> 相率為痛哭流涕，有大聲呼太祖高皇帝者可謂矯激極矣。張江陵居
> 正奪情時舉朝聚訟，雖座主之尊不為屈，見《明史》。本朝李文貞公
> 光地丁母艱，詔奪情如張相例。竟有同鄉彭鵬者摭拾膚之辭以聳聖
> 聽，幾令人子無地自容者。〔註114〕

《論語・衛靈公》載孔子言「『直哉史魚！邦有道，如矢；邦無道，如矢。』
君子哉蘧伯玉！邦有道，則仕；邦無道，則可卷而懷之。」〔註115〕從中可知
君臣之義是依仁道倫紀為圭臬的，「史魚自以不能進賢、退不肖，既死猶以屍
諫，故夫子稱其直。」，在孔子眼中「伯玉出處，合于聖人之道。」故以君子
讚許之。但「史魚之直」的「未盡君子之道」和蘧伯玉的「然後可免於亂世」
卻是因性格剛柔不同，判斷時勢的角度相異，而致走出迂直相歧的人生道路。
春秋時的史魚如此，明代忠臣楊繼盛（1516～1555）、李應昇（1593～1626）
抗顏直諫亦是如此，他們的忠義雖照亮千古，可國家積弊深重，衰敗之勢難

〔註113〕〔清〕吳子光著，高志彬主編：《經餘雜錄選・史論一》，第6冊，卷9，頁
22。
〔註114〕〔清〕吳子光著，高志彬主編：《經餘雜錄選・史論一》，第6冊，卷9，頁
22～23。
〔註115〕〔宋〕朱熹：《四書章句集注》，卷8，衛靈公第15，頁162～163。

挽，已不是犧牲一、二人生命就能力救，是故吳子光為此感到惋惜之餘，更認為應另謀他道圖強，以有用之身行道濟世。〔註116〕

　　三者，吳子光不認同「以畸行來矯激成名」，這種違背常情的激烈言行卒不可取，如楊慎「大禮議」一事、張居正丁父艱和李光地丁母艱的「奪情案」所引發的朝廷聚訟紛擾，實已演變為暗潮洶湧的權力傾軋之局。持平而論，在朝官員為父母丁憂回籍守制三年的古訓，確實有檢討的空間。事實上，丁憂期間的「孝德」表現仍然受到政府的考核，經評定人倫「孝德」卓越者，在守制期滿後會得到朝廷的獎賞擢拔，反之則將受到法律的嚴處或行政的貶謫。吳子光在《三長贅筆》也曾提及東漢趙宣「行服二十餘年，鄉邑稱孝。……郡內以薦蕃，蕃與相見，問及妻子，而宣五子皆服中所生，蕃大怒謂寢宿冢藏而孕育其中，誑時惑眾，誣汙鬼神，遂致其罪。」〔註117〕之事，東漢時選才任官的途徑之一，就是地方官可舉薦推選人才，其中才德符合賢良方正者，都可被選送到京師，通過考試合格和一定訓練後候官。因此，當趙宣「行服二十餘年，鄉邑稱孝。」，陳蕃正準備以「孝德」美行察舉薦送時，卻發現他竟「服中生五子」，這對立意良善的選才制度正顯得格外諷刺。然而，如何才能真正得其實呢？孔子云：「吾之於人也，誰毀誰譽？如有所譽者，其有所試矣。斯民也，三代之所以直道而行也。」〔註118〕，以無私曲的「直道」〔註119〕長期觀察一個人的得失毀譽，不失為避免智識受盲蔽的方法。雖說吳子光儼然對張居正和李光地的「奪情案」稍有迴護之意，但國家奪人子哀戚之情以為政務能順利推動的權宜之計，和官員考量仕宦前途發展的糾葛矛盾，這之間藏有千絲萬縷的細節，然而「合情依理」不為矯激虛名所誘，自能權衡輕重而立身行道，吳子光所致意者亦在此。

（二）得失之勢和情理節義的關係

　　吳子光以明末清初閻典史守江陰一事，媲美張睢陽、顏常山守城奮戰而

〔註116〕此即孔子所言：「邦有道，危言危行；邦無道，危行言孫。」〔宋〕朱熹：《四書章句集注》，卷7，憲問第14，頁149。

〔註117〕《讀《後漢書》偶得》，《吳子光全書（上）‧三長贅筆》，卷9，〈陳蕃傳〉條，頁558。

〔註118〕〔宋〕朱熹：《四書章句集注》，卷8，衛靈公第15，頁166。

〔註119〕「直道，無私曲也。言吾之所以無所毀譽者，蓋以此民即三代之時所以善其善、惡其惡而無所私曲之民，故我今亦不得而枉其是非之實也。」〔宋〕朱熹：《四書章句集注》，卷8，衛靈公第15，頁166。

死。但他認為諸將軍「不作降將軍以虧大節」,「然死守孤城不過苦生靈耳!」〔註120〕,因敵我雙方慘烈的生死交戰後,所到之處將盡成廢墟,悲苦的是百姓,哀鴻遍野的慘況也難避免了,故而感慨地說:「余讀史至此,心敬之、哀之、欲以濁酒澆之而未果也。」〔註121〕,因此較好的作法應是判斷時勢順逆,以保全整體人民安危為首要考量。其主張是「守此土者,身殉可也,使一家性命罹于鋒刃則不可。使闔城生靈如與造物者遊於無何有之鄉更不可,輕重得失之勢不可以不辨。」〔註122〕,顯然地,吳子光把不犧牲無辜生命,將戰爭對身家的威脅降到最低奉為準則,但此準則之下仍有構成的要件不同的區分,如「夫官與土為存亡,使其為張獻忠、李自成之來寇與,則死拒以表致身之義可也。」〔註123〕而「若夫聖主當陽,萬國賓服,知事勢不可為,即稽首於新王之馬前亦豈為過,而乃逞螳臂以抗大臂,始則驅其所愛子弟殉之猶不足,舉十數萬百姓受慘戮于敵人之手,榛蕪塞路而桑梓成墟,其得失安在乎?」〔註124〕可知吳子光著意再三的不是能否得華譽美聲,而是一人的殺身成仁能否拯救萬民,因之他在文末喟言:

> 總之三代以下務虛名而受實禍,重人爵而輕人倫。古者資於事父以事君,自忠孝不兩全之說出,遂有寘骨肉於刀俎而分我一杯羹矣,《史》、《漢》一編可證也。古人行一不義、殺一不辜而得天下皆不為也,自王業不偏安之說出,遂屠城奪地,不恤千數百萬頭顱而付之一擲矣,歷代史書可證也。古者罪止及身,故《周禮》有議貴議賢之例,自春秋責備之說出,遂巧搆疑似之科以入人罪,由是賢人君子死無葬身之地矣,黨錮一傳可證也。〔註125〕

〔註120〕〔清〕吳子光著,高志彬主編:《經餘雜錄選・史論一》,第6冊,卷9,頁23。

〔註121〕〔清〕吳子光著,高志彬主編:《經餘雜錄選・史論一》,第6冊,卷9,頁23。

〔註122〕〔清〕吳子光著,高志彬主編:《經餘雜錄選・史論一》,第6冊,卷9,頁27。

〔註123〕〔清〕吳子光著,高志彬主編:《經餘雜錄選・史論一》,第6冊,卷9,頁24。

〔註124〕〔清〕吳子光著,高志彬主編:《經餘雜錄選・史論一》,第6冊,卷9,頁24。

〔註125〕〔清〕吳子光著,高志彬主編:《經餘雜錄選・史論一》,第6冊,卷9,頁25。

由上得見吳子光「重人倫而輕人爵」，但自從孔子斷微子、箕子、比干為「殷有三仁」後，「忠君」臣義的觀念便不斷的受到強化，以致史家在論史時往往會不自覺的投射此君臣理型，無怪乎他會大聲疾呼「趙子昂以宗室降元，遂為史家所擯，豈廿一史中盡作龍逢、比干一流人物與？此議論刻深之過也。」〔註126〕，也因為史家議論太過苛刻，失偏到不容一線情理在，只能在「忠孝不兩全」、「王業不偏安」、「春秋責備之說」中痛苦抉擇而毫無轉寰餘地，吳子光敏銳察識到了此一生命困境，故而提出「君子行無論出處窮達，皆折衷于孔子之言，以求所謂中庸者而蹈之，乃幾於道耳。」〔註127〕的主張，警醒人們若行藏出處皆能秉持情理兩兼者則近於道，竊意這是比較符合人性情理的論史觀點。

（三）君子不與小人爭

吳子光此篇（〈史論二〉）論及「君子不與小人爭」和「情恕之理遣之」這兩個議題，其言：

> 吳子曰：四海九州之人眾矣，實一儒者於一萬小世界中，直幺麼螻蟻耳。然其吉凶禍福亦似有一定之數，斷難以人力為轉移者，蓋人不能與天爭，理不能與數爭，君子不能與小人爭。……夫君子于小人無論爭之必不能勝，即勝而報復之際有出于所備而防之不及防者。夫其心險，其計毒，睚眦圖報猶若以為未慊，勢不至一網打盡不止者，元祐黨人之禍可徵已。……君子知天下事之不如意者十恒八九也，故太上化導之，其次媿厲之，又其次遜避之。若小不如意者，則情恕之理遣之，雖躬遇庸人孺子之笑侮與夫迂士鄙儒之指摘，亦恬然受之不辭，無庸鬥舌鋒以叢怨府，非怯也。其所見遠且大，而意有不屑故耳。此理惟讀書多與閱世深者知之。〔註128〕

乍看「吉凶禍福有定數」和「難以人力為轉移者」諸語，這似乎多少帶有點宿命觀，但若縝細度量其文章的寫法，吳子光使用層遞之法，由廣大高遠的天地縮小到人類，再從四海九州之人聚焦於一儒者，人的存在是如何的渺小可

〔註126〕〔清〕吳子光著，高志彬主編：《經餘雜錄選·史論一》，第6冊，卷9，頁25。

〔註127〕〔清〕吳子光著，高志彬主編：《經餘雜錄選·史論一》，第6冊，卷9，頁26。

〔註128〕〔清〕吳子光著，高志彬主編：《經餘雜錄選·史論二》，第6冊，卷9，頁28～29。

知，而自然界理數的奧祕深邃又是人所難窺知。因此，人生在世有什麼是必須奮力爭取的呢？從上述所舉的元祐黨禍與居鄉的例子看來，現實生活裡的磨鍊，正說明君子、小人的不對等互動卻是智慧增養的契機，因為一個人讀書多、閱世深後必能體悟情恕之理真，將恬然不與庸人孺子、迂士鄙儒做牛角尖上鬥，隨之志氣也更日擴充遠大，因「從來道有君子小人，德有吉有凶，不相謀也亦無可謀，非讀書真種子不能於此中道理，見之明而信之篤也。有學識焉，有血性焉，國家可使數十年無才智之士，不可一日無氣節之臣，方正學知其然也，故大節炳如，千載下凜凜有生氣，彼俗流安足語此。」〔註 129〕，故君子、小人之別昭然可辨。

（四）論國家制度、禮法和社會文化

按理而言，設立完善的政體制度才能使國家機器運轉順利，而禮法則能促進社會文化風俗的規範化。吳子光為探討國「如何治」的論題，進行了中國與外國在政制法度上的差異比較，他發現中國因政制繁瑣法密所形成一分層負責的體統，看似嚴密完備但卻不實事求是，只徒尚虛文終致成「苛禮刻法」，故讓一些污惡胥吏得以上下其手、巧立名目，遊走律法邊緣來為害人民。〔註 130〕

基於對歷史演變的冷靜觀察與理性反省，文網愈密，科目愈繁複，其實正反照一個時代社會底層人心的浮動不安，然而這是中國每一個朝代都會面臨到的問題，吳子光所處的晚清臺灣社會文化，也正遭遇同樣的困境，他感嘆「中國有《禮》、樂、《詩》、《書》，為由余所嗤，蓋混沌而生機械，虛文愈密者，實意愈漓，禮樂詩書之流弊勢必至此，而古風遂不可復，嗟呼！吏治在今日亦難言矣。」〔註 131〕，顯然樸質文化風尚對人心的陶冶薰習，在吳子光的想望中是國家存續發展的根基。以他曾經寓居岸裡社（今臺中市神崗區）數年，和當地巴宰族交往經驗的體會：「樂其俗多有在羲皇上者，泯泯棼棼，

〔註 129〕〈寄張子訓同年書〉，王國璠執行編輯：《吳子光全書（下）‧一肚皮集》，卷3，頁 139。

〔註 130〕「體統愈尊則文法愈密，文法愈密則弊竇愈滋，胥吏得以上下其手，而民有不得之情，士多不白之冤，始因株連而行羈禁繼，因羈禁而行迫索役之橐，橐飽民之皮骨盡矣！」〔清〕吳子光著：《經餘雜錄選‧史論三》，第 6 冊，卷 9，頁 31。

〔註 131〕〈寄張子訓同年書〉，王國璠執行編輯：《吳子光全書（下）‧一肚皮集》，卷3，頁 138。

安得盡人而效之以復隆古也。」〔註132〕，又「秦穆公之霸西戎也，其言以忠
信為質，以禮樂法度為後，中國誇戎狄以此，由余意不滿中國亦以此，讀史
者自知之。」〔註133〕之言，這對當時委靡不振、官箴敗壞的晚清朝政，確實
是一針見血之論，可見營造一種社會階級差等小，法寬堪吞舟而利於文書通
行簡速的行政流程，人能忠信敏事且營造自然古樸的文化土壤，比以禮樂法
度建立綿密整全的國家社會制度更為根本。

　　因此，從胡漢政體與社會文化的角度比對中外歷史的不同，吳子光引桓
寬《鹽鐵論》、北宋鄧肅對高宗之言和《金史》世宗與群臣的一段對談：

> 桓寬《鹽鐵論》：「匈奴之俗略於文而敏於事」，宋鄧肅對高宗言：外
> 國之巧在文書簡，簡故速。中國之患在文書繁，繁故遲。……《金
> 史》：「世宗嘗謂宰臣曰：『朕嘗見女真風俗迄今不忘，今之燕飲音樂
> 皆習漢風，非朕心所好。』又曰：『女真舊風雖不知書，然其祭天地，
> 敬親戚，禮意欵曲，皆出自然，甚善與！』」〔註134〕

此引文指出外國政制簡易法疏，尚自然且敏於事，故存太古醇風，隨地理環
境的變化而調整生活步調，一切順應自然。如其言：「余觀英夷立國，相傳已
一千八百數十餘年之遠，問其國何以治，則與由余所言若合符節，此太古醇
風也，令人神往矣！」〔註135〕於此必須申明吳子光對英國歷史的認識與理解
雖有所不足，但卻也凸顯了法制對一國的政治體制、社會結構和文化風俗確
實產生重大影響。然而太多人為造作恣意鑽法制漏洞或灰色地帶致使弊竇衍
生，「近代不特華與夷異，今與古又異矣！大約古之法疏，先禮而後刑政；今
之法密，黜真意而尚虛文。申韓善為刑名，幕府得以捉搦之；書生未知國體，
猾吏出而箝伺之。……，建樹者，豈官受人侮弄哉？流弊使之然也。」〔註136〕
因此想要官場上有所建樹，對百姓有所裨益的措施，也因「幕府肆意捕捉異

〔註132〕〈紀番社風俗〉，王國璠執行編輯：《吳子光全書（下）·一肚皮集》，卷17，
　　　　頁1103～1104。

〔註133〕〈紀番社風俗〉，王國璠執行編輯：《吳子光全書（下）·一肚皮集》，卷17，
　　　　頁1103～1104。

〔註134〕〔清〕吳子光著，高志彬主編：《經餘雜錄選·史論三》，第6冊，卷9，頁
　　　　32～33。

〔註135〕〔清〕吳子光著，高志彬主編：《經餘雜錄選·史論三》，第6冊，卷9，頁
　　　　32。

〔註136〕〔清〕吳子光著，高志彬主編：《經餘雜錄選·史論三》，第6冊，卷9，頁
　　　　33。

議者」、「猾吏暗中脅制有為者」而無疾終了，難施作為。故而面對人為造作衍生的流弊，他主張「三尺刑章，不越天理人情之至。」〔註137〕，此處顯見以理、情為優先，並輔之以法，冀求三者平衡的人道思考。而這種著意人道的關懷也切實反映在他〈與當事書附吏治九條〉中，有關治安、獄政、經濟、司法等臺灣內政的八項具體改革建議；或對閩粵漳泉結黨械鬥的憂心〔註138〕，對漢人墾地導致原住民退居山林的同情〔註139〕；或對英國、荷蘭外夷的侵略，極力呼籲淡水海防建設。誠其言「手利劍以靖妖魔，欲吐者熱血；借清議以維風化，未死者良心。」〔註140〕，正是其一貫實踐社會關懷和伸張公理正義的彰顯。

三、史論文的價值

清代臺灣的史學論著能流傳至今的很少，更遑論史論作品了〔註141〕，是以吳子光的史論／文在清代臺灣學術發展上所具有的意義，應當做全面的檢視並予以定位。一般而言，「清代臺灣學術，基本上，史學和經學較為發達。……清代臺灣學術中如論及最盛者，自非史學莫屬。」〔註142〕，而史學發展最早

〔註137〕 〈與當事書〉，王國璠執行編輯：《吳子光全書（下）‧一肚皮集》，卷2，頁81～82。
〔註138〕 〈兵燹分類附〉：「臺地分類之禍皆宵小釀成，若在紳士斷無不肖至此。」王國璠執行編輯：《吳子光全書（下）‧一肚皮集》，卷18，頁1166。
〔註139〕 吳子光雖能同情原住民因漢人墾地導致他們必須退居深溪高山的無奈處境，但在開山撫番的政策上，他仍以漢族本位思考，卻將原住民視為「人面獸心，比之內地豺虎毒惡尤甚」；「余聞其（酋長）言愈悲。乃知堵禦生番，全恃各隘，如古人所謂居一障間然。計臺民被番戕殺者，歲不下千數百人。嘻！何虐也！然欲勦之，則密箐深林，英雄苦無用武之地。」分見〈禦番〉，王國璠執行編輯：《吳子光全書（下）‧一肚皮集》，卷18，頁1169、1168～1169。
〔註140〕 〈與當事書〉，王國璠執行編輯：《吳子光全書（下）‧一肚皮集》，卷2，頁72。
〔註141〕 「本書共十六卷，為子光考究二十一史緒論之作，未梓，稿在彰化呂氏處，久佚。蘇元紅《棉閣雜脞》謂：『吳子光著《三長贅筆》，頗得虛心涵泳，切己體察之功。』足見士林禮重云。」；彭培桂《讀史箚記》「是編為二十四卷，未梓。傳為培桂讀史隨筆，舉凡忠義、孝友、苦節、貞烈、闈德、廉能、隱逸、皆在登錄之列。卷帙浩繁，當在意中，未獲刊行，或乏於資儲也。」，又「彭培桂，字遜蘭，原籍同安。少隨父來臺，居於淡水檳榔莊。咸豐六年，以覃恩貢成均。設教於鄉，及門多俊士。」分見王國璠：《台灣先賢著作提要》，頁9及頁15。
〔註142〕 蔡淵洯，〈清代台灣的學術發展〉，許俊雅編著：《第一屆臺灣本土文化學術研討會論文集》，頁556。

且興盛的原因「實在其『範式』之單純簡易，另外尚受清廷修志活動影響。清廷為了施政參考，極重修志。」〔註143〕有關，可見「清代臺灣學術發展順序，顯然史學在先，經學隨後，『新學』最晚，同光時期方纔萌芽。」〔註144〕。

　　筆者認為吳子光的「恕道」史論在清代臺灣學術發展上的價值有四。其一，在史學史方面〔註145〕，就目前可查索到的文獻，清代吳子光的史論著述是唯一存留至今的作品，吳子光論史強調要有恕道精神，不宜太過苛刻而要合理近情，這是一種「了解之同情」的論史方法，也是一種細微的同理體會。經由閱讀、比較其不同著作和理解、揣摩其論史的理念後，可隱然察覺到他是針對宋代刻深史評而發的〔註146〕。宋代理學（道學）在集三教衝折調和後，儒學逐漸在形上學有了進一層的開展，但落實在日常生活的人倫禮義規定亦趨嚴格，太過而矯激的偽道學也就此萌發，吳子光所批駁處亦在此。然而，他是一個坦白率真、耿直和自負自重的人，因此對理學那種後來徒有形式的虛偽及流弊是嗤之以鼻的，不過弔詭的是他受到有些論者批判之處也在此，

〔註143〕蔡淵絜，〈清代台灣的學術發展〉，許俊雅編著：《第一屆臺灣本土文化學術研討會論文集》，頁564。

〔註144〕蔡淵絜，〈清代台灣的學術發展〉，許俊雅編著：《第一屆臺灣本土文化學術研討會論文集》，頁556。

〔註145〕「清代臺灣本地文士有關史學方面的學術活動，大致可分四類：一、參與官方主持之省府、縣、廳地方志的修撰；二、私撰方志；三、對地方大事的研究與撰述；四、史論撰述。」蔡淵絜，〈清代台灣的學術發展〉，許俊雅編著：《第一屆臺灣本土文化學術研討會論文集》，頁557。

〔註146〕顧敏耀指出吳子光「對於呂祖謙（1131～1187，字伯恭）與胡寅（1098～1156，字明仲）的史論則深深以為然，認為太過文深苛刻，而且繁瑣冗贅的毛病。其實宋儒呂、胡二人的史論在問世之後便已常被批評，例如同時代的朱熹（1130～1200，字元晦）就說呂祖謙論史「有太纖巧處，如指出公孫弘張湯姦狡處，皆說得羞愧人」，《四庫全書總目提要》解釋說『朱子所謂巧者，乃指其筆鋒穎利，凡所指摘，皆刻露不留餘地耳』；至於胡氏之作，在同時代已有張栻（1133～1180，字敬夫）於《南軒集》不留情面的批評為『病敗不可言，其中有好處，亦無完篇』，《四庫全書總目提要》更說：『寅作是書，因其父說，彌用嚴苛。大抵其論人也，人人責以孔、顏、思、孟。其論事也，事事繩以虞、夏、商、周，名為存天理、遏人欲、崇王道、賤霸功，而不近人情，不揆事勢，卒至於室礙而難行』。這些對呂、胡二人史論的評語與吳子光所說十分符合，殆為定論；而吳氏雖然也擅長作翻案文章，但是由前引文亦可見他自覺的想要避免犯下與呂、胡二人相同的錯誤，在《經餘雜錄·論辯類·史論一》也一再闡述類似的觀念。」顧敏耀：《台灣古典文學系譜的多元考掘與脈絡重構》（中壢：中央大學中文研究所博士論文，2010年1月），頁138～139。

如「光緒中葉時期,西力歐風衝擊中國實已久矣,但當時臺灣地方儒士似乎既聾且盲,對於世界新知識,完全無動於衷,所以其等纂修地方史志,依然陷溺於帝王專制的思想牢籠而喪失了高明博厚且靈活主動的道德理性與判斷力,十足表現出思想和文化創造力的邊緣性本質。被《苗志》視為苗栗才子的吳子光是其中顯例。」〔註147〕,這應是論者未詳參其史學著作所導致的誤解。

其二,在史論文的形式方面。就歷時言,吳子光史論文和歷代史論文相較,具有「以文作史」的特色,如其《經餘雜錄‧論辯類》卷9以「史論」為題的六篇連作(〈史論〉〈史論一〉、〈史論二〉、〈史論三〉、〈史論四〉、〈史論五〉、〈史論餘論〉),文中「吳子曰」書寫的位置或首或尾,主要表現他確實有意師法《左傳》「君子曰」、「仲尼曰」和《史記》「太史公曰」等史書的論史評事形式,以「吳子曰」來樹立起他裁史斷事的鮮明旗幟。這和秦漢以來的史論文章,如賈誼〈過秦論〉、歐陽脩〈縱囚論〉、蘇洵〈六國論〉、蘇軾的〈留侯論〉、〈賈誼論〉及〈鼂錯論〉等均無此書寫模式〔註148〕,是故在文章結構形式上有明顯的差異。再就共時言,與清代台灣其他儒者的史論作品相較,吳子光論史的作品顯然是最多的,尤其是具完整形式的史論文,在其它儒者著作中甚為少見,或者是這部分作品可能幾乎沒有留存。因而,就儒學文獻遺產的保存來說,吳子光的史論作品是值得被珍視的,不管在質或量上都為臺灣儒學體系作出卓越貢獻。

其三,在論史的理念方面。宋代理學的建立除了本身學術內部發展的需求外,宋儒在強調理、道等形而上知識建構的同時,規律、秩序、恆常等觀念又被統治者加以改頭換面成國家與社會秩序的維護學說,一如在經史學領域的《春秋》尊王觀,只有「忠君之臣」、「死節之臣」,違背了此「忠君之道」一途便有虧節義,而「為了更好地體現歷史的道德,『《春秋》書法』得到發展和完善。朱熹所撰《資治通鑑綱目》,即將歷史事實的表達方法與道德理念有

〔註147〕潘朝陽:《臺灣儒學的傳統與現代》(臺北:國立臺灣大學出版中心,2008年9月),頁106。

〔註148〕北宋史論文具有很強的資鑑精神,「從北宋古文創作的三個重要人物——歐陽脩、司馬光、蘇軾的作品中,確實可以看見,他們在文章中,表現出以史為鑑的資鑑精神,歸納出經驗教訓,避免重蹈覆轍。其文章各有特色,歐陽脩之論文道密切結合,以聖人之言為本;司馬光之論多取材歷史,排比事件,歸結得失;蘇軾之論觀點新穎,發人所未見,議論縱橫,有《戰國策》影響之痕跡。」盧奕璇:〈北宋史論文的資鑑精神——以歐陽脩、司馬光、蘇軾為例〉,《東方人文學誌》第7卷第4期(2008年12月),頁171。

機結合起來，通過『書法』（用字規則）來嚴篡弒之誅，倡節義，明道德，成為宋義理史學的典範，對後來的史學發展產生了深遠的影響。」〔註149〕，因此宋代史學／論在與理學高度連結下，所以設有很高的道德準則，以致在評論人、事時，往往不切合實際的人情事理。吳子光的史論從先秦到明朝（〈建文帝〉、〈靖難兵〉）都有，論史的原則是「入情出理」，即其所定義的中庸之道，這是他論史的根柢，也是其明顯的史論標幟。

其四，在「恕道史論」的終極關懷方面。吳子光論史的旨趣主要顯現在「恕道史論」的終極關懷：切人事。因之，他在評議歷史事件或人物時，隱然散發一種「了解之同情」的輝光，並以仿史書論斷的「吳子曰」形式、豐富的典故來闡揚恕道精神，並對史論文所徵引的史實做了良好的詮釋和佐證；在分析時勢順逆的轉易判斷時，以「設身處地」之思來為社會百姓謀求最大福祉，合理近情即為中庸之道的體踐，而「吳子曰」、「豐贍典故」和「設身處地」此三者成為其史論文的特色。故其論史的理念在以「恕道」為核心下，開展為「持躬宜恕，論古更宜恕」〔註150〕和「臣節與民命兩全」〔註151〕兩個綱目，分枝為「道」在情理兩兼、得失之勢和情理節義的關係、君子不與小人爭、論國家制度、禮法和社會文化四個向度的內涵。再就論史的原則言，「作史貴三長」是書寫史書時所應具備的史才、史學和史識素養，那麼呂賾虞所謂的「論史亦貴三長」的「三長」內涵究竟何所指呢？筆者根據吳子光散見他書的論史片斷，加之尋繹本文六篇連作史論文的意義脈絡，得到一個論史三長的可能基本輪廓：論情、論理、論勢，此論史三長的前兩者合而為一即「恕道」，是主觀上同理心的換位思考，而論勢則屬於客觀上對人事物的整體把握且不偏一端〔註152〕，三者兼善則論史將幾於道。

〔註149〕張豈之主編：《中國歷史的十五堂課》，頁301。

〔註150〕「讀性理語錄書者，每視兩廡外無學術；作史論史評者，動稱簡策中無全才，書生習氣，磨宋、元至今如一日。……吾謂持躬宜恕，論古更宜恕，豈辭章之學大言欺人？僅口過可比哉！」王國璠執行編輯：《吳子光全書（中）・三長贅筆》，〈東萊博議〉條，頁58。

〔註151〕〔清〕吳子光著：《經餘雜錄選・春秋紀侯大去其國後論》，第6冊，卷9，頁18。

〔註152〕「嘗讀諸史《循良傳》，寬嚴殊塗，權術並用，總歸於識治體合民情而已。……。大約古法寬大多漏網于吞舟之魚，……今天下之網少密矣，亦時勢使然爾。」〔清〕吳子光著，高志彬主編：《經餘雜錄選・史論四》，第6冊，卷9，頁34～35。

　　以上四點，從臺灣史學史、史論文的形式、論史的理念和「恕道史論」的終極關懷等方面檢視吳子光的史論文章，可發現他以人為本，以適情達理為關懷的論史本色，也是一種論史的「資鑑精神」〔註153〕在日用人倫的實踐，使歷史教訓與生活密切的結合，此為其史論文的價值所在。

〔註153〕「資鑑精神，是從歷史的經驗教訓中，深察其是非得失之因果，歸結出心得。並藉此落實立身、行事、施政、決斷之上，可用以治身治事，乃至化用於現實政治，此即所謂歷史的『資鑑精神』。」盧奕璇：〈北宋史論文的資鑑精神——以歐陽脩、司馬光、蘇軾為例〉，頁150。

第四章　吳子光史學實踐的文學觀

　　基本上，吳子光的成學存在一種動態的轉折歷程，而這個轉折除了和他的資稟有關外，最重要的是通過移居臺灣時的艱苦生活體驗，與飽覽臺灣的壯闊自然山水，使他的學思被深刻地拓展到了前所未有的視野，而其最終的學力果實則展現在內涵豐富多元的著作裡。本章所著意之處是吳子光始終以「史學」為其學術關懷中心，那麼在他的文學觀裡也必然透露史學意識昇華後的會通思脈，而如此的會通義理則展現在其諸多的文學主張中。吳子光自道「深於古文之學」，是故本章所指稱的文學觀，主要是以古文為研究主體，並從文、道關係和古文創作時應有的修養、心理反應，以及對文章的品評與古文、時文的異同辨析，最後能成一家言（獨創觀）等幾個面向探討。

第一節　從史學到文學的會通

　　吳子光認為史學是諸學之源，而史學又以司馬遷為圭臬，因《史記》不僅存有高明的史學、史識、史才、史德，更兼有超凡的文學思想及技巧，是故吳子光為文以司馬遷為宗師。若論直接古文真氣脈則以韓愈為師，因其文章生氣是從生命流離的九轉艱難中磨礪得來。司馬遷、韓愈兩人皆是吳子光為文的典範，以下分述之。

一、史學是諸學之源

　　吳子光言：「僕耽讀有年，無畔援歆羨，一生以經史為性命，下筆蘄至於

古之立言者，如桃源人不知有漢，奚論魏晉。」〔註1〕，明顯可見「經史之學」是其畢生的關懷。而對於經、史之學兩者，吳子光的眼光不同一般儒者是把經學置為第一序，而是從人事活動和歷史紀錄的源頭先將經、史合一，再從後代學術分流的趨勢，將史學擺為第一序，經學則匯歸在史學的概念範疇下，強調史學實證的價值，其言：

> 古有史無經，孔子曰：「吾志在《春秋》，行在《孝經》，止此一見而已。」除《易》、《禮》外，《詩》紀朝野政教，即史之流派也。《書》即三代《史記》也，《書》有今古文之別，伏生所口授者今文也，孔壁所藏為安國校定者古文也，見《漢書。儒林傳》。然今奧于古者，《金史。國語解序》曰：「今文《尚書》辭多奇澀，蓋亦當世之方音也，若六經之名實始於莊子。六經者，先王之陳迹也，夫迹履之所出而迹豈履哉？史之別于經也，蓋自王儉《七志》，阮孝緒《七錄》始。〔註2〕

一般而言，早期儒學思想所依據的經典即是《六經》，因而儒學傳統是以經學做為政教的指導典律，史學的作用、意義、地位並未被特別的看待，故而是史書也是經書的《六經》，從漢代以後，其在國家社會方面所具有的政治倫常性格，已強烈遮掩了其本身兼有史學鑑往知來、秉筆直書、因革損益、制度破立、文化承轉等的經世功能。

然而，在吳子光的觀念裡是「古有史無經」，其例證是《易》、《禮》外，《詩》紀朝野政教是史之流派，而《書》也是記三代史事的《史記》。《六經》究其實都是先王之陳迹，其名由來則始於莊子，因此古代有史無經，至於經和史的分化相別，或說賦予史學獨立的地位則肇端於王儉《七志》、阮孝緒《七錄》。易言之，史學是古代諸學之源，這彷彿隱含一種崇實經世的意味，因為歷史即是人在自然中的作為總合呈現，史學一方面映現了人類生活需要引以為惕的事件，另一方面也在文化思想上指引未來之路。所以史學在吳子光那裡，是做為潛在義理思想的具體象徵，猶如阿多諾對自然史的意涵析述：「自然史的原則是『自我保存』，但自我保存的目的是為了進行自我的生產與再生產。歷史是人類社會生活實踐的產物，它生產出仿若『第二自然』的各種社會

〔註 1〕〈寄張子訓（書紳）同年書〉，《吳子光全書（下）·一肚皮集》，卷3，頁135。
〔註 2〕〈經學〉，王國璠編輯：《吳子光全書（上）·經餘雜錄》，卷6，「辭林典實類」，頁362。

建制、文化、習俗與社會結合的形式。」〔註3〕。因此，藉由史學的積澱導引，文學也從史學這個大文本裡得到滋養，這或許就是吳子光古文多典實之故。

二、以司馬遷為宗

　　光緒6年（1880）吳子光完成史論專書《三長贅筆》，距他浸讀《史記》之始已過49年，《史記》是其從13歲接觸後即愛不釋手的史書，而閱讀《史記》的歷程讓他如入琳瑯滿目的寶山，處處充滿驚奇，〈龍門史學〉便記述了這樣求而不得的閱讀樂趣：

> 太史公年十歲則誦古文，古文原有風骨，有家數與師承，如云學天官於唐都，受易於楊何，習道論於黃子是也。余年甫勺象即讀《史記》而愛之，但所嘗祇一臠耳。居有頃，購得此史全部，因秘作王充《論衡》，由淺而深，略通大意，謂《史記》峭刻似《戰國策》，而疏蕩則過之；傲兀似《山海經》，而醇實又過之。一任名家林立，終讓此公獨往獨來於上下數千載間，古今無人與抗，蓋天授非人力也。余固不能文，然時懸此人於心目中與為對晤、與為寢。每一運筆皇皇然有求而不得，即得如恐失之，用自慚愧，此則予數十年嚮往之私未之逮也而有志焉。〔註4〕

文中概括了吳子光奉司馬遷為史學、文學宗師的心跡。他認為《史記》筆力高峭深刻似《戰國策》，而疏闊迴蕩卻又過之；傲直奇聳似《山海經》，但醇真樸實卻又過之。司馬遷以其英傑才華，任遊名家文章中，馳思於上下千載，晤對古人，其慧思妙筆，古今無人與相抗衡。吳子光對司馬遷的拳拳服膺是時刻俱在的，但自慚望塵莫及，以致有「數十年嚮往之私未之逮也而有志焉」之嘆。除了無比欽慕史遷之文，吳子光對於史遷下蠶室之辱更寄予無限的憐憫，其〈游俠列傳〉感傷道：

> 余初讀《史記·游俠傳》，謂以吾祖季子之賢指為游俠，未免儗人不倫，後博考傳註，良史意別有在也。……太史公之受惡名也，家貧無貲財，親友不出一語相救，已于〈報任少卿書〉言之，使當時得一郭解、劇孟者以相與周旋，亦何至下蠶室哉！史公借酒杯澆磈磊，

〔註3〕黃聖哲：〈歷史作為自然史：論阿多諾的歷史理論〉，《哲學與文化月刊》革新號第503期（第四十三卷第四期）（2016年4月），頁72。

〔註4〕《讀史記偶得》，王國璠編輯：《吳子光全書（上）·三長贅筆》，卷4，〈龍門史學〉條，頁303～304。

> 欲褒不敢褒，欲貶不忍貶，嗚咽淋漓，使人自得其意於言外，真一
> 字一點淚，一摑一掌血矣。……徐廣曰：腐刑是漢世大儒受次死刑
> 者，不獨太史公也，嗚乎！冤矣！〔註5〕

吳子光詮解史遷作〈游俠列傳〉是「良史意別有在」，即游俠雖不軌於法，但
必基於「義」而出手相救，以全史遷之身節而遠下蠶室之辱，更舉徐廣之言：
「腐刑是漢世大儒受次死刑者」為史遷之獄伸冤。故史遷受此人生大辱而隱
忍苟活，「一字一點淚，一摑一掌血。」，全是為成就《史記》所能帶給人們的
歷史記憶，透過歷史記憶的尋繹而得「史公借酒杯澆磈礧，欲褒不敢褒，欲
貶不忍貶，嗚咽淋漓。」之言外意。

　　再者，吳子光三次渡海遊臺的驚險經歷，也有類史遷早年探訪中國各地
聖人賢哲之蹟、名山大川的壯遊，故其讚曰：

> 太史公周覽名山大川與燕、趙間豪傑交遊，故其文疎蕩有奇氣，此
> 二子者曷嘗執筆學為如此之文哉？其氣充乎其中而溢乎其外，見乎
> 其言而動于其文而不自知也。又言文者氣之所形，文可以學而能，
> 氣不可以強而致云云。〔註6〕

可知地理風物、廣博遊覽、異地民情能擴增人生的閱歷，進而渾融滲沃為運
筆之資，人生視野愈開闊，襟抱愈大放，行文之氣則躍動流行無滯。也因文
品是人德的自然顯現，吳子光稱揚史遷文理暢然，氣機生動，在簡明樸實的
語脈中義理洒然，散發一種獨特的格調，如云：

> 各傳著墨無多，已將經學源流、師法授受剖析無遺，即諸家遊宦行
> 踪，人品行事得失，俱一一和盤託出，可知文以理為主，亦貴有風
> 骨、有氣機與體裁，樸而老，簡而明，不徒以才藻富麗為能事也，
> 兼此者其惟太史公乎？扶風甘拜下風矣。〔註7〕

又因才調殊凡，識見高明，故文氣流露奇思妙境，所謂「文筆不可無奇氣，人
事則不必有奇氣。」〔註8〕史遷之文奇是因其境遇慘冷而辱隨，又挾其學富高

〔註5〕《讀史記偶得》，王國璠編輯：《吳子光全書（上）‧三長贅筆》，卷4，〈游俠
　　　列傳〉條，頁272～273。

〔註6〕《讀史記偶得》，王國璠編輯：《吳子光全書（上）‧三長贅筆》，卷4，〈蘇氏
　　　餘論〉條，頁305。

〔註7〕《讀史記偶得》，王國璠編輯：《吳子光全書（上）‧三長贅筆》，卷4，〈儒林
　　　傳〉條，頁267～268。

〔註8〕吳子光特標舉：「文筆不可無奇氣，人事則不必有奇氣。季布以負奇，故得失
　　　恒相半，……樂布哭彭越後為燕相，民皆為立社，號曰樂公社，何功德入人

識，行文於褒貶隱晦間，形成了風骨奇正、文藏理機的文風。若非史遷有才、學、識三長得兼，相信也不能為吳子光敬仰欽崇至此。又如評〈司馬相如列傳〉：

> 《史記》之文化工也，非畫筆也。此傳寥寥七百餘字已將相如之性情、品格、文學、交游、仕宦一生事跡綜舉無遺，其文如朵雲出岫餘，餘霞散綺，令人把取不盡，真古今來有數文章。〔註9〕

吳子光以史遷為行文的宗師，不僅高度讚揚其在史書體裁的創立，也在史論評議和人物事件狀繪方面達到巔峰，故而盛讚《史記》文筆運用的出神入化、了無相跡，如以言簡意賅的描述將司馬相如的性情、品格、文學、交游、仕宦等一生事跡綜舉無遺，文辭清雅悠然卻又色彩綺麗，讓人如實見著司馬相如般，史遷的奇遇奇思轉化為奇文，讓人讀後欣然神往，無怪乎吳子光讚嘆此為「古今來有數文章」的大手筆，「敘事師史、漢」〔註10〕以自期。

三、追步韓愈為師

吳子光稱譽韓昌黎為一代儒宗，也是太史公後之一人，其〈唐代文章〉：「昌黎為一代儒宗，本傳云：『日光玉潔，洞視萬古，卒澤於道德仁義炳如也。』嘻！如昌黎者，洵太史公之一人哉！〔註11〕」，此處將太史公和韓愈並提，顯見韓愈在吳子光心中其儒術、文學的地位。就提倡古文運動的功績言，吳子光美稱「韓文公雄視百代，自千數百年至于今，竟無人與之抗，真古今第一流人物也。」〔註12〕，筆者以為吳子光之所以追步韓愈為師，有一個內因是必須說明，即吳子光長期苦於貧窮落魄的窘境，這迫使得他的心理總是籠罩在貧困、緊張壓力的陰影下，且看他的〈窮鬼說〉：

> 天無窮而鬼有窮，窮至於鬼，極矣！不意士之窮直追鬼之踪且駕而

之深也。嘻！顏淵雖賢附驥尾而名始顯，自時厥後，季布之諾，欒公之社，遂附太史公之文以傳矣。」《讀史記偶得》，《吳子光全書（上）‧三長贅筆》，卷4，〈季布欒布列傳〉條，頁248。

〔註9〕《讀史記偶得》，王國璠編輯：《吳子光全書（上）‧三長贅筆》，卷4，〈司馬相如列傳〉條，頁261。

〔註10〕〈芸閣山人別傳〉，王國璠編輯：《吳子光全書（下）‧一肚皮集》，卷7，頁335。

〔註11〕《讀諸史偶得》，王國璠編輯：《吳子光全書（中）‧三長贅筆》，卷12，〈唐代文章〉條，頁712。

〔註12〕《讀諸史偶得》，王國璠編輯：《吳子光全書（中）‧三長贅筆》，卷12，〈李鄴侯顏魯公韓文公〉條，頁731。

軼乎其上,于是窮鬼、窮士二者,如膠漆之相合而堅不解,此山人窮鬼文所為作也。

韓十八一生闢佛,以文窮、智窮、學窮、命窮、交窮分作五窮鬼,儒林誦之。……古則三生石上或有緣法存乎其間也,窮鬼之于人甚矣哉!因之揚雄辭〈逐貧賦〉,唐子西有〈留窮辭〉,段成式有〈留窮詞〉又有〈送窮詞〉,皆寓言之類耳。

嘻!鬼非可以迹相求也,鬼而窮更難以言語形容矣!以彼餐風吸露,日與蒼蒼者嬉遊于四荒之中,而淡然無累已自處于不窮矣!

嗟乎!士茍有志於聖賢之學者,其必自人鬼關頭始矣,于身之窮通奚恤焉!夫貧也非病,則見家語;貧也非憊,則見莊子。先正格言圇合人道、鬼道而一之者也,後之覽者亦將有感于斯文。

借題寫照,意到筆隨,故文品高不可攀,若拘定起伏照應,如茅鹿門所傳之法則嫌于印板矣。呂賡虞識〔註13〕

首先,吳子光以此窮鬼文自嘲為窮鬼和窮士的合一,甚而窮士之狀竟更勝窮鬼一著而不易擺脫。事實上,吳子光的〈擬韓文公送窮文〉、〈窮鬼說〉和韓愈〈送窮文〉有異曲同工妙,也是一種同理共感,或謂是吳子光自身遭際的投射。唐憲宗元和 6 年春天,韓愈 45 歲,作〈送窮文〉,文章以暗喻、對話的方式,表達了請與自己交纏四十餘年的智窮、學窮、文窮、命窮、交窮等「五窮鬼」離去,結果五窮鬼仍執意忠心跟隨,雖說五窮鬼讓主人不合於世,但卻也使主人因才學而流名千古。基本上,吾人可把吳子光的〈擬韓文公送窮文〉、〈窮鬼說〉和韓愈〈送窮文〉都視為作者發洩一肚皮牢騷的文章,猶如《一肚皮集》「不合時宜」之命意。

次者,吳子光強調「窮鬼」若「淡然無累已自處于不窮矣」,顯然他對於自身時運的乖蹇,已能逐漸跳脫憂悲和愁怨的泥淖,體會了「士茍有志於聖賢之學者,其必自人鬼關頭始矣」之理。其言「子厚斥不久、窮不極,必不能自力以致必傳於後世,無疑也。韓、柳洵千秋知己哉!願與士讀韓、柳之文者參之。時年五十又九。」〔註14〕,引韓、柳謫貶潮州、柳州後而文益進之

〔註13〕〈窮鬼說〉,王國璠編輯:《吳子光全書(下)‧一肚皮集》,卷 9,頁 587～589。

〔註14〕〈芸閣山人別傳〉,王國璠編輯:《吳子光全書(下)‧一肚皮集》,卷 5,頁 341。

例以自勉，也正是吳子光欲志行聖賢之道必歷磨難逆厄的典範。

　　或許是和韓愈的性格、行事、文學主張相契，吳子光自小便善模擬韓文，其云：

> 童時，塾師以此題課諸友，余擬古文辭一通，師極稱賞，然用後代
> 事與襲韓調太多，不足言家數也。因少年筆路僅存是篇。〔註15〕

少年時襲仿韓文格調為文，師雖稱賞其熟習得法，但總是拾他人之牙慧，未能成個人家法，甚是可惜。可知為文能成一家風骨是其追求的文學創作目標。而構成風骨的條件之一即是昌明儒術，欲光大儒學則必先尊師，因師尊則道尊，故他曾感慨道：「韓、柳兩家論師道甚備，蓋古人之師師其道義，今人之師師在科舉。」〔註16〕，若士人師在科舉則文章與性命之學兩離，他指出：

> 制藝代聖賢立言，其淵源甚遠，其流弊甚長。從來工制藝者必不從
> 制藝入手，惟不以此為干祿之具而以為性命之學，故作者之精神與
> 閱者之識鑒無毫髮之爽，其獲之也如操左券然。所謂文章有神交有
> 道者此也。〔註17〕

在吳子光的認知裡，顯然時文也有佳構名篇，但真正的制藝巨匠其入手處必然不是從八股文格式學起，因專為科舉而苦心揣摩八股文套路，文章的精神靈魂定然消磨無蹤，其〈寄徐次岳孝廉書〉即有如此表述：

> 山人一生窮于橐不窮于文，第文章非數典之難而持論之難，持論亦
> 非難，惟氣味色澤合于古而無摹古之迹為難。《史》、《漢》吾不敢知，
> 若有唐三百年古文相傳真命脈則幾幾欲絕，幾絕又不忍聽其終絕，
> 賴有志者起而張之以維持于不敝。〔註18〕

所以他主張文章不只要有自我在，更要能傳仁義之道，唐三百年古文相傳真命脈即是在此，文以載道的呼求也彰於此。可見吳子光追步韓愈是以承古文載道自任，故他創作不輟，只願「惟有唐三百年古文真氣脈此道不絕如線。」，也希冀「鄙人不揣固陋，擬以碑、銘、志、傳為一種，考據為一種，雜錄為一

〔註15〕〈禹疏九河論〉，王國璠編輯：《吳子光全書（上）‧經餘雜錄》，卷9，「論辨類」，頁590。
〔註16〕〈寄徐次岳孝廉書〉，王國璠編輯：《吳子光全書（下）‧一肚皮集》，卷3，頁179～180。
〔註17〕〈擬策秀才文五首〉，王國璠編輯：《吳子光全書（上）‧經餘雜錄》，卷12，「文辭類」，頁719。
〔註18〕〈寄徐次岳孝廉書〉，王國璠編輯：《吳子光全書（下）‧一肚皮集》，卷3，頁160～161

種。……昨謀之剞劂氏。」〔註 19〕，用窮理盡性的精神和「文窮而後工」的態度，以著作傳世為古文留續盡最大心力。

第二節　吳子光文、道關係論

　　吳子光自言「勺象後，更博涉古文經史、諸子百家以及稗官小說，遠觀而約取之，故深於古文之學。……嘻！古文之學微矣，安得素心人而有奇、為之共賞乎？」〔註 20〕，此中展顯了他多元涉獵各種知識門類以養古文學力的企圖，和盼得知音共賞共扶已漸弱微的古文之學的期待。同樣地，於〈讀《相經》書後〉文末，他更喟嘆曰：「夫文豈一端可盡哉，念自勝冠伊始，學為古文，今猶望道未見，行自慚爾。嗟呼！所貴有知己者，為能鑒別於形迹之外耳。」〔註 21〕，可見專意於古文之學的鑽研，是為了藝進於道，因此文、道的關係如何，是吾人在探討吳子光的文學觀前，有必要加以研察的。再者，吳子光對唐、宋以來諸古文大家的「文以載道、「文以明道」的主張有所詮解，是以文、道關係論為考察吳子光的文學觀時，是一道不可迴避的論題。以下茲從「就文學的社會文化作用言」、「就文學創作的接受和新變言」、「就學術分判的眼光著意言」三個面向討論。

一、就文學的社會文化作用言

　　對於文、道關係的討論，首先必須明瞭的是「文」、「道」的內涵各是什麼？早在春秋時代，孔子便說：「志於道，據於德，依於仁，游於藝。」〔註 22〕，顯然一位君子儒的養成是需要內外兼攝的，除了念念持守人倫日用之間所當行之「道」外，也需要禮、樂、射、禦、書、數等六藝來「玩物適情」，以茲優游涵泳志意言行，因此「學莫先于立志，志道，則心存於正而不他。據德，則道得於心而不失。依仁，則德性常用而物欲不行。遊藝，則小物不遺而

〔註 19〕〈答香根先生書〉，王國璠編輯：《吳子光全書（下）‧一肚皮集》，卷 2，頁64～65。

〔註 20〕〔清〕吳子光：〈芸閣山人別傳〉，王國璠執行編輯：《吳子光全書（下）‧一肚皮集》，卷 7，頁 335～336。

〔註 21〕〈讀《相經》書後〉，王國璠執行編輯：《吳子光全書（上）‧經餘雜錄》，「書後題跋類」，卷 4，頁 205～206。

〔註 22〕〔宋〕朱熹：《四書章句集注‧論語》（北京：中華書局，2003 年 6 月），卷4，述而第 7，頁 94。

動息有養。」〔註23〕可知「道」就是人倫日用之間所當行之理，而「文」即為六藝中的禮儀（吉禮、凶禮、軍禮、賓禮、嘉禮）和樂舞詩歌，以及讀書識字的「書」教。另外，從先秦到唐、宋時代，道的內涵幾經詮釋更衍，如指支配萬物活動、決定現象的自然規律〔註24〕，或者發自作者內心深層的道德意識，或是潛藏在政治制度、事功中的理則等。不過，就儒家言，文與道的關係，主要是以「文以明道」、「文以載道」的觀點呈現，具有強烈的工具論文藝觀色彩，而唐以後隨著宋明理學思想的推展與理論深化，此「道為本，文為末」的工具性的文藝觀，已為爾後的經學家、思想家或文學家群體的文論樹立起鮮明旗幟，如唐代柳冕正是從社會教化的觀點來看待文、道關係，其言：

> 夫文章者本於教化，發於情性。本於教化，堯、舜之道也；發于情性，聖人之言也。……聖人之道，猶聖人之文也。學其道不知其文，君子恥之。學其文不知其教，君子亦恥之。〔註25〕（〈答徐州張尚書論文武書〉）

> 故文章之道不根教化，則是一技耳。……非夫兩漢近古猶有三代之風乎？惜也繫王風而不本于王化！〔註26〕（〈謝杜相公論防杜二相書〉）

可知發于情性的文章書寫，若脫離了堯、舜聖王之道的教化是不可以的，甚至是被視為一種技藝罷了。而文章需載負聖王之道，承擔闡發倫理道德的責任，到了宋代理學家的詮釋場域裡，又進一步將文學的獨立價值與作用窄化，如周敦頤《通書·文辭第二十八》言：

> 文所以載道也，輪轅飾而人弗庸，塗飾也。況虛車乎？文辭，藝也；道德，實也。美則愛，愛則傳焉。賢者得以學而至之，是為教。故曰：「言之不文，行之不遠。」然不賢者。雖父兄臨之，師保勉之，不學也；強之，不從也。不知務道德而第以文辭為能者，藝焉而已。〔註27〕

〔註23〕〔宋〕朱熹：《四書章句集注·論語》，卷4，述而第7，頁94。

〔註24〕如《老子·第一章》：「道可道，非常道；名可名，非常名。『無』名天地之始；『有』名萬物之母。故常無，欲以觀其妙；常有，欲以觀其徼。此兩者同出而異名，同謂之玄。玄之又玄，眾妙之門。」，〔晉〕王弼註：《老子註》（臺北：藝文印書館，1996年3月），頁5～7。

〔註25〕〔宋〕姚鉉編：《唐文粹》（臺北：世界書局，1989年5月），卷84，頁549。

〔註26〕〔宋〕姚鉉編：《唐文粹》，卷79，頁519。

〔註27〕〔宋〕周敦頤：《周子通書·文辭第二十八》（臺北：臺灣中華書局，1992年1月），四部備要本，頁6。

周敦頤認為修「道」才是務本之實學，文辭雖能飾道而傳之久遠，把欲闡揚之理包裝的更華美動人，但對無賢德的人仍然是勉強不來，因此專意於文辭之能事者，不過是在炫其技藝罷了，對於行道務德之學毫無助益。可以說周敦頤的「文所以載道」說，代表了宋代以後重德輕情的文道關係論的一種典型。此等重德輕情的文道關係論，亦同樣反映在程頤、朱熹的論文思想裡，如程頤言：

> 問：作文害道否？
>
> 曰：害也。凡為文不專意則不工，若專意則志局於此，又安能與天地同其大也？《書》云：「玩物喪志」，為文亦玩物也。……古之學者，惟務養情性，其他則不學。今為文者，專務情性，其他則不學。今為文者，專務章句，悅人耳目；既務悅人，非俳優而何？」
>
> 曰：「古者學為文否？」
>
> 曰：「人見六經，便以為聖人亦作文，不知聖人亦攄發胸中所蘊，自成文耳。所謂『有德者必有言』也。」
>
> 曰：「游、夏稱文學，何也？」
>
> 曰：「游、夏亦何嘗秉筆學為詞章也？且如『觀乎天文以察時變，觀乎人文以化成天下』，此豈詞章之文也？」〔註28〕

程頤所謂「作文害道」、「有德者必有言」、「『玩物喪志』，為文亦玩物」的文、道論述，幾乎是將文學的存在價值貶壓到所剩無幾，即使是對先秦相對寬泛的「文學」概念，如「從我于陳、蔡者，皆不及門也。……文學：子游，子夏。」〔註29〕也限定在性理道德的範疇，完全排除抒發情性的詞章之文。又朱熹言：

> 道者，文之根本；文者，道之枝葉。惟其根本乎道，所以發之於文，皆道也。三代聖賢文章，皆從此心寫出，文便是道。今東坡之言曰：「吾所謂文，必與道俱。」則是文自文而道自道，待作文時，旋去討箇道來入放裏面，此是它大病處。只是它每常文字華妙，包籠將去，到此不覺漏逗。說出他本根病痛所以然處，緣他都是因作文，

〔註28〕〔宋〕程頤，程灝撰：《二程全書》（臺北：臺灣中華書局，1986 年 8 月），四部備要本，《河南程氏遺書》卷18，冊1，頁42。

〔註29〕〔宋〕朱熹：《四書章句集注・論語》，卷6，先進第11，頁123。

　　卻漸漸說上道理來；不是先理會得道理了，方作文，所以大本都差。
　　歐公之文則稍近於道，不為空言。如《唐禮樂志》云：「三代而上，
　　治出於一；三代而下，治出於二。」此等議論極好，蓋猶知得只是
　　一本。如東坡之說，則是二本，非一本矣。〔註30〕

朱熹從道德修養和經世的角度來解釋文、道關係是「道為根柢，文為枝葉」，
只要以三代聖賢為師，即能究文而體道，因三代聖賢文章，皆從證道的本心
寫出，故文便是道，除卻以道為大本發出的文即為二本。由上可知，程頤、朱
熹以理學家的立場來看文、道關係時〔註31〕，是務道而輕文的，更激烈的則
已近乎廢文的態度。事實上，「將『道』、『文』分別討論者，始於北宋初期的
柳開。柳開『文章為道之筌』的說法，開啟了周敦頤『文以載道』之說，他們
把『文』當作工具，強調『道』的主導性。宋初『道』、『文』分途的背景因素，
由此產生。二程提出『玩物喪志』、『作文害道』之說，是很偏頗的言論，……
二程、楊時、朱熹常常批評古文家是『倒學』，作文時再『討個道來』，這些說
法恐非實情。朱熹批評韓愈不重視經綸實務，批評蘇軾『詞意矜豪譎詭』，這
些說法並不公允。」〔註32〕

　　然而，「對文與道的關係給以比較全面的論述，並以親身實踐產生深遠影
響的，是韓愈、柳宗元，他們反對耽溺于形式、專門講求駢偶、藻飾，而力主
文學要能反應社會生活、人民情感道德的變化，要以儒家的仁義之道為指歸；
他們重道而不輕文。韓愈〈答陳生書〉說：『愈之志在古道，又甚好其言辭。』
〈答李秀才〉說：『然愈之所志于古，不惟其辭之好，好其道焉耳。』他不止
是看重文學在傳道上的作用，而且肯定文學的獨立價值。」〔註33〕，藉由文
辭表情達意的功能，人倫日常之理亦能從中得到顯發。那麼以「韓、柳洵千

〔註30〕〈論文上〉，〔宋〕黎靖德編，王星賢點校：《朱子語類》（北京：中華書局，
　　　　2011年3月），卷139，冊8，頁3319。
〔註31〕程頤以理學家的立場解釋「子曰：『行有餘力，則以學文。』的『文』，認為
　　　　是『為弟子之職，力有餘則學文，不修其職而先文，非為己之學也。』」，又
　　　　尹氏曰：「『德行，本也。文藝，末也。窮其本末，知所先後，可以入德矣。』」
　　　　等意見多不出重道輕文的範章。〔宋〕朱熹：《四書章句集注・論語》，卷3，
　　　　學而第1，頁49。
〔註32〕王基倫：〈北宋古家繼承「道統」說而非「文統」說〉，《文與哲》第24期（2014
　　　　年6月），頁52。
〔註33〕湯一介主編，王先霈著：《國學舉要・文卷》（武漢：湖北教育出版社，2002
　　　　年9月），頁179～180。

秋知己。」〔註34〕的吳子光，對於文、道關係的看法又如何呢，是否在「文以明道」、「文以載道」的觀點上有所依違？其〈藝文序〉言：

> 藝文志昉於班掾，歷代史相仍不廢。後漢書及元史不志藝文，讀史者絀之。夫道、形而上者也，藝、形而下者也。若文以載道，則形下罔非形上矣。淡水僻在海陬，前此之流寓者，或雕蟲小技，壯夫弗為；百餘年中，可備　縷者實寡。茲編唯有裨於山川形勝、風土民情者始登載一二，其他月露風雲，甯從割愛，庶不貽隋李諤所譏譙云。志藝文。〔註35〕

此篇〈藝文序〉的由來，就其〈淡水廳修志試筆序〉所敘：

> 此數十篇皆修志後所擬者，初陳司馬培桂之設志局也，事在同治戊辰間，業關聘有專責矣。適臺帥薦其幕客某至，……限六閱月成書，能事逼促，非特無此才，亦無此精力。幸舊稿具存，某客無恙，姑以傭書之役歸之，則山人可擱筆以去矣。……山人拂袖後技癢不已，故擬定者若干篇，私志與私史不同。私史大干例禁，私志則否，此後，苟有長吏可與語史學者，當抱此冊出為印證，任海內外具千手眼人辨之。〔註36〕

可知，該篇〈藝文序〉的書寫誠如「此數十篇皆修志後所擬者……山人拂袖後技癢不已，故擬定者若干篇。」所言，和他於同治 7 年（1868 年）參與纂修《淡水廳志》未竟有關。序文中顯見吳子光對著史修志的熱情，與對個人才學文筆的自負。首先，從歷史文獻保存和風土民情的記錄來說，吳子光是以史學的觀點來談文、道關係，他認為文學藝術存在的目的，是為了能裨於山川形勝的載錄和羽翼風土民情，就此而言，他並未貶低文學的價值，而是強調文學不應淪為一種雕蟲小技，只是顧著追求華麗文辭舖排、聲律節奏調性等外在形式，而忽略了讓文章充滿靈動力量的情感思想，因此「月露風雲」之文「甯從割愛」。次者，從道、器相依的關係看，吳子光化用《周易·繫辭上傳》：「是故形而上者謂之道，形而下者謂之器，化而裁之謂之變，推而行

〔註34〕〔清〕吳子光：〈芸閣山人別傳〉，王國璠執行編輯：《吳子光全書（下）·一肚皮集》，卷 7，頁 341。

〔註35〕〈藝文序〉，王國璠執行編輯：《吳子光全書（下）·一肚皮集》，卷 18，頁 1156。

〔註36〕〈淡水廳修志試筆序〉，王國璠執行編輯：《吳子光全書（上）·芸閣山人集》，頁 965～967。

之謂之通，舉而錯之天下之民謂之事業。」〔註37〕的道、器概念，將文、道的實質安頓為「夫道、形而上者也，藝、形而下者也。」的道、藝關係，而「文以載道，則形下罔非形上矣。」則說明了道因文而傳，文因道而尊貴的相兼關係，也就是說形而下的文藝記載了形而上的哲理，則「形而下無非是形而上」，因為形而上因形而下而得見，形而上蘊於形而下之中。這個看法顯然比理學家的重道棄文觀開闊很多，無獨有偶的是袁枚（1716～1798）於〈虞東先生文集序〉也表達了類似的觀念，其云：

> 文章始於《六經》，而范史以說經者入《儒林》，不入《文苑》，似強為區分。然後世史家俱仍之而不變，則亦有所不得已也。大抵文人恃其逸氣，不喜說經。而其說經者又曰：吾以明道云爾，文則吾何屑焉？自是而文與道離矣。不知《六經》以道傳，實以文傳。《易》稱修詞，《詩》稱詞輯，《論語》稱為命至於討論、修飾，而猶未已，是豈聖人之溺於詞章哉？蓋以為無形者道也，形於言謂之文。既已謂之文矣，必使天下人矜尚悅繹，而道始大明。若言之不工，使人聽而思臥，則文不足以明道，而適足以蔽道。故文人而不說經可也，說經而不能為文不可也。〔註38〕

檢視文中所敘，約可歸納三個要點，一是反對撰史者將經學家劃列《儒林傳》而不入《文苑傳》；二是文道是合一；三是強調優美的文筆更能引人入勝而明道。袁枚認為《六經》確實是文章的源頭，聖人之道就包蘊其間，文人因性分所致，故不喜說經，但經學家亦能是文學家，唯有如此「道」才「得以傳」、「得以顯」，筆者以為此文暗夾了兩個重要訊息：首先，藉文字的高文學可讀性，擡高了「文」可傳道的獨立價值和關鍵作用；次者，以經學家隱喻為「道」，文學家隱喻為「文」，若「說經而不能為文不可也」，那麼道、文兩者則為體用關係，當「文」具有「使天下人矜尚悅繹」之用時，必足以明道而不蔽道，因而文、道不僅是「合一」且是並重的關係。以上兩個訊息是袁枚沒有明說的部分，而這個袁枚沒有明說的意蘊，卻在七十多年後得到遠在臺灣的吳子光的呼應，這似乎是一種巧合，也或許是深於古文之學造詣之士，所必然達到

〔註37〕〔魏〕王弼、韓康伯注，〔唐〕孔穎達正義：《周易正義·繫辭上傳》，收入阮元審定，盧宣旬校：《重栞宋本十三經注疏·附校勘記》（臺北：藝文印書館，1993 年 9 月），卷 7，頁 158。

〔註38〕〔清〕袁枚：〈虞東先生文集序〉，《小倉山房文集》（臺北：臺灣中華書局，1980 年 11 月），四部備要本，卷 10，冊 1，頁 9。

的文學精修境地。

　　雖說文、道兩者歷來在儒學思想系統內部的詮認裡，在位階上仍有形而上、形而下之分，但「道勝於文」的意味或說緊張感，筆者認為在吳子光那裡是相當微弱的，原因是他是一位博涉經史，喜好多元學習的人，如其〈芸閣山人別傳〉自述：

> 山人性明敏，諳識記，讀書能得其要。……。詩則於西崑宮體，剖析源流，雖學古人，其中仍有我在。匇象後，更博涉古文經史、諸子百家以及稗官小說，遠觀而約取之，故深於古文之學。〔註39〕

顯然經、史、子、集都是他問學、創作的來源，此種轉益多師的多元開放學習，無形中會應然消滅了文、道關係的違迫感。是故，「若文以載道，則形下罔非形上矣。」的觀點，已然就文學在社會文化的作用上，重新詮釋「道」即是「文」的意義，因此不論是「道」、「文」合一或者「道」、「文」並重的關係，都可視為此意義的別貌展示。

二、就文學創作的接受和新變言

　　吳子光並非一重道輕文的儒士文人，他要避免的是文體走入輕薄浮誇一路，如隋代李諤所譏譙的那樣：

> 陳至德二年，隋主不喜辭華，詔天下公私文翰並宜實錄治書，侍御史李諤亦以當時屬文體尚輕薄，上書曰：魏之三祖崇尚文詞，江左齊梁其弊彌甚，競一韻之奇，爭一字之巧。連篇累牘，不出月露之形；積案盈箱，唯是風雲之狀。世俗以此相高，朝廷據茲擢士。……至如羲皇、舜、禹之典，伊、傅、周、孔之說不復關心，何嘗入耳指。儒素為古，拙用詞賦為君子，故文筆日煩，其政日亂，良由棄大聖之軌模，構無用以為用也。〔註40〕〈隋李諤言文體輕薄〉

隋代李諤對文體陷入為創作而創作的「競一韻之奇，爭一字之巧。連篇累牘，

〔註39〕〔清〕吳子光：〈芸閣山人別傳〉，王國璠執行編輯：《吳子光全書（下）‧一肚皮集》，卷7，頁335。

〔註40〕〔宋〕沈樞撰，四部叢刊廣編編審委員會主編：《通鑑總類》（臺北：臺灣商務館，1981年2月），四部叢刊廣編，第11冊，卷10，「文章門」，頁317。按本書之編排應在本頁，但本頁卻原闕。另見《景印文淵閣四庫全書》史部史鈔類，《通鑑總類》（臺北：臺灣商務印書館，1986年3月），第462冊，卷10下，頁1～2。

不出月露之形；積案盈箱，唯是風雲之狀。」等輕薄浮華、繁複堆砌風氣的批
判，顯然是來自對六朝文學創作風氣的反省，同樣的想法，在唐朝立國前期，
考功員外郎王師旦知貢舉，因文章辭華體薄而黜卻張昌齡時，在向太宗的進
言裡，便表達了這樣的擔憂：

> 貞觀二十一年，太宗幸翠微宮，冀州進士張昌齡獻〈翠微宮頌〉，太
> 宗愛其文，命於通事舍人裏供奉，初昌齡與進士王公謹皆善屬文，
> 名振京師。考功員外郎王師旦知貢舉黜之，舉朝莫曉其故，及奏第，
> 太宗怪無二人名，詰之，師旦對曰：「二人雖有辭華，然其體輕薄終
> 不成令器，若置之高第，恐後進效之，傷陛下雅道。」太宗善其言。
> 〔註41〕〈唐張昌齡以辭華見黜〉

「有辭華，然其體輕薄終不成令器。」的諍言，顯見六朝浮靡虛華的文風，其
仍深深影響著唐朝當時的文壇，這也是韓、柳提倡古文運動以矯六朝華靡文
風的背景。又如唐高宗時，劉曉上疏禮部的言事中，也認為作文浮氣放肆，
專研風花雪月之色，竭盡藻飾之能事者，實難以望其成為社會棟樑，委以國
事大任。故其言：

> 上元元年，劉曉上疏禮部，取士專用文章為甲乙，故天下之士皆捨
> 德行而趨文藝，有朝登甲科而夕陷刑辟者，雖日誦萬言，何關理體，
> 文成七步未足化人，況盡心卉木之間，極筆煙霞之際，以斯成俗，
> 豈非大謬？夫人之慕名如水趨下，上有所好下必甚焉，陛下若取士
> 以德行為先，文藝為末，則多士雷奔四方風動矣。〔註42〕〈劉曉言
> 取士以文藝為末〉

可知一代文風的形成和改變相當不易，即使是想借用政治公權力，在科舉政
策取才上下工夫，也得需經過很久的時間才能收效，而「取士以德行為先，
文藝為末。」的用人取才以德觀，反應在文學思想上，正如韓愈在〈答李翊
書〉中所提出的古文寫作修養論般：

> 將蘄至於古之立言者，則無望其速成，無誘於勢利，養其根俟其實，
> 加其膏而希其光，根之茂者其實遂，膏之沃者其光曄，仁義之人，

〔註41〕〔宋〕沈樞撰，四部叢刊廣編編審委員會主編：《通鑑總類》（臺北：臺灣商
務館，1981 年 2 月），四部叢刊廣編，第 11 冊，卷 10，頁 318。
〔註42〕〔宋〕沈樞撰，四部叢刊廣編編審委員會主編：《通鑑總類》，四部叢刊廣編，
第 11 冊，卷 10，頁 318。

其言藹如也。……雖然，學之二十餘年矣，始者非三代、兩漢之書
不敢觀，非聖人之志不敢存，處若忘、行若遺，儼乎其若思，茫乎
其若迷，當其取於心而注於手也，惟陳言之務去，戛戛乎其難
哉！……吾又懼其雜也，迎而距之，平心而察之，其皆醇也，然後
肆焉。雖然，不可以不養也，行之乎仁義之途，遊之乎《詩》《書》
之源，無迷其途，無絕其源，終吾身而已矣。氣，水也；言，浮物
也。水大而物之浮者大小畢浮。氣之與言猶是也。氣盛，則言之短
長與聲之高下皆宜。」〔註43〕

是以文質自人品鍛鍊而來，只要德之根能養得壯茂，仁義之心念必常流露，
沛然正氣終將隨筆端發而為醇文。但是，進一步要問的是如何養德根呢？韓
愈認為唯有「遊之乎《詩》《書》之源，無迷其途，無絕其源。」就能「行乎
仁義之途」，這種攀藉聖賢學問以資養德性的看法，吳子光也在〈原道徵聖宗
經〉一文中倡言：

原道者，此書開宗明義第一篇也。道之顯者謂之文，故首原道。道
非聖不明，非經不載，故次徵聖，又次宗經。解此，則文之根柢立，
門路正，自無楚艷漢侈之弊矣。須知三者是一串事，聖人以身體道，
以經立教，似不強分區域，如《中庸》首章性、道、教之說也。按
經莫粹于《易》，孔子作《十翼》以竟義文之緒。〔註44〕

如上述，原道、徵聖、宗經三者之間的雖有互釋順逆關係，但彼此內在連繫
卻是相貫一體，道因聖賢的明達體悟後方能被載記下來，而載錄的文字書籍
要能成為不朽傳世的經典，則必須藉助曉暢的文辭而顯，即孔子所說的「辭
達而已矣。」〔註45〕，不以富麗美藻為工。換言之，欲探究天人之道，唯有
鑽研聖賢所遺留的經典，才是滋養德根的正途。而所謂的經典，最具代表性
的著作即是六藝（《六經》），透過思習《六經》中所蘊藏的道理，自能感通天
人之道的靜寞動變。這意謂吳子光所理解的文和道是處在一種雙向互詮互涉
互相圓滿的關係，形而上隱微不顯的道，必須寓托形而下的文器以彰顯，是
故以博學多識來立身明道，不失為一條直截門路。

〔註43〕羅聯添編：《韓愈古文校注彙輯》（臺北：國立編譯館出版，2003 年 6 月），
　　　　第 1 冊，卷第 3，頁 715～718。
〔註44〕〔清〕吳子光：〈原道徵聖宗經〉，王國璠執行編輯：《吳子光全書（上）‧經
　　　　餘雜錄》，卷 3，「書後題跋類」，頁 132。
〔註45〕〔宋〕朱熹：《四書章句集注‧論語》，卷 8，衛靈公第 15，頁 169。

三、就學術分判的眼光著意言

　　吳子光慨嘆博學不易,不僅因流傳書籍版本的差異,也在於接受文化薰
陶的同時,內在心理、性格、思想於潛移默化中,無形中也型塑為文化整體
運作的一部分而失察覺,如其〈君子博學以文論〉云:

> 經學自漢儒始,諸窮畢生之力專治一經以守師法于不墜,經術昌而
> 人才出焉。蓋道之燦著者為文,文莫大于六藝,詩書禮樂者先王所
> 以鑿中人之方心而使之通,亦所以束天下豪傑之聰明材力而使之不
> 得逞者也。……,讀諸史經籍藝文與晁公武《讀書志》所載,幾于
> 無人無集,其中有傳有不傳,即傳與否?亦有幸不幸存焉。古今人
> 何遽不相及哉?或謂古人讀書博而能精,後人讀書博而寡要,固也。
> 不知博學正未易言,三代下,文明日啟,載籍日多,常苦心孤詣彼
> 此參考,不能一一脗合。〔註46〕

此篇討論漢代經學的昌盛,是因治經者能嚴守師法于不墜,並在奉六藝(《六
經》)為聖典的同時,認為各種的文化思想典籍實都蘊藏了已燦顯為文的道,
而在這眾多的文化思想、道德理志的典籍中,《六經》則是最重要的。因《六
經》裡載記了聖王賢者以詩、書、禮、樂來調節人心思想,使之能通達體道,
但也因為詩、書、禮、樂所帶來的規範矩度,人的情志心念在調節的同時也
受到一定程度的約束,尤其是那些擁有無比聰明材力的天下豪傑,便將難以
肆意奔馳其情志。此處,吳子光論君子如何以文博學,實際上即為培養學力
識道的問題,但也反省了皓首窮經守師法的同時可能產生的心視野的闇蔽。
故而進一步指出:

> 九家惟儒家者流獨尊,宜有虛心、歉心而不可有師心、闇妄心。蓋
> 讀書難事也,莫難於經世之學,其次經史之學。經學自漢儒始,其
> 時諸經立博士各有師授,自公孫宏曲學阿世外,凡列于儒林傳者皆
> 所謂專門名家者也。然讀劉子駿〈讓太常博士書〉信口說而背傳記,
> 是末師而非往古。〔註47〕

吳子光反省漢代時儒家取得獨尊地位後,更應有謙虛包容的心,才能避免被

〔註46〕〔清〕吳子光:〈君子博學以文論〉,王國璠執行編輯:《吳子光全書(上)‧
　　　　經餘雜錄》,卷9,「論辨類」,頁535〜536。
〔註47〕〈漢儒多經術說〉,王國璠執行編輯:《吳子光全書(下)‧一肚皮集》,卷9,
　　　　頁571。

闇妄心驅策而陷落枉尊自大的境地。他也批判劉歆〈讓太常博士書〉是信口
不實，可見心術的純正與否是吳子光所看重的，因此讀書雖可擴增眼界，但
若私意曲學阿世則心蔽闇妄自難見道，而讀書問學之所以為難事，即在於積
學廣識後是否能融會貫通，見「道」於事事物物中，也就是能在人倫日常生
活中操練應用，成就「經世之學」，若不能適時經世，則退而細察深究「經史
之學」以待時用。照這樣看來，吳子光定義的「道」意涵，主要是以「經史之
學」為學問基礎，進而以「經世」為踐道之學。又如其云：

> 經史之學至漢稱極盛，及魏晉而辭章之學興，建安七子以文名世，
> 夫人而能言之，乃讀曹子建〈與楊德祖書〉，劉季緒才不能逮於作
> 者，而好詆訶文章、掎摭利病云云。按季緒為劉表子，著詩、賦、
> 頌六篇見于摯虞《文章志》，亦非毫無知識者，猶為當塗所識。今人
> 根柢淺薄，目不睹《史》、《漢》故不語文法。見瑰博者輒詆為雜，
> 古奧者輒詆為澀為險怪，良由識闇才短與心粗氣驕，遂以么麼蚍蜉
> 撼茲大樹，而劉季緒不絕於天下矣。

> 夫辭章之學雖稍次經史之學亦有淵源授受存焉，諸大家傳世遺編，
> 今皆賴以考見，乃庸庸者于時藝試帖之外別無所用心也，悲夫！
> 〔註48〕

從時代學術發展的歷程看，吳子光已注意到（純文學）「辭章之學」的興起，
及其與經史之學在內容、性質、作用上的不同。因此，他以個人的讀書經驗，
指出學問的難易深淺以經世之學最難最深，次為經史之學，而辭章之學又稍
次於經史之學。於此，不難察覺到吳子光關注文學創作時所需的資藉如諳
《史》、《漢》文法，對特殊創作風格的海納心胸，如「見瑰博者輒詆為雜，古
奧者輒詆為澀為險怪」等。然而，不管是創作時的資藉或是兼容特殊的創作
風格，最要緊的仍在於要修煉深識之明斷與培養謙虛細察之心氣，藉廣博讀
書來閎深識見，不為短見所囿，否則若只為科舉而學文，制藝的考科內容及
文章撰作格式終將牢籠士子的思想。然對此學術內涵類別的剖析，與曾國藩
〈聖哲畫像記〉中對學術分類的討論實有異曲同工之妙，其言：

> 姚姬傳氏言學問之途有三：曰義理，曰詞章，曰考據。戴東原氏亦
> 以為言。如文、周、孔、孟之聖，左、莊、馬、班之才，誠不可以

> 一方體論矣。至若葛、陸、范、馬，在聖門則以德行而兼政事也。
> 周、程、張、朱，在聖門則德行之科也，皆義理也。韓、柳、歐、
> 曾、李、杜、蘇、黃，在聖門則語言之科也，所謂詞章者也。許、
> 鄭、杜、馬，顧、秦、姚、王，在聖門則文學之科也。顧、秦於杜、
> 馬為近，姚、王於許、鄭為近，皆考據也。此三十二子者，師其一
> 人，讀其一書，終身用之，有不能盡。〔註49〕

就學問的外在特徵表現而言，吳子光的經世／經史之學同姚鼐的義理和考據
之學，亦同曾國藩的德行而兼政事、德行之科和文學之科；辭章之學則同姚
鼐的詞章之學和曾國藩的語言之科。當然這樣的學術分類與清朝當時學術內
部發生的漢、宋學之爭不無關係，但耐人尋味的是，吳子光自道光22年（1842）
遷居臺灣後，就再也沒有回到廣東嘉應州，他的學術判分結果竟如此類似當
時清代學術發展現況，或許這是勤於讀書和涵詠領會學問之曲折所致。誠如
前述，吳子光論文、道關係，講求的是文、道的合一，互存照顯，即姚鼐所
「主張『道與藝合，天與人一』，『義理、考據、詞章』合一，讓儒家道義與文
學結合，天賦與學力相濟，『義法』外增加考證，以求三者的統一和兼長，達
到既調和漢學、宋學之爭，又寫出至善極美文章的目的。」〔註50〕，對於吳
子光的文章與學問功底，姚鼐的意見似與之有若干相符之處。此外，吳子光
〈陽明禪學辨上〉亦明揭理學、經濟、文章三者的關係：

> 古今人才兼理學經濟文章而一之者絕少，能兼者惟餘姚王文成公
> 乎！……夫難得者人材，理學難、經濟難、文章難，兼理學經濟文
> 章而一之尤難。天特生王公全才以闢古今難兼之，局其人遂為天壤，
> 可一不可再之人。〔註51〕

王陽明是令吳子光心折服膺的英雄人物，該文是他為其學遭入禪之譏所作的
辯駁，其中理學、經濟、文章呈並列，對照於姚鼐的「義理、考據、詞章」的
學問三學，理學即義理，文章即詞章，而經濟則是指事功，為姚鼐學問二學
所無，但若與吳子光定義的「道」意涵相較，那麼以之為學問基礎的「經史之

〔註49〕〔清〕曾國藩撰：《曾文正公詩文集》（臺北市：臺灣中華書局，1982年4月），
　　　　卷2，頁11。

〔註50〕袁行霈主編：《中國文學史》（臺北：五南圖書股份有限公司，2003年1月），
　　　　下冊，頁878。

〔註51〕〈陽明禪學辨上〉，王國璠執行編輯：《吳子光全書（上）·經餘雜錄》，「論辯
　　　　類」，卷10，頁635～637。

學」即理學，以之為踐道之學的「經世之學」即經濟，而辭章之學即文章。可見就學術分判的角度看，吳子光對文、道關係的詮解確實有其別異之處，不落入前賢儒者在形上、形下的絕對之分與本末幹枝之爭。

總之，吳子光對文、道關係的理解和詮釋，可分三方面來考察。

第一，是就文學的社會文化作用言，是文以載道、文以明道。在承續韓、柳古文運動「重道不廢文」的主張上，但卻又有所差異，以唐朝社會文化的發展變化而言，韓、柳所面臨的佛、道二氏之學爭道的強烈挑戰，上自君王、公卿、士大夫，下自文人儒士、庶民等，多與釋、道二教人士有交流，是故韓、柳為振興傳統儒學思想和遞衍道脈，而起臂疾呼道統之傳，並藉由先秦古樸散文為傳道的文器，於不間斷的古文創作實踐中起復興儒學的目的，不過值得留意的是「韓愈以及柳宗元重道不廢文，並且他們主要的社會角色是文學家，是散文發展中起衰變古的關鍵人物，這就和當朝或理學家迥然有別。……他們的散文，不是宣講空洞死板的道理，而是有獨立的見解，有充沛的感情，有精美的文字。所以，他們的文以明道的思想，比較他們之前和之後的文以載道的思想，有明顯的區別。」〔註52〕然而，相對韓、柳古文運動「重道不廢文」的主張而言，吳子光不僅未輕看辭章之學，而是認為文若有「裨於山川形勝、風土民情者」，那麼「文以載道，則形下罔非形上矣。」，此種開通的文、道觀，實表現了重道崇文的深意。

第二，是就文學創作的接受和新變言，是道因文顯。魏晉南北朝是文學自覺的時代，因著政治漸趨穩定、社會環境安適、君王提倡和文學理論、技巧的進展等條件，駢文這種具有形式美感的純文學遂發展到極盛。然而，著重駢偶、四六句式、講究平仄和用典的技巧特色，卻使得文章失去了生命力，吳子光在尊道且文能裨世的前提下，反對文學走入輕薄浮艷一路，故而他取法班、馬、唐宋八大家諸人文章精神以為法式，輔之諸子百家、稗官小說等，形成個人獨立不群的文觀。

第三、是就學術分判的眼光著意，先秦時期的「文」、「文學」涵義較寬，概指與文化相關的典籍，《詩》、《書》六藝等皆屬之，而吳子光的「文」則分為兩個層次，一是蘊道顯道的「經史之學」，一是較偏向文學性的古文創作。再者，「經史之學」是識道的知識基礎，因對經史之學的浸潤能拓深博通學者的識見眼界，使文章寫作文法井然，內容豐贍弘大，旨意古奧。而「經世之

〔註52〕湯一介主編，王先霈著：《國學舉要·文卷》，頁180。

學」則為「經史之學」提供實現踐道的可能；至於「辭章之學」則以熟諳《史記》、《漢書》文法，勉力瑰博、古奧的文章創作原則及風格，以清晰的論辨與精鍊的摹述文字的能力呈顯「道」，達致文道合一的整全圓融。

第三節　古文的創作、審美與境界

以清代臺灣的文人儒士而言，吳子光可謂著作等身而罕有其匹，其中《一肚皮集》18 卷為其代表性著作，也是唯一獲得剞劂傳世的作品；又如《三長贅筆》16 卷，是廿三史緒論之作，主要是讀史札記；又或者是《經餘雜錄》12 卷，是兼涉經、史、子、集的綜合性學術著作，撮其要則匯為史學和文學。是故其門下高弟謝頌臣〈題芸閣師扇〉詩云：「不向功名存芥蒂，全憑文史作生涯；乾坤兩眼空餘子，著述其身擅大家。」〔註 53〕，這首詩不僅精準的描繪吳子光的立世形象，也對其品格與學問的崇敬雅重表露無遺，詩中顯見「文史著述」是吳子光一生的理想寄託，而當他離科舉功名越來越遠之時，卻是建立起文章為經國大業越發精彩湛深的起點。

吳子光對古文創作和審美、小說評賞等文學觀點，多散見在各部著作中，以致沒有成體系的文學理論專著。然而，在筆者爬梳其對文學創作與批評的見解過程中，發現吳子光的文學觀主要表現在古文創作時應有的修養、心理反應，以及對文章的品評與古文、時文的異同辨析，最後能成一家言（獨創觀）等幾個層面，以下分述之。

一、古文創作的基本主張

（一）修養觀

稟賦與學力可謂是文學創發的基礎，而吳子光對此著墨甚深，屢有見地。他對於古文創作有很深的學養與感情，其於〈書茅選八大家文集〉中嘆道：

> 余性喜古文，以著述為敝帚之享，久矣，獨陳香根深嗜之，謂：「此
> 煌煌者，直接有唐三百年古文真氣脈，而世人不知為可嘆也！」竊
> 古文一道，不必求人知，人亦不易知，余自比虞仲翔謫居海隅相類，
> 知己零落相類。〔註 54〕

〔註 53〕〔清〕謝頌臣：《小東山詩存・題芸閣師扇》（出版地、出版社不詳），頁 2。
〔註 54〕〈書茅選八大家文集後〉，王國璠執行編輯：《吳子光全書（上）・經餘雜錄》，卷 4，「書後題跋類」，頁 209～210。

此處表明了吳子光以唐代韓、柳始倡的古文運動精神為標竿，他喜讀古文並好創作，只是如今志同道合者稀，因古文之道被輕看等同為時文，而這對於深耕古文數十年的吳子光來說，只能說知音難尋，故以三國時東吳著名的經學家和政治家虞仲翔（164～233 年）自比〔註55〕，從中也暗喻古文的骨血、真靈魂非制藝那種機械模擬之文可攀附，更重要的是「文章者，華國之具非酬應之資也。」〔註56〕，所謂的「華國之具」指的是以文筆才思來貢獻國家、社會、文化所需，即吳子光念茲在茲的「乃半世讀書，欲少伸其文章報國之志而不可得。」〔註57〕，這「文章報國之志」和韓、柳倡導的古文精神，或說儒學文化復興運動其實是一脈相承的，那麼如何在古文之學上著力才能有所成呢？吳子光提出了這樣一個明確有得的實踐觀點：

> 夫文別於今之謂古，古文不可以形貌襲，不可以氣力爭，即博極群
> 書、冠絕時流，無才識以為之主，亦僅作考據一家，而不能以與于
> 吾文章之事。概此中有根器焉，有學力焉。〔註58〕

根器就是稟賦，是天授而來非人力能積累而得；學力是就學識才思涵養的深廣度而言。顯然，吳子光所定義的「吾文章之事」必得有根器與學力相乘相用，才能達到近道及別於形跡之外的境界，此為古文別於時文，在博極群書為用的同時，卻能自覺地不淪為考據一家的地方。又云：

> 讀書貴有根器，無夙根者總屬凡品，文章亦猶是也。從來稗官百家，
> 多託一人一事以立言，獨此篇于農、圃、醫、卜、機、匠案牘之詞
> 無所不備，奇矣！〔註59〕

蓋其根器絕人，惟列禦寇差堪共語耳。不明乎此，徒剽竊先賢語錄

〔註55〕虞翻，字仲翔，三國時代東吳的經學家和政治家，官至騎都尉，會稽餘姚（今浙江餘姚）人。他個性直率敢言，多有謀略遠見，對吳主孫權曾「數犯顏直諫」，但因「性不協俗，多見謗毀」，故被孫權流放到交州十多年未見用。陳壽評曰：「虞翻古之狂直，固難免乎末世，然權不能容，非曠宇也。」〔晉〕陳壽著，〔南朝宋〕裴松之注；楊家駱主編：《三國志》（臺北：鼎文書局，1980年），卷57，《吳書》12，頁1341。

〔註56〕〈答客問〉，王國璠執行編輯：《吳子光全書（下）‧一肚皮集》，卷2，頁88。

〔註57〕〈芸閣山人別傳〉，王國璠執行編輯：《吳子光全書（下）‧一肚皮集》，卷7，頁337。

〔註58〕〈與陳瘦崚論古文書〉，王國璠執行編輯：《吳子光全書（下）‧一肚皮集》，卷3，頁183。

〔註59〕〈書《紅樓夢》後〉，王國璠執行編輯：《吳子光全書（上）‧經餘雜錄》，「書後題跋類」，卷4，頁256～257。

> 謂性理在是，道統即在是，亦誰得而奪之。然所貴乎道學者，豈在
> 語言文字之末哉，既不能為真道學以嗣千聖百王之統則，何如以誕
> 軀腐以辯起衰，自成一則古文章乎！〔註60〕

讀書若有根器則自能隨機領悟千聖百王所傳之理，更可超脫於語言文字之外，會通稗官百家立言於人事故實之寓意。如以《莊子》為例，吳子光盛讚莊子因其「根器絕人」，故為文時「其意旨為人人胸中所有，其縹緲皆人人筆下所無，奇情妙理、靈心慧舌，亦誰敢于句中贅一辭，篇終難一註腳者，此莊子所以為化工與！」〔註61〕，依此絕人稟賦而來的化工之文，吳子光認為莊子的學思奧妙，著實值得關注，他說：

> 惟晉人偶有近似處，而雋永遜之。韓文公云莊周以其荒唐之辭鳴鳴
> 於楚，惟楚有材，良不謬已。且無論修身入世之方，由其道，可奉
> 行於無失。即以文章論亦超絕古今，一掃文家蕪穢之習，豈尋常作
> 翻案文字者比哉！嘻，天生儁才以與士林相餉遺，而鈍根者滔滔皆
> 是，則印板文字與老生常譚，錮蔽於人心者深，或非瞑眩〔註62〕之
> 所能為力也，悲夫！〔註63〕

雖然韓愈指摘《莊子》多荒唐之辭，但吳子光卻不同意韓愈的謬評，他稱美莊子以其才思替人指引了一條立世修身的道路，也以其奇情妙理、靈心慧眼之文章，一掃古今文家蕪穢之習，而這唯有夙慧的人才能辨識得出莊子的超絕之處，即根器高者方能識人所未見，悟人所未得。相反地，滔滔鈍根者由於心受錮蔽，卻盲修瞎煉而不知。

　　至於學力的養成，吳子光特別標舉「講習」和「閱歷」二事，講習是讀書問學之事，閱歷則為日常生活經驗和壯遊覽勝的昇華，他說：

> 余謂文章士人之真命脈，得之者其理將與河山並壽。作文者先以義
> 理洒濯其心，使心體湛然光明無一毫私欲之污，爰求根柢，于經助
> 波瀾，于史清障蔽，于先賢性理語錄諸書則理明學博，文之體用具

〔註60〕〈書《莊子》書後共三十三篇〉，王國璠執行編輯：《吳子光全書（上）·經餘雜錄》，「書後題跋類」，卷1，頁47。

〔註61〕〈書《莊子》書後共三十三篇〉，王國璠執行編輯：《吳子光全書（上）·經餘雜錄》，卷1，頁46。

〔註62〕服藥後產生頭暈目眩的反應

〔註63〕〈書《莊子》書後共三十三篇〉，王國璠執行編輯：《吳子光全書（上）·經餘雜錄》，「書後題跋類」，卷1，頁48。

矣。復留心于倫常日用人情物理世故，周旋考究其利害得失，必歸
之至當而後已，故議論能斷制，才情能決捨，始免才多執古鮮通之
弊，『蓋學問得之講習者半，得之閱歷者半。』。……後世蔑古荒經，
故學無原本，辭有枝葉，韓子所謂高出魏晉，不懈而及於古者，吾
亦未見其人，況言浸淫漢氏乎？〔註64〕

可見學問必須以讀書精思和人生閱歷為資藉，才得以翻上一層提升視野。首
先，吳子光以為讀書需廣博以致深厚，其次第是以《六經》為學問的根本，識
養《六經》之義理後，作文脈理則能波瀾起伏；研修先賢性理語錄諸書有得
後則能理明學博；讀史論史更可強化議論古今事時斷制的能力，即吳子光自
述的：「按史家者流，若《晏子春秋》、《呂氏春秋》、《虞卿春秋》、陸賈《楚漢
春秋》、墨子《百國春秋》、崔鴻《十六國春秋》、蕭方等《三十國春秋》、習鑿
齒《漢晉春秋》以及明季《魯春秋》之類，踵事繼起稱為後勁，皆麟經之支流
餘裔也。學問之道無他，多聞博覽而已矣！」〔註65〕，在多聞博覽中確實能
促進學問的深廣度，而「一生以經史為性命」〔註66〕的吳子光進一步強調讀
史書對提高學力識見的重要：「《公》、《穀》、《左氏》雖原本《春秋》而意理各
別，猶今人分題作文，平奇工拙各成一家風骨，三傳異同處不勝枚舉，《國
語》、《史記》亦然。讀史者自能辨之，總不若《春秋》之微而顯志，而晦婉，
而成章也。學者會而通之可以資學問。」〔註67〕，《春秋》三傳文字雖原本《春
秋》，但意理各別，各自在平奇工拙中表現特色，《國語》、《史記》也是如此，
只要用心領會通悟，都是學問博達的好資藉。

此外，如「虞初諸志九百家與為取資。迎而距之，平心而察之，有得力
處，有擅場處，亦未嘗無紕繆處，文章千古事，得失寸心知。」〔註68〕，正
是在實踐多聞博覽以增拓學問境界的信念，他「博涉古文經史、諸子百家以

〔註64〕〈與陳瘦嵐論時文書〉，王國璠執行編輯：《吳子光全書（下）‧一肚皮集》，
卷3，頁188～190。

〔註65〕〈讀《春秋》說〉，王國璠執行編輯：《吳子光全書（下）‧一肚皮集》，卷8，
頁501～502。

〔註66〕〈寄張子訓同年書〉，王國璠執行編輯：《吳子光全書（下）‧一肚皮集》，卷
3，頁139。

〔註67〕〈讀《春秋》說〉，王國璠執行編輯：《吳子光全書（下）‧一肚皮集》，卷8，
頁501。

〔註68〕〈答客問〉，王國璠執行編輯：《吳子光全書（下）‧一肚皮集》，卷2，頁90
～91。

及稗官小說，遠觀而約取之，故深於古文之學。」〔註69〕，成為一位「以文章視性命，不以存歿視性命。」〔註70〕的古文家。

次者，在人生閱歷上，吳子光以為人情物理的倫常日用和遊覽勝景的經驗，有助凝煉生命的靈思慧識，使得古文寫作得以超越時空的限囿，文理更形通達無礙。例如，他舉太史公周遊天下為例：

> 思昔太史公周行天下，與燕趙間豪俊交遊，故其文疏蕩有奇氣，將
> 於儒先糟粕外，所有山川、土宇形勝、文物聲華，一一入遊覽中。
> 且思得古賢若陽五者與為伴侶，以廣器量而拓文瀾，始成一家風骨，
> 豈僅為科名耶！〔註71〕

太史公壯遊天下，結交豪俊逸士，故為文能耳目一新，加之遠大的胸懷氣度，下筆成文時疏蕩奇氣漫發行間，文瀾思潮層遞相生，成一家風骨。無怪乎他感慨當今為文者多是名利富貴為上，汲汲鑽營科名間而已。因此他語重心腸的告訴徐次岳：「長安歸來增一番遊覽即增一番學識，君子不貴一時之浮名而貴千秋之真鑑，春闈得失惡用是芥蒂者為？」〔註72〕，而所謂的「廣器量而拓文瀾」講的是眼界、心量再次打開，接受新的山川土宇、文化風華刺激，也就是「復留心于倫常日用人情物理世故，周旋考究其利害得失，必歸之至當而後已，故議論能斷制，才情能決捨，始免才多執古鮮通之弊。」〔註73〕所帶來的實效。

吳子光自陳：「光少小好學，亦好遊歷，閱人多矣。」〔註74〕，「吾鄉有龍牙巖，……此皆昔年遊屐所經。」〔註75〕，喜好遊歷的他，歷數故鄉的風景名勝，足跡已踏遍廣東嘉應州之龍牙巖、綠窟潭，鎮平縣之燕子巖、天花

〔註69〕〈芸閣山人別傳〉，王國璠執行編輯：《吳子光全書（下）‧一肚皮集》，卷7，頁335。
〔註70〕〈答客問〉，王國璠執行編輯：《吳子光全書（下）‧一肚皮集》，卷2，頁90。
〔註71〕〈答薩雁南書〉，王國璠執行編輯：《吳子光全書（下）‧一肚皮集》，卷3，頁191～192。
〔註72〕〈寄徐次岳孝廉書〉，王國璠執行編輯：《吳子光全書（下）‧一肚皮集》，卷3，頁163。
〔註73〕〈與陳瘦嵐論時文書〉，王國璠執行編輯：《吳子光全書（下）‧一肚皮集》，卷3，頁189。
〔註74〕〈答香根先生書〉，王國璠執行編輯：《吳子光全書（下）‧一肚皮集》，卷2，頁64。
〔註75〕〈遊大隘諸山記〉，王國璠執行編輯：《吳子光全書（下）‧一肚皮集》，卷7，頁425～429。

井、獅子巖，福建同安、廈門之虎溪巖、白鹿洞，潮州之惡溪，福建漳州之山水、汀洲之郊原等地。可知吳子光所遊覽的區域是廣東、福建的山巖潭溪。而遊覽與學問、文章的關係，他曾這樣劌切道來：

> 大抵山不能自奇也，奇在石。余舅輩有好遊者，自西粵歸，為言其地勝槩，山產石，尤多怪，……昔柳州宦遊斯土，登山臨水，為領略者久之，故其文儁傑廉悍，幽深峭拔，不予人一覽可盡，益得山水之助者多矣。〔註76〕

同輩兄長從廣西旅遊歸來，為他摹繪廣西一帶所遊歷的奇巖深潭、秀水怪石之境。這樣的語述想像，使他憶起了柳宗元貶謫廣西，登山臨水而百感交集之際，下筆為文，文氣儁傑廉悍，意理幽深峭拔，讓人無法一閱而盡得其意，這是得到江水山巖的幫助吧。又云：

> 夫遊覽者，學問之資也；文章者，山水之腴也。古來洞天福地多避城市而近村疃，蓋境愈寂愈幽、愈僻愈快，又得詩文以表章之，如馬退之菏亭、愚溪鈷鉧潭有何佳處，以然名傳至今，非柳子厚之故乎？〔註77〕

學問得遊覽賞玩而滋養累積，山水形容得文士生花妙筆而更加豐贍燦爛，遠離塵世的干擾，在樸實、幽寂、僻快的村疃之境，文思潛情將被激發的如泉湧般，發為詩文以彰顯之，但也或許如吳子光揭明的，愚溪、鈷鉧潭的美好未必如文章所述一樣，只是因柳宗元的高才而得傳世周知。這個看法，其實暗示了人生知音難覓的問題，如〈雙峰草堂記（二）〉亦云：「古今奇山水，皆不能自傳也，必藉畸人傑士以管領之。……日操管於天光雲影之間，與山靈揖讓酬和，如同一鼻孔出氣者然，……然者草堂之成，當與摩詰居士之輞川、司空表聖之王官谷、賀知章鑑湖三百里傳之不朽矣。」〔註78〕奇山異水確實皆不能自傳，必遇畸人傑士的慧眼而得以抉識其佳妙處，吳子光大半生的不遇亦如這奇山異水般，需得伯樂一顧方能有展志揚才的機會。緣此，其弟子呂賡虞謂其師：「吾師弱冠出為邠原遊學，所歷吳頭楚尾，天風海濤，即遊覽，

〔註76〕〈雙峰草堂記之六〉，王國璠執行編輯：《吳子光全書（下）‧一肚皮集》，卷7，頁458。

〔註77〕〈遊大隘諸山記〉，王國璠執行編輯：《吳子光全書（下）‧一肚皮集》，卷7，頁425。

〔註78〕〈雙峰草堂記之二〉，王國璠執行編輯：《吳子光全書（下）‧一肚皮集》，卷7，頁447～448。

即學問也。昔人謂張說得江山之助，信矣。惜遭不偶，相遇多中山狼一流耳。」
〔註79〕實是一言中的，為其師吳子光的創作底蘊之源，下了一個極適切的註
腳。

　　是故，即遊覽，即學問，可助文氣，是豐饒創作學養的方法之一，文章
得遊覽江山天地之助，文氣則凌壯，文章益奇。《文心雕龍・物色第四十六》
言：

> 古來辭人，異代接武，莫不參伍以相變，因革以為功，物色盡而情
> 有餘者，曉會通也。若乃山林皋壤，實文思之奧府，略語則闕，詳
> 說則繁。然屈平所以能洞監風騷之情者，抑亦江山之助乎！〔註80〕

劉勰總結歷代文人創作的經驗，在革新求變，領會通曉狀物餘情的方法之外，
山林川澤確實是激揚文思的寶庫，而屈原能寫出《離騷》，除了有深刻情感的
體察外，也得力於江山自然風景的相助。相較而言，吳子光十餘遭渡海經歷，
更加開闊了他的胸次視野，這種渡海經驗是相當差異劉勰「江山之助」的體
驗的，也是劉勰所沒有的，然而擴文境之奇的效果卻是相同的，吳子光以其
師吳應臺和他自己的親身渡海經歷，娓娓談到：

> 先生自言到臺後，天風海濤，大得江山之助，而文章益奇。〔註81〕

> 贊曰：兩戒中唯山水奇，筆墨奇；山水而至海外，筆墨而至才人，……
> 絕雲氣，負青山，無復有塵俗之見者存矣。夫閩之有臺灣，猶粵之
> 有瓊州也，山川形勝，自闢海外乾坤，奧博雄奇、幽深峭拔之勢甲
> 天下，皆為吾師若弟兩人者竊取之以治其文，於是瓊、臺山海之精
> 氣發洩一二，姑留其餘以待之後學者。〔註82〕

天風海濤，絕雲氣，負青山，這種可驚、可愕之境，以奧博雄奇、幽深峭拔之
勢震懾吳子光的心目，所見奇峰、邃谷、大澤、平原，都是他從來沒有的惝恍

〔註79〕呂賡年也引用韓愈〈原道〉裡的話，評其師吳子光的文章風慨：「氣盛則言之
　　　短長、聲之高下皆宜，吾無能名，敬誦昌黎之語以名之。」〈答客問〉，王國
　　　璠執行編輯：《吳子光全書（下）・一肚皮集》，卷2，頁102。
〔註80〕〔南朝・梁〕劉勰：〈物色第四十六〉，臺灣開明書店：《文心雕龍注》（臺北：
　　　臺灣開明書店，1993年5月），卷10，頁1～2。
〔註81〕〈郡庠生星南吳先生傳〉，王國璠執行編輯：《吳子光全書（下）・一肚皮集》，
　　　卷4，頁200。
〔註82〕〈安定縣司鐸實堂先生傳〉，王國璠執行編輯：《吳子光全書（下）・一肚皮集》，
　　　卷4，頁211。

離奇的體驗〔註83〕，似乎已竊取瓊、臺山海之精氣靈神以治其文般，於是到臺後，文章視昔日尤奇。如果說以上的山海遊蹤是概括性的敘述，那麼吳子光的海上行舟，則是聚焦式的新奇感官觸發，且看以下兩段文字：

> 文益富，家益貧，遂不獲追隨杖履。皇然為乘桴之行，及泛海，其夜月明，獨坐樓巔，水天一色，魚龍萬怪，蕩心駭目，之久。忽大聲發於水上，時有天風海濤出入襟袖間，徑欲凌空飛去者，壯哉！遊乎嗣是，胸次稍覺空闊而文章益奇。〔註84〕

> 光弱不好弄，惟喜讀書，旋以親老家貧，作乘桴浮海之計，間關至臺，壯矣哉此行也。臺灣古毘舍耶國，在澎湖之東計程一帆風可至，……。四面環海，欲問津者非舟楫不為功，其或軒然大波，舵樓兀坐，日月吞吐，雷電晦冥，……驚奇境之冠絕平生矣。尤奇者，星月交輝，水天共色，舟一葉游漾恬波間，白鷗狎潮，輕風送柁，舟中人如覆平地，為成連移情者久之，益歎寄蜉蝣於天地，渺滄海之一粟，非東坡不能有此襟懷，亦非東坡不能消受此風月，彼俗工惡足以知之？」〔註85〕

這是一幅星月交輝，水天共色的海象圖，吳子光總是獨坐樓巔，看那魚龍萬怪，蕩心駭目，或聽任天風海濤出入襟袖間；或者舵樓兀坐，隨那日月吞吐，雷電晦冥而詫而喜，又奇訝再三，感受「舟一葉游漾恬波間，白鷗狎潮，輕風送柁」的暢快，而當舟中人早已如覆平地時，他卻久久不能平復情緒，回神後而驚奇境之冠絕平生，此曲折的心理活動精準地詮釋了「物色之動，心亦搖焉。」〔註86〕之義。雖然，當文益富而家益貧之際，吳子光迫於現實而作

〔註83〕渡海來臺的特殊經歷，教吳子光久難忘懷，甚至是日後，因文章之奇雄被視為海外東坡，如其言：「臺灣海外荒徼，千古為毘舍耶地，山人已作寄公，所見奇峰、邃谷、大澤、平原，惝恍離奇，一切可驚、可愕之境，悉達之於文。故山人到臺後，文章視昔日尤奇，識者比之東坡海外文字云。……矧吾鄉山水奇秀甲海內，至著莫如羅浮，次則五嶺，每數百年而一浅其靈。昔惟韓、蘇二賢貶謫到此，教澤及於後世，不可謂非山川之幸也。」〔清〕吳子光：〈芸閣山人別傳〉，王國璠執行編輯：《吳子光全書（下）·一肚皮集》，卷7，頁331。

〔註84〕〈安定縣司鐸實堂先生傳〉，王國璠執行編輯：《吳子光全書（下）·一肚皮集》，卷4，頁209。

〔註85〕〈寄座主丁亦溪夫子書〉，王國璠執行編輯：《吳子光全書（下）·一肚皮集》，頁45～46。

〔註86〕〈物色第四十六〉，臺灣開明書店：《文心雕龍注》，卷10，頁1。

乘桴浮海之計，但他仍堅信「千古人才無不從磨鍊中得力，故造物特闢一二惝恍離奇之異境以待若人，而險阻艱難皆為動忍增益之具。柳文以貶謫愈工，蘇文到南海益奇，斷非英雄欺人語，然此意唯光深喻之且敬承之，故渡海者十餘遭，恃忠信以涉波濤，借奇觀以擴文境，雖屢試屢蹶而志氣不少挫。」〔註87〕

　　經過了天風海濤的試煉，吳子光居臺其間，也見識到臺灣特殊的人文地景，如〈遊大隘諸山記〉述及他旅遊新竹金廣福大隘界的見聞：

> 出竹塹南門二里許，為巡司埔。自此折而東行三里，遂入山，為十八尖；峰之數有二九，故名。山皆童無草木，濯濯與牛山相類。沿尖山屈曲行十餘里，則金廣福大隘界矣。……余遊山至此，見邨落皆植莿竹，隱然如大環，中則槿籬茆舍，人家畜雞犬為隊，雖風雨不絕聲云。地近山，多粵產，其俗儉嗇，有唐、魏風。村女素面赤雙趺，夫畊則婦饁，自成一幅豳風圖，何樂如之！……噫！吾疑操觚家之瑰奇久矣。今觀此間佳趣，乃歎造物者有意為奇勝以顯名也。同一山而秀頑則異，同一水而涇渭又異。夫山水亦何與人事，而世人喜言奇山水何耶？惟化工因物付物，故中外名勝往往愈見愈奇，在好遊者領略之耳。甚矣，造物之才無複筆也；甚矣，學問之道無盡境也。〔註88〕

金廣福大隘諸山間，這是漢民與原住民的生活區域的交界處，當時金廣福大隘外，居住著許多原住民，村落就在近山間群聚。他對於眼前所見的莿竹、「村女素面赤雙趺，夫畊則婦饁」的景象，想像成一幅陶樂融融的豳風圖。也因如此特異的地理環境和風俗人文景觀，讓他心「疑操觚家之瑰奇」的問題，得「今觀此間佳趣」而有了「歎造物者有意為奇勝以顯名也」的答案。要言之，奇山異水之所以能成為勝景，是因得遇伯樂賞識而名顯，藉由文人奇士之眼，以其感物聯類之情而屬文成章。世間人事即使紛繁多變，宇宙自然動靜衍變的奇奧，也只在好遊者領略多寡，學問的深淺亦由此進退。

〔註87〕〈寄座主丁亦溪夫子書〉，王國璠執行編輯：《吳子光全書（下）‧一肚皮集》，頁 46～47。

〔註88〕〈遊大隘諸山記〉，王國璠執行編輯：《吳子光全書（下）‧一肚皮集》，卷 7，頁 423～424。

（二）古文觀

在筆者檢視、歸納相關吳子光文學觀的文獻資料時，發現其古文觀是一個值得探究的議題，他對散文體類別同異的觀察，主要是針對散文的不同表現型態所做的反省，其一、是時文與古文同異問題；其二是反思桐城派文論關於創作戒規的合理性。事實上，對於散文的不同表現型態所做的細膩區別和彈性運用，顯示了他堅守原則和兼容並蓄的文學圖景。

1. 時文與古文同異問題

古文和時文（又稱八股文）雖然都是散文體，但兩者實有明顯的別異，清代包世臣於〈雩都宋月臺・維駒・古文鈔序〉一文析分辨別道：

> 唐以前無古文之名，北宋科舉業盛，名曰時文，而文之不以應科舉者，乃自目為古文，時文之法揭而隘，古文之法峻而寬，寬則隨其意之所之，或致大而倍於法，於是言古文者必以法為主。……，蓋文之盛者，其言有物；文之成者，其言有序。……故治古文者，唯求其言之有序而已，讀書多，涉事久，精心求人情世故得失之原，反之一心而皆當，推之人人之心而無不適焉。〔註89〕

從源流看，古文是自唐代以後才有的專名，時文之名則自宋代始，兩者最大的差別是「法」的揭與峻，「意」的隘和寬，即創作格式和創作自由意志的不同，不過「言有物」、「言有序」的談法，明顯是桐城派文論的觀點，從另一個意義言，這也揭示桐城派古文執清代文壇牛耳的盛況。吳子光在記敘其年少時的求學過程，也曾特別分開提到時文和古文，其云：

> 山人性明敏，諳識記，讀書能得其要。垂髫時為敲門磚之學，為說文篆隸之學。時文平奇濃淡，相題為之，間亦喜學陳夏家數。詩則於西崑宮體，剖析源流，雖學古人，其中仍有我在。勻象後，更博涉古文經史、諸子百家以及稗官小說，遠觀而約取之，故深於古文之學。〔註90〕

時文是他垂髫時所學，有既定的格式與分題，內容不出四書、五經範圍。至清代中晚期，整個文壇士風仍然受到科舉功令很大的影響，鄭板橋〈寄弟墨

〔註89〕〔清〕包世臣：〈雩都宋月臺・維駒・古文鈔序〉，《藝舟雙楫》（臺北：臺灣商務印書館，1986 年 11 月臺 4 版），論文三，頁 67。

〔註90〕〈芸閣山人別傳〉，王國璠執行編輯：《吳子光全書（下）・一肚皮集》，卷 7，頁 335。

書〉中的士人形象，和士已居四民之末的沉痛指陳，即為明證。而關於科舉的起源和取士之法，吳子光言：

> 問功令所頒，名為制藝，國家求賢之典，士子進身之階，非制藝不為功。此體起于汴宋，命題總在《四書》，偶見各家集中，至元仁宗大振其風，有明繼之，其格尚偶不尚奇，故稱八股。〔註91〕

科舉取士之法的演變有其歷史趨力的推動，而八股文的考試內容範圍，格式尚偶不尚奇，都在明清兩代發展到極致，如「八股文的題目必須從《四書》、《五經》中摘取，必為書中的字、句、節、章。……清代學者焦循說：『時文之體，全視乎題，題有虛實兩端，實則以理為法，虛則以神為法，考核典禮，敷衍藻麗，皆其後也。』，這項原則，將八股文牢牢地捆綁在《四書》、《五經》之上，是其經學性的基礎。」〔註92〕，可說是一種代聖人立言的文式，是為科舉取士而存在的文體。基本上，科舉取士的路徑，或說是士人進身舉業的流程是：以儒學為範圍──習四書為根本──時文為關鍵──科舉中第──士人思想被制約；古文則是他勻象後意欲深造之學，學習的內容是廣泛地從「古文經史、諸子百家以及稗官小說中，遠觀而約取之。」兩者相較之下，不難發現古文和時文（八股文）的同處只在文體書寫的框式中是相同的，但作法、內容卻大異其趣，更進一步明確的說：

> 時文與古文界限判若鴻溝，然脈理未嘗不一，但時文空套子較多，近日制舉文字剽竊焉而已，粉飾焉而已，至使讀書真種子，此道不絕如線，不知文無定體，唯其是耳。若道人不解即心即佛，真是騎驢覓驢，禪理文心，豈有異道哉？〔註93〕

顯然時文、古文的書寫差異，其根本歧別是在初始的單純文心與主體意識的有無。再者，時文在嚴格的形式矩範下文已定體，實難以突破層疊關卡，故文章思想貧乏。此因欲工制藝，除熟諳格式套法外，最重要的是思想必須以《四書》為根據，若以此為干祿之具，士子思想將被固蔽僵化而不知人間事，因為攀取功名富貴成為一切，那種「故士窮不失義，達不離道。窮不失義，故士得己焉；達不離道，故民不失望焉。古之人，得志，澤加於民；不得志，修

〔註91〕〈擬策秀才文五首〉，《吳子光全書（上）‧經餘雜錄》，卷12，「文辭類」，頁717。

〔註92〕龔篤清：《明代八股文史》（長沙：岳麓書社，2015年1月第1版），頁5。

〔註93〕〈答客問〉，王國璠執行編輯：《吳子光全書（下）‧一肚皮集》，卷2，頁101。

身見於世。窮則獨善其身，達則兼善天下。」〔註94〕的自好束修、經濟自期和抗懷千古的理想亦將擱置一旁，抑或不屑棄之而後快。因此，「自時藝風行，士以馳騁機鋒為能事，而說經專門之學遂絕，即文章亦遠不逮古矣。」〔註95〕是故制藝與文學風氣、人才培養等存在複雜的糾葛關係，流弊已大於國家社會所能獲得的利益了〔註96〕。誠如吳子光對制藝、古文鞭辟入裡的詳析：

> 制藝代聖賢立言，其淵源甚遠，其流弊甚長。從來工制藝者必不從
> 制藝入手，惟不以此為而以為性命之學，故作者之精神與閱者之識
> 鑒無毫髮之爽，其獲之也如操左券然。所謂文章有神交有道者此也。
> 所謂座主與門生沆瀣一家者亦此也，豈僥倖于一時命數之說哉？讀
> 名家遇合之文，可以興、可以觀矣，多士飫聞古訓，盡以胸中所得
> 者著于篇。〔註97〕

從作者和讀者不同身份考察，「作者之精神與閱者之識鑒」能夠契合而「無毫髮之爽」，其關鍵乃在於「神交有道者」。原因是真正「工制藝者必不從制藝入手」而是以此為「性命之學」，即不將制藝視為干祿工具而心思懸扯，故而時文、古文之鴻溝在古文能獨抒性靈，不拘格套，且要求有個真我在文章中躍動；時文則因制藝的盛行而從文章寫作中立下許多限制性的規範，如：

> 八股文的正文部分要用正反、開合的方式將題旨內蘊闡發乾淨。非
> 標準式的八股文即經義用散文化的句式，而標準體式的八股文則是
> 由兩兩對偶的四個段落組成。這四個段落分稱為提比、中比、後比、

〔註94〕 孟子謂宋勾踐曰：「子好游乎？吾語子游：人知之，亦囂囂；人不知，亦囂囂。」曰：「何如斯可以囂囂矣？」曰：「尊德樂義，則可以囂囂矣。故士窮不失義，達不離道。窮不失義，故士得己焉；達不離道，故民不失望焉。古之人，得志，澤加於民；不得志，修身見於世。窮則獨善其身，達則兼善天下。」〔宋〕朱熹：《四書章句集注‧孟子》，卷13，盡心章句上，頁351。

〔註95〕 〈書劉熙《釋名》後〉，王國璠執行編輯：《吳子光全書（上）‧經餘雜錄》（台北：中華民國臺灣史蹟中心印行，1979年6月），「書後題跋類」，卷2，頁99～100。

〔註96〕 關於時文用語的得失，包世臣認為：「古人論時文得失之語，大約有三：有自得語，有率爾語，有僻謬語。自得語以心印心，直見作者真際，後學依類求義，可以悟入單微。率爾語本出無心，以其名高，矢口流傳。僻謬語，自是盲修，誣古人以罣來學。」〔清〕包世臣：〈書韓文後下篇〉，《藝舟雙楫》，論文二，頁37。

〔註97〕 〈擬策秀才文五首〉，《吳子光全書（上）‧經餘雜錄》，卷12，「文辭類」，頁719。

後二小比。每比分出股與對股，共計八股，故將之稱為八股文。這
四個有著起、承、轉、合邏輯關係的段落的設置，表面看來是個結
構問題，表達方法問題，……但實質上是一個內容問題。……收結
構時要總括上文或推闡餘波，題有下文者，要照應下文，非對經旨
有精確的概括不可。〔註98〕

因此，時文是古文的一種變型寫作模式，在吳子光的時代，已淪為制舉文字
剽竊和粉飾場面的空套子罷了〔註99〕，也因其主要目的是解經之用，故而失
去了文章形式、結構、技巧和思想上的創作自由。就寫作的型式與規定言，
時文和古文差距甚大，但就脈理而論，兩者是合一的，精熟時文不作舉業看，
當可視為身心性命之學。〔註100〕然而，什麼是脈理呢？吳子光於〈與陳瘦嵐
論古文書〉談到：

夫文別於今之謂古，古文不可以形貌襲，不可以氣力爭，即博極群
書、冠絕時流，無才識以為之主，亦僅作考據一家，而不能以與于
吾文章之事。概此中有根器焉，有學力焉。山人自匄象時，即以古
文為性命，日肆力於諸大家之文。久之，稍有觚見處，又久之，稍
有會通處。始悟所謂慧業文人者，其聰明非猶夫人之聰明也。夙根
定自三生，更有學問以匡其不逮。天工語人事並臻極至，此其所以
傳也。……近因八股盛行，致古文命脈僅存一線，賴有爾我輩，起
而樹文壇赤幟。茫茫宇內，更何處覓讀書真種子耶？〔註101〕

從古文的角度言，脈理不被任何形貌所拘，文中必須以才識為主導，且要「肆
力於諸大家之文」並會通之，而這所謂的諸大家指的正是經、史、子以外的
韓、柳、歐、蘇等古文八大家，也就是以儒學為文章正軌。龔鵬程指出：

〔註98〕 龔篤清：《明代八股文史》，頁8。
〔註99〕 時文「有異於唐代詩賦取士，略仿宋代經義，代古人語氣為之，俗謂八股，
　　　　以是取士。關切其身的科名及第已是發乎士子本心的直接關懷，而作為制度
　　　　的八股取士更有著源自傳統觀念與權力階層的支持，自然有著不可轉移的導
　　　　向力量。」郭萬金：《明代科舉與文學》（北京：商務印書館，2015年11月），
　　　　頁235
〔註100〕「夫時文與古文各有鴻溝而脈理則合一，項水心云：不可作舉業文字看，當
　　　　視為身心性命之學。惟其有此精專，故能有此絕詣而以時文一家鳴。」〈與
　　　　陳瘦嵐論時文書〉，王國璠執行編輯：《吳子光全書（下）‧一肚皮集》，卷3，
　　　　頁187。
〔註101〕〈與陳瘦嵐論古文書〉，王國璠執行編輯：《吳子光全書（下）‧一肚皮集》，
　　　　卷3，頁183～186。

唐代韓、柳等人提倡一種『文儒』的理想，欲以古文運動文以載道，後世科舉文章『經義』固然在精神方向上與之吻合，文章體式卻不是古文發展來的。唐、宋的通行文體，乃是四六文，古文是逆反時俗的文字，在後世文學史詮釋中才逐漸取得了正宗的地位，在當時則不然。故經義文，也就是由宋四六發展而出的。後來經義通稱『八股』，亦由它具有這種駢文底子的因素來。以提二比（比起）、中二比（中比）、後二大比（後比）、束二小比（結比），合稱八比或八股，都很明顯指其對仗關係。對仗要工整，聲律要謹飭，乃是這種文體的特徵。〔註102〕

基於上述的歷史文化背景，時文與和古文才在文體框架選擇上有了相似處，但是吳子光認為「時文有起承開闔、賓主嚮背法門，絲毫逾越不得。若古文則家數微別，擲筆空中，如鯤鵬翻風拔浪，水擊三千里，虛行絕迹，令人捉補不住。豈是可倖而致哉？良由根柢深厚，心靈筆健，才足以舉之，氣足以運之，故有此超詣爾。」〔註103〕這意謂時文雖在文體框架上同古文，不過嚴格的寫作規範與內容要求，如「起承開闔、賓主嚮背法門」等，卻是絲毫逾越不得。相反的，古文則需拋開時文的撰作程式，純以心靈筆健如行雲流水般，以虛行絕迹之姿去表情達意、舉思措義。可見古文、時文創作路數有別，只要了功名利祿之心，活自我性靈則脈理同一〔註104〕，因文中有我，我心神亦入文境，此即吳子光於〈答客問〉亦言其於古文的涵養精鍊，培自廣泛閱讀經、史、子、集諸家之文，古文的書寫實為嚴肅莊重之事，等同身心性命般珍貴的原因。〔註105〕

〔註102〕 龔鵬程：《六經皆文：經學史／文學史》（臺北：臺灣學生書局，2008年12月），頁21。

〔註103〕 〈與陳瘦嵐論古文書〉，王國璠執行編輯：《吳子光全書（下）‧一肚皮集》，卷3，頁183～184。

〔註104〕 「八股文是一種綜合性的文體，具有功利性、文學性、工具性、規範性、與時俱變等多種性能，但最根本的是其經學性。經學性是明代統治階級為控制士人思想而精心設計出的。具有經學性的八股文與科舉取士相結合，便成為傳輸程朱理學的有效工具。」龔篤清：《明代八股文史》，頁2。

〔註105〕 「陳臥子深於史，故其文暢達；任翼聖、儲中子深於經，故其文純粹；王鷹東、方還淳深於子，故其文奧峭。此就其極至者言之耳，……昔歸熙甫謂文章宇宙之元氣，得之者其氣直與天地同流。余謂文章士人之真命脈，得之者其理將與河山並壽。作文者先以義理洒濯其心，使心體湛然光明無一毫私欲之污，爰求根柢，于經助波瀾，于史清障蔽，于先賢性理語錄諸書則理明學

2. 反思桐城派文論關於創作戒規的合理性

清代文學的發展有其時代特色，康、雍、乾期間，由於政權日趨穩定，學術、文學活動也愈益蓬勃，如「言文者有桐城，言詞者尊南宋，詩壇則尊唐尚宋，各立門戶。」大多趨於復古，且有偏重形式的傾向，在中國文學發展的歷史上，清代文學可視為舊體文學的總結，但也是文學新變的伊始。〔註106〕

在清代散文的發展上，清初散文以汪琬、魏禧、侯方域為三大家，為文接軌明代唐宋派〔註107〕，之後是桐城派古文為主脈，影響清代文壇逾百年，並支分陽湖派與湘鄉派。究其因是「清代沿襲明代八股取士，又迭興文字獄，散文創作受到極大扼殺。時運所趨，於是促成了桐城派古文的興起。桐城派提倡古文『義法』：『義』就是提倡儒家傳統倫理道德的思想內容；『法』就是文章的寫作理論和技巧。桐城派散文以碑誌、傳記較多，其中以敘事和山水小品最有價值。」〔註108〕

王先謙寫於光緒8年2月的〈古文辭類纂後序〉，便清楚記載了桐城古文的盛況：

> 自桐城方望溪氏以古文專家之學，主張後進，海峰承之，遺風遂衍，姚惜抱稟其師傳，覃心冥追，益以所自得，推究閫奧，開設戶牖，天下翕然，號為正宗，承學之士，……百餘年來，轉相傳述，徧於東南，由其道而名於文苑者，以數十計，嗚呼！何其盛也。……厥後鴻生鉅儒，逞志浩博，鉤研訓詁，繁引曲證，立漢學之名，詆斥宋儒言義理者。惜抱自守孤芳，以義理、考據、詞章三者不可一闕。

博，文之體用具矣。」〈與陳瘦嵐論時文書〉，王國璠執行編輯：《吳子光全書（下）・一肚皮集》，卷3，頁188～189。

〔註106〕劉大杰：《中國文學發展史》（臺北：華正書局，1996年7月），頁1144～1146。

〔註107〕「古文一脈，自明代膚濫於七子，纖佻於三袁，至啟、禎而極敝。國初風氣還淳，一時學者始復講唐、宋以來之矩矱。而琬與甯都魏禧、商邱侯方域稱為最工，宋犖嘗合刻其文以行世。然禧才雜縱橫，未歸於純粹。方域體兼華藻，稍涉於浮誇。惟琬學術既深，軌轍複正，其言大抵原本六經，與二家迥別。其氣體浩瀚，疏通暢達，頗近南宋諸家，蹊徑亦略不同。盧陵、南豐固未易言，要之接跡唐、歸，無愧色也。」〔清〕永瑢，紀昀等撰：《武英殿本四庫全書總目提要》（台北：臺灣商務印書館，1983年6月），第4冊，卷173，集部26，頁4～586。

〔註108〕陳必祥：《古代散文文體概論》（臺北：文史哲出版社，1987年10月），頁12。

> 義理為幹而後文有所附，考據有所歸故其為文源流兼賅，粹然一出
> 於醇雅，……道光末造，士多高語周秦漢魏，薄清淡簡樸之文為不
> 足為，梅郎中、曾文正之倫，相與修道立教，惜抱之遺緒賴以不墜。
> 〔註109〕

該文簡要賅述桐城文派的發展及主張。方苞是桐城派古文的建基者，劉大櫆
承其續，後姚鼐以義理、考據、詞章三者合一集大成，史稱三人為「桐城三
祖」。王兆符〈望溪先生文集序〉中言方苞「學行繼程、朱之後，文章介韓、
歐之間。……吾師質行經學古文，後世自能懸衡。」〔註110〕則集中概括了桐
城派在學行、文章取法對象上的特色。

　　吳子光年少即習學古文，自然對桐城古文作法及避忌有所知曉，其〈與
陳瘦嵐論古文書〉直言：

> 昔先正論古文，不能入辭賦語、理障語、釋老語、詼諧語。又謂文
> 中數典為文章一阨，賈山涉獵、義山獺祭是也。然選例昉於《昭明》，
> 已合辭賦為一國；史自《晉書》而下，尤多儷語。使援此例繩之，
> 則人得以清真藉口，轉為枵腹一流，導之先路，文日趨於平弱矣。
> 近因八股盛行，致古文命脈僅存一線，賴有爾我輩，起而樹文壇赤
> 幟。茫茫宇內，更何處覓讀書真種子耶？總之，文無定體，最惡剿
> 說雷同，平衍散漫，言之無味，聽者倦勤，類陳式子頭觸屏風氣概，
> 吾寧死不願子弟有此風也。〔註111〕

「辭賦語、理障語、釋老語」不能入文的戒律，這是方苞在〈書《漢書・霍光
傳》後〉及〈書《王莽傳》後〉中所揭示的作文具體示例，「他所謂『義法』，
是要求寫出一個人的精神實質，而盡去無關緊要的文字。因此在語言方面，
也就要求『雅潔』，而不得放縱，或雜小說，以及入語錄中語，魏晉六朝人藻
麗俳語，漢賦中板重字法，詩歌中雋語，南北史佻巧語。」〔註112〕關於這樣
的作文戒規，吳子光顯然不能苟同，因「彙觀古今書辭以李陵答蘇武，司馬

〔註109〕〔清〕王先謙：〈古文辭類纂後序〉，〔清〕王先謙纂輯：《續古文辭類纂》（臺
　　　　北：廣文書局，1993年5月再版），頁1。
〔註110〕〔清〕王兆符：〈望溪先生文集序〉，《望溪文集》（臺北：臺灣中華書局，1983
　　　　年12月），冊1，頁1。
〔註111〕〈與陳瘦嵐論古文書〉，王國璠執行編輯：《吳子光全書（下）・一肚皮集》，
　　　　卷3，頁185～186。
〔註112〕郭預衡：《中國散文史》（上海市：上海古籍出版社，2011年12月），下冊，
　　　　頁468。

遷答任少卿兩書為第一，《昭明》登諸上選可謂有識，或以為齊梁人所作，是
忘卻昭明為何代君矣。」〔註113〕，可見《昭明文選》多有辭賦語入文者，史
書自《晉書》而下尤多儷語，是一個時代文風影響下的普遍現象，故而若要
以這些避忌做為作文的準繩，古文氣韻勢必日趨於平弱。為此，吳子光溯源
尋根，指明這種文學現象產生的因素：

> 辭賦語不宜入文，前人有是說。吾謂文中駢散已如楚漢鴻溝，稍越
> 界劃不得，固有風氣存焉。夫文辭工麗，莫如六朝，即蕪穢亦莫如
> 六朝。何義門謂傅季友亮為四六之祖，不知班孟堅、孔北海薦士諸
> 疏，已略存其式。……《晉史》以降，駢語尤多，雖非作史之體，
> 然風氣所尚，即作者亦不自知。〔註114〕

依吳子光之見，駢文和散文不僅在形制上，也在文辭工麗的要求有異，然而
六朝時期文風尚駢儷之體，文人書寫時不自覺的將辭賦語入文，或者佻巧語
入史，這都是受風氣薰染所致。針對此種文學現象，據陳必祥的研究，他釐
析點明：「唐代韓愈、柳宗元反對六朝以來駢體文風，主張恢復先秦兩漢的文
章傳統，提倡寫作『古文』（所謂『古文』，即指西漢以前流行的散文）。從此，
『古文』與『駢文』對立，成為作家進行創作的主要文體。『散文』這一名稱
出現較晚。最早見於宋羅大經《鶴林玉露》引周益公〔註115〕『四六特拘對耳，
其立意措辭，貴於渾融有味，與散文同。』一語。到了清代，『散文』的名稱
才開始流行。……是為了有別於『駢文』而出現的。」〔註116〕

又方苞〈答程夔州書〉亦言：

> 散體文惟記難撰結論辨，……故昌黎作記多緣情事為波瀾，永叔、介
> 甫則別求義理以寓襟抱，柳子厚惟記山水、刻雕眾形能移人之
> 情。……是以北宋文家於唐多稱韓、李而不及柳氏也。凡為學佛者傳
> 記，用佛是語則不雅，子厚、子瞻皆以茲自瑕。……豈惟佛說，即宋
> 五子講學口語，亦不宜入散體文，司馬氏所謂言不雅馴也。〔註117〕

〔註113〕〈書・序言〉，王國璠執行編輯：《吳子光全書（下）・一肚皮集》，卷2，頁
　　　　39～40。
〔註114〕〈總論・附論文數則〉，王國璠執行編輯：《吳子光全書（下）・一肚皮集》，
　　　　卷1，頁32。
〔註115〕周必大封益國公
〔註116〕陳必祥：《古代散文文體概論》，頁1～2。
〔註117〕〔清〕方苞：〈答程夔州書〉，《望溪文集》（臺北：臺灣中華書局，1983年12
　　　　月），冊1，卷6，頁21。

此處方苞先談散文中惟記體文難「撰結論辨」，或是「別求義理以寓襟抱」，因而惟記山水、刻雕眾形以移人之情的柳宗元，便不被北宋文家所喜。接著他更直接挑明「佛語不雅」、「宋五子講學口語」也不雅馴，均不能入散文體。所謂的「佛語不雅」、「宋五子講學口語」，即吳子光所駁說的「禪語不宜入文」和「理障語不宜入文」之事。其〈總論‧附論文數則〉有精彩論辯：

> 禪語不宜入文，前人有是說。果爾，則內典諸編，猶著錄在史書，何耶？今讀唐宋諸家文集，惟昌黎性不喜佛法，故集中無一字放過，盧陵復然，此真兩廡門庭中人也。予性近香山一派，愛佛而不佞佛，偶涉莊老家言，見其詞旨元遠，不落功利，恒蹊是之取爾，亦由結習使然。或作小文猶可，若論文章正軌，自有吾儒真風格存焉，奚煩問道於盲夫也。異日者，當以此論質之蘇子瞻。〔註118〕

雖說前賢之中，韓愈和歐陽脩兩大家對佛語入文把關甚嚴而機警，其文集中也找不到禪語字詞，但吳子光自承同白居易是「愛佛而不佞佛」的同道，喜歡佛、道思想的不落功利言筌，也贊成佛、道語的入文使用，蘇軾文章在這方面即為明證。不過他強調以禪語作小文猶可，若論文章正軌，仍必須有吾儒風格為正宗。又如：

> 理障語不宜入文，前人有是說。按說理之書，以《論語》為第一，坦白易曉，群賢不能出其範圍，《學》、《庸》以落第二義矣。荀子言性惡，意主偏勝者，勿論。若韓子性有三品之說，實本宣聖性相近，習相遠，上至下愚不移之意而推闡之，理澈而義完，淺學不能道一字。此外，言性鮮有不墮魔障者。張子〈西銘〉〔註119〕、周子《通書》〔註120〕，精微奧博，予窮年探索，茫然不得其指歸，真釋家所嗤鈍根者也。吾謂道在人倫日用間，但察識擴充，以考聖賢之成法，究理道之當然，使事事真實而無妄，即性理即學問也。若故為艱深

〔註118〕〈總論‧附論文數則〉，王國璠執行編輯：《吳子光全書（下）‧一肚皮集》，卷1，頁29。

〔註119〕二程認為〈西銘〉的思想精要是「理一分殊」，雖然該文也談了許多尊老撫幼、博愛萬物的道理，但它與墨子「兼愛」之說是不同的，如萬物的等級次序，愛的差等有別等。詳參侯外廬等主編：《宋明理學史》（北京：人民出版社，1997年10月），上冊，頁123～124。

〔註120〕《易通》全書共四十章，論「誠」是其核心要旨，二程門人及朱熹稱為《通書》。詳參侯外廬等主編：《宋明理學史》（北京：人民出版社，1997年10月），上冊，頁65。

> 元遠之說，反覆數千百言，強立門戶，是以性理當談禪矣。夫道豈
> 在空言哉？吾于藍鹿洲棉陽學準〔註121〕有取焉，異日者，當以此論
> 質之王文成。〔註122〕

所謂理障語的「理」，指的是宋儒的性理語錄論神（道）、誠、性命、天道、陰陽、太極等的理學著作。事實上，吳子光並非宋理學的門外漢，張載〈西銘〉、周敦頤《通書》已是他窮年探索的案上書，他雖自嘲鈍根，無法體悟其精微奧博，甚至視「艱深元遠之說」為「言性鮮有不墮魔障者」，但諸此言論會讓人誤判他對「性」、「理」等形上理論完全無感〔註123〕，而未注意到吳子光標舉在人倫日用中求道，正是先秦儒家的一大特色，吳子光之所以肯定《論語》是說理之書的第一，不僅在於文字坦白易曉，更在於道在仁義之行中體現，不必求之玄虛遠論，道就在情理之中。這段駁說無形中也點出吳子光實學實行，經世致用的學術傾向。

此外，佻巧語也是方苞禁入古文中的，佻巧是輕薄取巧、不莊重、滑稽、不正經之意，即吳子光所說的「諧語不宜入文」，他說：

> 諧語不宜入文，前人有是說。果爾，則《史記・滑稽列傳》，可援刪
> 詩之例以刪之矣。……讀《五代史・孫晟傳》，知狗屎可入史書而不

〔註121〕「棉陽」是潮陽的古地名，而《棉陽學準》則為藍鼎元在雍正6年（1728）以廣東普寧縣知縣署理潮陽時，因為治理學校，而作此編用來訓導士子，共有五卷內容：卷一為同人規約，卷二為講學禮儀、丁祭禮儀、書田志，卷三、卷四為閒存錄，卷五為道學源流、太極要義、西銘要義。

〔註122〕〈總論・附論文數則〉，王國璠執行編輯：《吳子光全書（下）・一肚皮集》，卷1，頁29～30。

〔註123〕有論者析評「若韓子性有三品之說，實本宣聖性相近，習相遠，上至下愚不移之意而推闡之，理激而義完，淺學不能道一字。此外，言性鮮有不墮魔障者。」之人性論敘述，認為「吳子光一反常情認為韓非思想係本諸孔子學脈，可能是將儒家天命之『性』與法家習氣之『性』相混淆。……兩者有其根本不同。他抬昇韓非思想的地位，又以之為孔學註腳，無不印證其傾於從形下、外在、他律等處著眼的思考模式。這樣的意識背景，大大影響了吳子光對儒學價值理解的層次，以及對人倫世界、乃至於人生意義體會的深度。……雖亦深受帝王威權所浸沁，但對流行已久的性理之學卻頗疏離，甚至認為歷來有關『性』『理』的言論，鮮有不墮『魔障』者。」韓非是戰國法家思想集大成者，其人性論思想未曾提過性三品之說。提出「性三品說」的是唐朝韓愈，這從吳子光古文觀的形成脈絡即可得證。是故，就論者批判吳子光無形上思想這一點的誤解，筆者不得不為之辨明澄清。參黃麗生：〈近代臺灣客家儒紳海洋意識的轉變：從吳子光到丘逢甲〉，《海洋文化學刊》第2期（2006年12月），頁134。

厭其臭；讀嵇康〈與山巨源書〉，知小便〔註124〕可入簡牘而不嫌其

褻。東坡嬉笑怒罵皆成文章，語見本傳，何遊戲之足嗤？〔註125〕

對於詼諧語不入古文這個禁忌，吳子光以《史記・滑稽列傳》、《五代史・孫晟傳》、嵇康〈與山巨源書〉為例持不同看法，因為詼諧語《史記》所在多有，狗屎、小便之詞都可入史書、簡牘，東坡嬉笑怒罵之語卻使文章更平易近人，遊戲之語哪裡需要嗤笑呢，若說要找出沒有詼諧語的文章，「計惟有矩步繩趨，高談心性，自成語錄一家言則無是弊爾。且吾讀《宋史》而有遺言也，洛蜀黨禍之起，正坐嚴氣正性，有莊論而無巽辭，……異日者，當以此論質之諸儒宗。」〔註126〕但必須進一步說明的是吳子光〈擬韓文公諛墓文〉亦云：

夫論文章正軌自當以游言為戒，然文人身一日不死則文心亦一日不

死，如蠶之吐絲、蜂之釀蜜，但有一隙生機必竭力從事，直至軀殼

僵且枯槁，莫能興而後已焉，文心亦猶是也。況文家原不廢滑稽，

武城之割雞，贅壻之甌窶，……魏晉以下史書，尤于談謿小說，摭

拾略備，此其例也。故存此篇以補龍門酒肉簿之遺，不得斥其繁蕪

而刪之。〔註127〕

若從「文以明道」言，文章須以游言為戒，但吳子光深感人世處遇的順逆，文心自當以亦莊亦諧來調節，更何況詼諧之文踵繼在歷代文家集冊中，也在魏晉以下史書裡俯拾皆是，游言可寓理實無損於文以明道，反而更引人入心，在人倫日用中有所醒覺，此是吳子光論文心不死的深意。

筆者認為吳子光在比較古文和時文的同異，重估桐城派文論中創作戒規的合理性問題時，已然觸及文類體式在形式、結構、辭藻、技法等的鮮明或細微差異，如談到賦、詩、駢體文、古文之本質：

〔註124〕先秦哲理散文中，莊子也曾用詼諧語談「道」，《莊子・知北遊》：「東郭子問
於莊子曰：『所謂道，惡乎在？』莊子曰：『無所不在。』東郭子曰：『期而
後可。』莊子曰：『在螻蟻。』曰：『何其下邪？』曰：『在稊稗。』曰：『何
其愈下邪？』曰：『在瓦甓。』曰：『何其愈甚邪？』曰：『在屎溺。』東郭
子不應。」王先謙：《莊子集解・知北遊第二十二》（臺北：東大圖書，2004
年10月），卷6，外篇，頁199。
〔註125〕〈總論・附論文數則〉，王國璠執行編輯：《吳子光全書（下）・一肚皮集》，
卷1，頁30。
〔註126〕〈總論・附論文數則〉，王國璠執行編輯：《吳子光全書（下）・一肚皮集》，
卷1，頁30～31。
〔註127〕〈擬韓文公諛墓文〉，《吳子光全書（上）・經餘雜錄》，卷11，「文辭類」，頁
699。

> 文體惟書為最古，徐伯魯曰：書者，舒布其言而陳之簡牘也。有辭
> 令、議論二體。夫辭令即駢文是也，議論即散文是也。〔註128〕
>
> 揚子云：「詩人之賦麗以則，辭人之賦麗以淫。」班固亦云「賦者，
> 古詩之流也。」由兩漢六朝以至唐代，樸厚中有秀韻，故稱極盛
> 焉。……余閱有正味齋全集，亦惟詩及駢體文為最工，若古文則寥
> 寥罕覯焉。甚矣，兼才之難也。異日者，當以此論質之隨園一老。
> 〔註129〕

就形式言，吳子光定義辭令即駢文，特色是駢儷砌藻；議論即散文，是散行
的抒發言論。不同的文類由不同的作家身份，如詩人、辭人寫出的作品，因
技巧、詞藻、結構、性情的歧別，產生的作品風格也會有所別異。因此，為文
要兼善各體是不容易的，他舉浙中詩派大家吳錫麒（1746～1818 年）為例，
「詩及駢體文為最工，若古文則寥寥罕覯」，吳錫麒工詩及駢體文，古文卻相
對罕有佳構，這不僅是文類各有其書寫要求，也在於藝術風格構成的本質的
不同。陳必祥從古文的藝術特徵角度切入，歸納出古文違異於詩、駢體文在
本質上的特點，他說：

> 古代散文的基本藝術特徵，約略有五：一、題材特別廣泛。二、語
> 言樸素、簡潔。從先秦到唐宋八大家，都提倡「辭必己出」，不雕章
> 琢句，不故作深奧，……文簡義豐，是散文成敗的關鍵。三、音樂
> 性。一篇優秀的散文，讀起來總是琅琅上口，富有節奏感和音樂性。
> 四、形式和風格的多樣性。五、重視章法技巧。散文又最忌「散」，
> 因而也就最講究謀篇佈局和表現技巧。……古文寫散文貴有「文
> 眼」，清人劉熙載說：「揭全文之指，或在篇首，或在篇中，或在篇
> 末。在篇首，則後必顧之；在篇末，則前必注之；在篇中，則前注
> 之，後顧之。「顧」、「注」，抑所謂「文眼」者也。〔註130〕

可見文類不同，必須遵守的文章體式規範，對寫作就會產生不同的限制。有
論者認為吳子光是從相對文類的觀點來定義古文，如「在〈附論文數則〉中，
『古文』的出現是作為一種文類而相對於詩及駢體文。而在〈書上〉當中，

〔註128〕〈書・序言〉，王國璠執行編輯：《吳子光全書（下）・一肚皮集》，卷2，頁
　　　　39～40。
〔註129〕〈總論・附論文數則〉，王國璠執行編輯：《吳子光全書（下）・一肚皮集》，
　　　　卷1，頁36～37。
〔註130〕陳必祥：《古代散文文體概論》，頁14～23。

『散文』亦是相對於駢文而出現。……『古文』較之『散文』多了一分載道的意味，但在此處，『古文』與『散文』基本上是同樣的意義，指涉相對於韻文或注重句式排比對偶駢體文的一種文類。然而，吳子光的文論所觸及到的是一種藉由相對概念而生的文類義界。……換言之，並非是一種散文觀的體現。」〔註131〕也就是非實際聚焦在散文本身的形式、內容、功用、價值等面向的探討。是故在吳子光的文類分派框架下，散文的主要功能或為議論（但就敘事、述人、言物言，其記體文卻呈現不同於議論的風貌，如〈雙峰草堂記〉連作即為此代表），是相對於詩及駢體文的形式工整和用韻協律而言，此處的散文意涵含括在「古文」這個概念之中，可備一說。

二、成一家之言為境界

成一家之言是吳子光所追求的境界，不僅在經史學術研究、古文之學上要能自成一家風骨，在心理層次上的志氣、意趣也以司馬遷、韓愈、陶淵明為精神領袖。就文學創作面向看，成一家之言是指獨創觀；就古文學習的面向言，成一家之言是指風格觀。

（一）獨創觀

不管是論史、研經或為文，吳子光都首重創新和自出機杼，他說「〈師說〉作由昌黎，厥後張載皋比，胡瑗講授，……人之患好為人師，語似過泥，然必如吳子之崛強而後敢翻古賢之案，亦必有吳子之筆舌而後可翻古賢之案，若謂經師人師，道當在是。」〔註132〕，吳子光自信其學問與文筆已能為士子傳道、授業、解惑，若能見人所未察，思人所未慮，超拔於古賢見解之外，翻古賢之案而自成一家言，此若有裨世之功，當然可為人師，才識卓絕者又何必擔心他人的訕笑。這種別樹一幟的治學氣度，也反應在古文創作上，其云：

> 文章非有腔調可摹擬，壽陵餘子曾學邯鄲步矣，為莊周所譏。古人如僧虔用典，義山獺祭，皆以心花結撰之，才情貫輸之，故成一家風骨，然較之龍門疎宕處，永為古文正鵠者，又次耳。〔註133〕
> 因之有悟于詩文之理，善為文者與神遇、與禪機通、與造物者遊，

〔註131〕趙偵宇：《觀念、分類與文類源流：日治時期的臺灣現代散文》（臺北：秀威資訊科技股份有限公司，2016年6月），頁46。
〔註132〕〈答客問〉，王國璠執行編輯：《吳子光全書（下）‧一肚皮集》，卷2，頁95。
〔註133〕〈答客問〉，王國璠執行編輯：《吳子光全書（下）‧一肚皮集》，卷2，頁99。

不徒的然竊古人形貌，故生氣遠出而以文章一家鳴。〔註134〕

初始學文時或需有模仿的家數，但學得文章書寫的基本知識、套法後，就必須拋除先前所摹擬他人的腔調、典實，而貫輸以自己的才情、心志，文中才有個生氣蓬勃的我在，進入一種與天地精神融通的境界，吳子光所悟得的詩文之理，其實是以超越功利的精神打開了藝術意趣的空間，這應是一種整體的把握，茲以〈雙峰草堂記之四〉說明：

> 嘗謂作文猶作室者，作室者，必度其基之廣狹，材之良楛與貲產之豐嗇，以為致力之地，故能日起而大有功。……善作室者，巧拙利鈍視乎主，人之意嚮而工於趨避，有匠心斯有國手也；善作文章者，平奇濃淡，相乎題目之小大而自出機杼，有化工安有印板也，所謂作室與作文一而二，二而一者也。……吾愛吾廬，甯拙毋巧，如莊周處夫材與不材之間可矣。〔註135〕

> 一水一石，一花一草，罔不鈎心鬥角，研慮殫精，必竭盡天下之能事而後止，若為貧士治第，猶是依樣葫蘆，則利一而害百矣，于文何獨不然。〔註136〕

吳子光以構建房子來比喻古文的創作，因建屋築室有一定的程序，要先丈量房子地基的長寬後，再依資金多寡來精挑細選建材，因為貧士是不能依樣化葫蘆，學富貴人家「鈎心鬥角，研慮殫精」來裝潢，唯有如此建房子才能日起有功。作文道理亦同建屋，創作時要依個人才力，視題目大小而自出機杼，才能自然有致，也不能貪多務得，為了標新立異而太過於注重形式技巧及音韻藻飾，文章的整體涵蘊則將被割裂破碎而毫無生氣，所以吳子光提出「甯拙毋巧」的為文原則。筆者以為「拙」是真實、樸實、博厚之意，即「信言不美，實在質也；美言不信，本在樸也。」〔註137〕，這才是吳子光企慕的古文

〔註134〕〈病愈復書〉，王國璠執行編輯：《吳子光全書（下）‧一肚皮集》，卷2，頁67～68。

〔註135〕〈雙峰草堂記之四〉，王國璠執行編輯：《吳子光全書（下）‧一肚皮集》，卷7，頁453～454。

〔註136〕〈雙峰草堂記之四〉，王國璠執行編輯：《吳子光全書（下）‧一肚皮集》，卷7，頁453。

〔註137〕《老子‧第八十一章》：「信言不美，實在質也；美言不信，本在樸也。……天之道，利而不害，動常生成也；聖人之道，為而不爭，順天之利不可傷也。」〔周〕李耳著，〔晉〕王弼註：《老子註》（臺北：藝文印書館，1996年3月），頁156～157。

境界，然而有論者謂：

> 吳子光特嗜駢體文以賣弄文采，但自唐宋古文八大家厭棄華麗不實
> 的駢文而提倡古文以來，儒家已不屑為駢文，特別是宋明儒家，無
> 有喜作駢文者。吳氏的駢文充斥於《一肚皮集》中，多為無聊酬酢
> 或浮濫用典令讀者摸不著頭緒之作，境界甚低俗。且又以華麗虛文
> 奉承專制帝王，但所記述之事卻多屬空虛妄誕。〔註138〕

如上是很嚴苛的批評，但也反向證明吳子光工於駢文，卻忽略了他的文字事
業是「古文之學」，或許是論者未掌握到他其餘的文獻論述，以致於有此判斷，
又如論者舉〈募建貓裏文祠疏〉一文為例，認為「這樣的駢文，一則吹統治者
牛皮、一則嗜好用典而不知所云、一則說虛論假，全非事實。如果說儒家的
工夫和境界，都類似同治臺灣的名士吳子光，則應當立即棄儒家如敝屣，然
則，孔孟道統仁智，豈其然乎？」〔註139〕則是從儒家心性修養論的角度來批
判他的治學趨向，這部分筆者將在第五章加以說明釐清。如果說吳子光真的
只是一個賣弄文采和特嗜儒家已不屑為的駢文，那麼受教親近於他的弟子，
應該最能清楚感受他文章格調的，且看以下幾條門弟子的品評：

> 吾師於學無所不窺，尤嗜《左傳》、《史》、《漢》三書，故風骨騰騫，
> 一掃文家蕪穢之習，臺閣體官樣文瞠乎後矣。呂賡虞識〔註140〕

> 學古而蔑古，疏矣！學古而襲古亦淺，自闢町畦，神為古會，太史
> 公所謂成一家之言者也。呂賡虞識〔註141〕

> 擷廿一史之精華出以老健之議論，不落窠臼，不涉偏鋒，此真博約
> 竭材，令人欲從末由者也。呂賡虞識〔註142〕

> 敘事古奧，深得孟堅之胰非沈家令排體可比也。呂賡虞識〔註143〕

〔註138〕潘朝陽：《臺灣儒學的傳統與現代》（臺北：國立臺灣大學出版中心，2008年
9月），頁106。

〔註139〕潘朝陽：《臺灣儒學的傳統與現代》，頁107。

〔註140〕〈諛墓辭·有序·辭不錄〉，《吳子光全書（上）·經餘雜錄》，卷12，「文辭
類」，頁726。

〔註141〕〈陽明禪學辨下〉，王國璠執行編輯：《吳子光全書（上）·經餘雜錄》，「論
辯類」，卷10，頁642。

〔註142〕〈書《後漢書·黨錮傳》後〉，王國璠執行編輯：《吳子光全書（上）·經餘
雜錄》，「書後題跋類」，卷2，頁98。

〔註143〕〈名副其實說〉，王國璠執行編輯：《吳子光全書（下）·一肚皮集》，卷9，
頁632。

吾師嘗云八家之文信難能而可貴矣，然讀古文者宜以《左氏》、《史》、
《漢》為宗，優游漸漬久之自可攀八家，非八家之文猶有可議也，
此即取法乎上僅得其中之說也。呂賡虞識〔註144〕

甘苦備嘗如飲水冷煖胸中，自知有味乎其言哉！呂賡虞識〔註145〕

奪酒杯澆壘塊，雖遇窮途仍歸到文章一路，以德璉斐，然有述作之
意，其才學足以著書，故處處不放過也。傅于天識〔註146〕

取徑于幽故深，取勢于拗故奧，須先將左國史漢諸書熟讀萬遍，始
知其古在骨，今人攀躋路絕也。呂賡虞識〔註147〕

此玉峰頂上古梅也，神韻雅淡，骨格清道，惟王半山與元遺山偶然
得之爾。呂賡年識〔註148〕

從這些評語所透露的訊息：其一、歌功頌德、粉飾太平的臺閣體式官樣文的
創作不為吳子光所喜，如「近日所謂臺閣體官樣文章者，吾無取焉。」〔註149〕；
其二、吳子光古文書寫的筆力培養來自於多元智識的吸納，尤其是史學、唐
宋古文八大家之文，和備嘗艱辛的人世閱歷；其三、從習古文作文之法、意
致，進而融會貫通，突破框式模矩，自成一家言；其四、古文風格是深奧淡
雅、骨格清道。門弟子的品評或有過褒之嫌，但足以佐證吳子光的文學生命
主調絕不會是駢文，其文學特色也不會和好尚辭藻、浮華不實、無病呻吟等
同。

吳子光「以文章視性命」，生平勠力追求的是「成一家風骨」，其言：

余少壯時不敢為考據學，謂文人之筆騰九天而入九淵飛行絕跡，惟
吾意之所欲為，若依傍他人牆壁則墮落筌蹄俗諦，又惡能成一家風

〔註144〕〈書《左氏‧叔孫穆子論三不巧傳》後〉，王國璠執行編輯：《吳子光全書(上)‧
經餘雜錄》，「書後題跋類」，卷1，頁39。
〔註145〕〈學然後知不足說〉，王國璠執行編輯：《吳子光全書(下)‧一肚皮集》，卷
9，頁625。
〔註146〕〈書《莊子》書後共三十三篇〉，王國璠執行編輯：《吳子光全書(上)‧經
餘雜錄》，「書後題跋類」，卷1，頁57。
〔註147〕〈紀番社風俗〉，王國璠執行編輯：《吳子光全書(下)‧一肚皮集》，卷17，
頁1120。
〔註148〕〈雙峰草堂記之五〉，王國璠執行編輯：《吳子光全書(下)‧一肚皮集》，卷
7，頁456。
〔註149〕〈室人陳氏六十壽文〉，王國璠執行編輯：《吳子光全書(上)‧經餘雜錄》，
「文辭類」，卷11，頁677。

骨乎？〔註150〕

為文空諸依傍，隨意之所欲為，凸顯了「獨創」是「成一家風骨」的必要條件，於是他高呼「總之，文無定體，最惡剿說雷同，平衍散漫，言之無味，聽者倦勤。」〔註151〕此外，他也在〈雙峰草堂記之九〉談到吳氏先祖多著作才名家，提出歷史上於史學、文學、藝術方面具卓著貢的先祖。從先祖隱居修德之樂，再聚焦到文章撰作要貴獨創，進一步點明學術、文章能成一家之言的條件是：「夫古人之為文也，無雷同勦說，如海傍蜃氣，所有樓臺宮闕皆在雲霧空濛中，惟其不著迹相。」〔註152〕可見文章必須有創發精神，才能顯現獨創風格，即使吸收融會前賢之長，也能貫通人我的異同，向上另翻一層，自我胸墨則必不落入雷同勦說窠臼中。

若說「獨創」是為了「能成一家言」，那麼「成一家言」的目的是為了什麼嗎？吳子光於〈寄家以讓孝廉書〉云：

> 別後情緒無聊，不得已復理故業，手不釋管，隨得隨記，……閒嘗
> 一室坐論，謂人不可以立異，惟文章則否。〔註153〕……嘻！古文之
> 學微矣，有志古學者能無于黃茅白葦中投袂而起，卓然別樹一旗幟
> 哉！將俟客囊稍充，擇日梓行，必如此乃不負造物生才人之意，而
> 儒林之事業已畢，富貴於我何加焉。〔註154〕

對吳子光來說，書寫應是一種自我療癒，把自己對人、事、物、自然宇宙的各式想望訴之文字，投射出心內幽微的世界於文字間，因為辭章情意的理發中有個我在，故能立異創新，卓然別樹一旗幟，形成一家風骨。而為不枉費造物者賦我著作之才，這些文字事業，若得生活經濟稍寬，將擇日梓印以為續古文之學命脈，至於儒林功名、富貴利達已是淡泊之事了。

吳子光深感「士有三不朽在不越功、德、言而已，苟漫無建樹僅負此蠢蠢者，旅進旅退於恒河沙數之內，雖甚富貴庸有裨乎？君子所以疾沒世而名

〔註150〕〈多文為富論〉，王國璠執行編輯：《吳子光全書（上）‧經餘雜錄》，「論辨類」，卷10，頁608。
〔註151〕〈與陳瘦嵐論古文書〉，王國璠執行編輯：《吳子光全書（下）‧一肚皮集》，卷3，頁186。
〔註152〕王國璠執行編輯：《吳子光全書（下）‧一肚皮集》，卷7，頁472。
〔註153〕〈寄家以讓孝廉書〉，王國璠執行編輯：《吳子光全書（下）‧一肚皮集》，卷3，頁125。
〔註154〕〈寄家以讓孝廉書〉，王國璠執行編輯：《吳子光全書（下）‧一肚皮集》，卷3，頁126。

不稱也。」〔註155〕，筆者深信抖落一切俗世名位秩祿的吳子光，心中掛念的
是著作能否傳世，即曹丕〈典論論文〉所言：

> 蓋文章，經國之大業，不朽之盛事。年壽有時而盡，榮樂止乎其身，
> 二者必至之常期，未若文章之無窮。是以古之作者，寄身於翰墨，
> 見意於篇籍，不假良史之辭，不託飛馳之勢，而聲名自傳於後。……
> 日月逝於上，體貌衰於下，忽然與萬物遷化，斯志士之大痛也！融
> 等已逝，唯幹著論，成一家言。〔註156〕

立言不朽之事是吳子光「文章報國」無門之下，所應然的最好選擇，他自忖：

> 余畢生數奇，強仕以前，硯田歉欠，臣朔飢欲死者數數矣。幸蔗境
> 餘甘，稍有顧虎頭風味，僅得免于飢寒耳。惟是久離桑梓，日逐逐
> 於天風海濤之鄉，迄無甯晷。……豈知余固非富貴中人乎？然則如
> 何而可，遣悶無他術，總之不出乎讀書者近是。思報國恩，獨惟文
> 章。故余于此道決不敢作一門外漢語，不惟不敢亦不暇，爰倣昔人
> 著述諸筆法，將數十年之行藏交際裒成一編，其餘遭逢願以俟諸異
> 日，特未識蒼蒼者之位置吳子處，果居何等耳。〔註157〕

吳子光人生遭際不偶，久困貧寒之中，功名難遂，惟仍讀書修身為第一，勤
奮筆耕，以文章經國，如和當代執事的書信往來中，交換意見並提出建言，
從不同角度來分析問題，謀求治道，此乃其經邦濟世之法。此外，透過文章
的書寫，思想意志也灌注之中，而其數十年的經世之學、經史之學、辭章之
學的思想著作，若得幸傳世，聲名自傳於後，接受萬世公論，人生也了無遺
憾了。是故「特未識蒼蒼者之位置吳子處」，其所自期的是一歷史的價值，「立
德立功立言為三不朽，是直以人文成就於人類歷史中的價值，代替宗教中永
生之要求，因此而加強了人的歷史地意識；以歷史的世界，代替了『彼岸』的
世界。宗教係在彼岸中擴展人之生命；而中國的傳統，則係在歷史中擴展人
之生命。」〔註158〕，此言得之。

〔註155〕〔清〕吳子光：〈避諱說中篇〉，王國璠執行編輯：《吳子光全書（下）‧一肚
　　　　皮集》，卷9，頁600。
〔註156〕曹丕：〈典論論文〉，收入〔梁〕蕭統編；張啟成，徐達等譯註：《昭明文選》
　　　　（臺北：臺灣古籍出版社，2001年3月），第7冊，卷52，頁3999。
〔註157〕〈答客問〉，王國璠執行編輯：《吳子光全書（下）‧一肚皮集》，卷2，頁97。
〔註158〕徐復觀著：《中國人性論史》（臺北：商務印書館，1999年9月），頁56。

（二）風格觀

　　如果說文學的本質即是作者對自我情感世界的抒發剖析，那麼吳子光的詩、文實然充溢飽滿的情感於其中，他是一個能同情共感，設身處地為人著想的人，其文學觀同史論一樣，「忠恕之道」是評人論事時的原則。呂賡虞言：「吾師云：『持躬宜恕，論古更宜恕。』故尚論古人每為設身處地，將底裡和盤託出，昔人謂：『文章可徵人品，觀此益信』」〔註 159〕，這意謂文章和性情、行誼存著內在連繫，即文是心聲之響，而這個意義上，吳子光的文學風格觀內涵，約可分為兩個層次，第一個層次是就文學上對古文語言、格調的效法看；第二個層次是就現實生活的型態、心態追慕言。

1. 首先，就文學上對古文語言、格調的效法看

吳子光〈讀《相經》書後〉：

> 一生以才窮、以命窮、以骨相窮者不誣矣。大抵人如其命，如其相，如其文。余相枯瘦，故文之堅瘦亦相類，風骨似窮山怪松，孤根生盤石上，雨淋雷劈，勢礧砢多，節目森森焉，可遠觀不可近玩，故無周昉畫肥習氣。然此推小品則然耳，若作長篇鴻文則萃天地風雲龍鳥為陣圖，集歐蘇曾王諸家于座上，以氣舉理，以才運腕，以學識驅策群書，能醇能肆，忽斂忽縱，偉然如商周彝器光怪陸離，雖骨董家莫名其實也；沛然如黃流落天走東海，勢挾千軍萬馬以奔赴而不得阻遏也，知此始可與言文矣。夫文豈一端可盡哉，念自勝冠伊始，學為古文，今猶望道未見，行自慚爾。嗟呼！所貴有知己者，為能鑒別於形迹之外耳，以皮相以貌取，此宋玉〈九辯〉所謂：「今之相者兮，舉肥也。」又惡足以相天下之士。〔註 160〕

此文從人的豐頤、髮色、膚色、眼神、聲音、骨架癯壯等形貌差別來判別人品氣質，而文則相應「如其命，如其相」，也就是在「所遭逢者多襤襂子與中山狼諸家。其筋骨皆勞劇之餘，其學識皆閱歷之後，其功名得自心灰蔗老之際，其品誼鍊於攻苦食淡之中。」〔註 161〕，身溺貧阨窮障之境，雖讓吳子光心生

〔註 159〕〈陽明禪學辨上〉，王國璠執行編輯：《吳子光全書（上）‧經餘雜錄》，「論辯類」，卷 10，頁 638。

〔註 160〕〈讀《相經》書後〉，王國璠執行編輯：《吳子光全書（上）‧經餘雜錄》，「書後題跋類」，卷 4，頁 205～206。

〔註 161〕〈芸閣山人別傳〉，王國璠執行編輯：《吳子光全書（下）‧一肚皮集》，卷 7，頁 337。

無限嗟嘆，但卻也豐厚其為文的情感底蘊，益奇其小品文文質的堅骨勢峻及長篇鴻文文氣的縱斂橫飛。歐陽脩於〈梅聖俞詩集序〉云：

> 予聞世謂詩人，少達而多窮，夫豈然哉！蓋世所傳詩者，多出於古窮人之辭也。凡士之蘊其所有，而不得施於世者，多喜自放於山巔水涯之外，見蟲魚草木風雲鳥獸之狀類，往往探其奇怪。內有憂思感憤之鬱積，其興於怨刺，以道羈臣寡婦之所歎，而寫人情之難言，蓋愈窮而愈工。然則非詩之能窮人，殆窮者而後工也。〔註162〕

所謂「詩窮而後工」，所指的大概就是吳子光這樣的人生際遇才能有的體悟，鬱積的憂思感憤，藉遊山巔水涯，探蟲魚草木風雲鳥獸之奇怪以擴文境，寫人情細微難言之處，因此文「工」來自於身窮，也源自創作時的心理曲折反應，如「作文最苦亦最樂，苦者一縷心精，搗幽鑿險，勢必竭才而後止，如左思〈三都賦〉門庭藩溷皆著紙筆；王維構思，走入醋甕，為文傷之說，想亦有理。夫文到神來興來之後，筆歌墨舞，顛到淋漓，稿脫而纍塊盡消矣。」〔註163〕，實已把作文情危境逼的情狀，下筆如神的暢樂狀態已描摹到盡處。「文人的遭際，無非是『窮』和『達』，達則兼濟天下，窮則獨善其身。文學，或者是『兼濟』的舟楫，或者是『獨善』的伴侶。歸納起來主要有以文為用、以文為哭和以文為戲三種態度。」〔註164〕這三種為文態度吳子光兼之，但筆者認為「以文為哭」，為慰藉者過半。

〈讀《相經》書後〉一文提及「集歐蘇曾王諸家于座上，以氣舉理，以才運腕，以學識驅策群書，能醇能肆，忽斂忽縱」，點出了吳子光學古文的效仿對象和如何運用才力以學識舖底，經緯正氣以顯理的為文之綱要。又言：「余才非東坡，而疏狂則過之，但使頑健如常，得盡出所學以問世，文章公器，異日當有感恩知己，如虞仲翔死而無憾者，遼東白豕〔註165〕之譏，吾知免夫。

〔註162〕〔宋〕歐陽修著：《歐陽修全集》（北京：中華書局，2001年3月），第2冊，《居士集》，卷43，頁612。

〔註163〕〈答客問〉，王國璠執行編輯：《吳子光全書（下）・一肚皮集》，卷2，頁100～101。

〔註164〕湯一介主編，王先霈著：《國學舉要・文卷》，頁23。

〔註165〕「伯通與耿俠遊俱起佐命，同被國恩。俠遊謙讓，屢有降挹之言；而伯通自伐，以為功高天下。往時遼東有豕，生子白頭，異而獻之，行至河東，見羣豕皆白，懷慚而還。若以子之功論於朝廷，則為遼東豕也。」，故「遼東白豕」指對見識淺薄者的譏笑。〈朱馮虞鄭周列傳第二十三〉，〔劉宋〕范曄撰；〔唐〕李賢等注；〔晉〕司馬彪補志；楊家駱主編《後漢書》（臺北：鼎文書

若富貴則非吾事也，此意惟汝玉、汝修昆季知之。」〔註166〕，文章是萬世公器非一人之禁臠，所貴者在有知己，若謂門弟呂氏汝玉、汝修昆仲是其知音，那麼吳子光就是司馬遷、韓、柳、歐、蘇、曾、王千古以下的知音，他語重心腸地說道：

> 論贊法龍門，魏晉非吾師也。記敘黜鈔胥，徐庾不足學也。忽斂忽
> 縱，忽正忽奇，忽斷忽續，忽翻空忽徵實，而《文心雕龍》五十篇
> 皆我註腳，而虞初諸志九百家與為取資。迎而距之，平心而察之，
> 有得力處，有擅場處，亦未嘗無紕繆處，文章千古事，得失寸心知，
> 老杜先得我心之所同然矣。若謂因文見道，則吾豈敢。兩晉當風流，
> 南宋尚理學，一流為放蕩，一失之迂拘，勢已積重難返，余則不夷
> 不惠，可否之間，兩廡中即無吾輩坐位庸何傷？……余遊色界天中，
> 攀之折之如漆雕開略見大意，亦未嘗煦煦孑孑墮入道學腐氣中。」
> 〔註167〕

吳子光細數學古文所師法臨摹的對象，論贊以龍門（司馬遷）為宗而遠魏晉，嚴拒一味抄襲陳言而不能自出新意之詩文，徐陵、庾信〔註168〕之宮體詩和駢賦、駢文更不足學。而「忽斂忽縱，忽正忽奇，忽斷忽續，忽翻空忽徵實」是其自忖的為文特色，自信《文心雕龍》五十篇的文學理論，皆是他詩文創作實踐的最好註腳。而為了不墮入道學腐氣中，吳子光以為培德養識的資藉在於廣博的閱讀，以之對多元書類的文質能交互融通，這是因為吳子光深感兩晉文風輕浮流蕩，宋學尚理而文多迂拘，是以對魏晉、南宋的文學敬謝不敏。因此，「不夷不惠，可否之間」這種持平守中的態度就成了吳子光學文做人的基本信仰，他自謙「學為古文，今猶望道未見。」、「若謂因文見道，則吾豈敢。」也是根源此信念。

然而不管是揣摹學習或進而新創，都必須先植根於廣泛的背景知識為基礎，即「任何理解與解釋都有賴於理解者的『前理解』，其結構有三：先行所有（人的文化背景、傳統概念、風俗習慣等），先行所見（人皆有其特定的觀

　　局，1981 年月），中國學術類編，卷三十三，頁 1139。

〔註166〕〈筱雲山莊雅集序〉，王國璠執行編輯：《吳子光全書（下）‧一肚皮集》，卷 18，頁 1197。

〔註167〕〈答客問〉，王國璠執行編輯：《吳子光全書（下）‧一肚皮集》，卷 2，頁 90 ～91。

〔註168〕庾信曾當過南朝梁蕭綱的東宮抄撰學士，吳子光以此暗諷。

點與視野，否則無法著手理解），與先行把握（人已有之觀念，前提與假設），此一前理解即是成見，是我們向世界敞開的有偏見的態度。人知道自己不可能中立，就會敞開心胸。成見與文本同化，出現視野融合，將產生新的理解。」〔註169〕，而在〈與陳瘦嵐論古文書〉中，吳子光談述到更多的古文取法對象，就是對新視野融合產生新理解的很好的詮釋，其言：

> 間嘗竊取諸家之意以立言：論辨宜拗折忌晦悶，當師蘇氏；記序宜遒勁，忌繁冗，當師柳與王；碑銘紀傳宜端莊流麗，忌平庸膚廓，當師韓與歐；書志不拘一格，其達于意理而止，當師南豐。八家有無數佳文，在人深思而自得之耳。又八家前則漢有董醇賈茂，後則元有范、楊、虞、揭，明則有劉、宋、歸、唐、吳梅村、徐天池諸家，本朝又有朱竹垞、毛西河、陳星齋、杭大宗、袁簡齋諸家，俱間氣所鐘，為韓、柳、歐、蘇畏友，卓然文苑傳中人物也，亦何代無人才乎？〔註170〕

本文所列的古文名家及其特長，可說是更詳細更多元，除了唐宋八大家在論辨、記序、碑銘紀傳、書志等文體，所擁有的拗折、遒勁、端莊流麗、達于意理之長須體會外，吳子光亦列入漢代董仲舒、賈誼；元代范梈、楊載、虞集、揭傒斯；明代宋濂、劉基、歸有光、唐順之、吳偉業、徐渭；清代朱彝尊、毛奇齡、陳兆崙、杭世駿、袁枚。自西漢到清這十七位文家，其實並不全以文鳴，如范梈、楊載、虞集、揭傒斯是元詩四大家；朱彝尊是詩人、詞人兼經學家，以《經義考》、《明詞綜》著名；毛奇齡是經學兼文學家，有《西河集》、《古文尚書冤詞》、《仲氏易》、《四書改錯》等傳世；陳兆崙為文清淡閒遠，精於六書之學，長於經義；杭世駿則長於史學及小學，工書法，著有《道古堂集》、《經籍志》、《榕城詩話》等。吳子光對古文之學能深造有得，確實得力於「博涉古文經史、諸子百家以及稗官小說」，雖說上文所臚列的古文諸家都是效法的對象，但仍有主次之分的，司馬遷、唐宋八大家是主，十七位在經史、古文、書法領域得天地英氣而生的諸家是次。

　　筆者以為這份取法的主次古文諸家名單，事實上暗藏一個中心文類和邊

〔註169〕傅佩榮：《一本就通：西方哲學史》（臺北：聯經出版公司，2012年9月），頁333。

〔註170〕〈與陳瘦嵐論古文書〉，王國璠執行編輯：《吳子光全書（下）‧一肚皮集》，卷3，頁185。

緣文類的訊息,「所謂中心文類,是指某一時期中那些文體已獲獨立,具有被主流意識形態接受或倡導的相對穩定的審美要素系統,並在創作上佔據主流地位的文類。相對于中心文類,邊緣文類則是指某一時期那些文體尚未獨立,審美要素系統尚未定型,或文體審美觀念雖然相對成熟但卻不被主流意識形態所認可的文類,以及那些創作上已經式微的文類。」〔註171〕對照吳子光當時所處的清代文壇,桐城派古文正是中心文類,賦、稗官小說則為邊緣文類,然而值得關注的是,吳子光的古文創作不跟隨當時的主流系統,而是掙脫這個主流框式,另闢一個更廣大多元且深邃的視野,賦予古文學習新的路徑,從而樹立了個人的古文大纛。誠如田啟文所言:「因為不論是清初三大家或是桐城文人,在清代散文史上都有崇高的地位,尤其是桐城古文,勢力更是龐大;更重要的是,他們的路線都是以唐宋八大家為取法對象,這與子光對八大家的推崇正相應合。然而事實卻非如此,子光所列清代古文名家,無一是清初三大家或桐城文人,這是一個相當有趣也值得注意的事情,代表子光的文學理念能自闢蹊徑,不苟隨於世俗之標準。」〔註172〕

正因不隨波逐流的勇氣和識見,吳子光曾大氣言「余才非東坡,而疎狂則過之」,即使「一生多罹憂患,惟作文則樂而忘死,蓋文章者士人之真命脈,即有權貴要津力足以貴人、賤人、生殺人,亦不能以與于吾文章之事,而擅天下之至奇者,未必不為造物之所忌,固可為知者道也。」〔註173〕,以「文章為性命」,欲以文章通造物之奇而不朽,吳子光實然展現了欲就奇人、奇氣、奇文為一的氣度,而奇文的創造,則非得有奇氣不可,即文品如人品,兩者處於動態的相應關係,如其所云:

> 韓、柳兩家文,句奇輕重,妥帖排奡,非他家所及,執筆追之,又無軌轍可尋,蓋古文縝密處易學,遒宕處難學,抑揚頓挫,變化錯綜處尤難學,難學而又不可不學。吳冠山先生謂:「駢體文難學而易工,散行文易學而難工」,亦此意也。惟深於古文者知之。」〔註174〕

〔註171〕惠鳴:〈復古觀念對文類演進的影響〉,《逢甲人文社會學報》第8期(2004年5月),頁112。

〔註172〕田啟文:〈吳子光古文理論介析〉,《古典散文研究》(臺北:五南圖書出版,2006年4月),頁138。

〔註173〕〈夢遊羅浮山記〉,王國璠執行編輯:《吳子光全書(下)·一肚皮集》,卷6,頁365~366。

〔註174〕〈答客問〉,王國璠執行編輯:《吳子光全書(下)·一肚皮集》,卷2,頁99~100。

夫就文論文則有天機清妙者，如太史公之疎蕩逍逸，陶靖節之元氣
渾淪是也；有以絢爛為工者，如閻朝隱之靚裝炫服，顏延年之錯采
鏤金是也。夫文豈一端可盡哉？〔註175〕

上述引文，詮解了韓、柳、歐、蘇諸大家為文的縝密逍宕、勁厲明暢、機神敏
妙之處。對此，清人包世臣在韓、柳、歐、蘇四家的為文特色方面，有其精闢
的論析：「退之酷嗜子雲，碑板或至不可讀，而書說健舉渾厚，宜為宗匠。子
厚勁厲無前，然時有摹擬之迹，氣傷縝密。永叔奏議忼怛明暢，得大臣之體，
翰札紆徐易直，真有德之言，而序記則為庸調。……子瞻機神敏妙，比及暮
年，心手相忘，獨立千載。」〔註176〕，是以若論古文形式，「句奇輕重，妥帖
排奡」之縝密處可學而至，但聲情、氣韻兼之的逍勁迭宕處難學。再者，文心
多變，文亦多端。天機清妙者，發露為疎蕩逍逸或元氣渾淪之氣；絢爛為工
者，表現為靚裝炫服或錯采鏤金。簡言之，從文句形式或情調氣韻要以韓、
柳、歐、蘇諸大家為師，加之心感情應文心之變，自能養氣為文成一家言。

對於文如何可以「奇」，包世臣曾從文體結構句式的奇偶分析道：「是故
討論體勢，奇偶為先，凝重多出於偶，流美多出於奇，體雖駢，必有奇以振其
氣；勢雖散，必有偶以植其骨。儀厥錯綜，致為微妙。」〔註177〕，這種由奇
偶句式所形成的凝重、流美的效果，其關鍵是利用字句聲調的變化，使文章
行間產生錯綜的節奏變化，極大化抑揚頓挫之感。吳子光是客家人，客語聲
調的變化比普通話多，又通小學，筆者臆想他對此語言聲情當是有相當的掌
握。門弟子呂賡年、呂賡虞品評其師的文章，觀其用語，多和不落俗套、逍勁
雋永的文學風格「奇」有關，如云：

傾筐倒篋出之若不經意而風骨自存，蘇子由謂：「太史公文疎蕩有奇
氣」，吾於此文亦云。呂賡年識〔註178〕

清而道，樸而老，風格絕似唐賢。呂賡年識〔註179〕

〔註175〕〈多文為富論〉，王國璠執行編輯：《吳子光全書（上）·經餘雜錄》，「論辨
　　　　類」，卷10，頁608。

〔註176〕〔清〕包世臣：〈再與楊子季書〉，《藝舟雙楫》，論文一，頁15。

〔註177〕〔清〕包世臣：〈文譜〉，《藝舟雙楫》，論文一，頁1。

〔註178〕〈讀《春秋》說〉，王國璠執行編輯：《吳子光全書（下）·一肚皮集》，卷8，
　　　　頁502。

〔註179〕〈書韓文公平淮西碑後〉，王國璠執行編輯：《吳子光全書（上）·經餘雜錄》，
　　　　「書後題跋類」，卷4，頁194。

氣體高華，詞旨溫厚，史論得此，惜不令古名儒見之。呂賡年識」
〔註180〕

借題寫照，意到筆隨，故文品高不可攀，若拘定起伏照應，如茅鹿
門所傳之法則嫌于印板矣。呂賡年識〔註181〕

撐腸拄腹，文字不止五千卷，筆力則道勁中饒雋永之味，真合盧陵
臨川為一手者也。呂賡虞識〔註182〕

此外，吳子光不僅論文以奇，被他視為「史家之流派」的小說，也以此
觀點衡之，更因接受小說的書寫，自身也留下多篇析賞小說的文章，如《經
餘雜錄》卷四「書後題跋類」：〈書聊齋志異後〉、〈書紅樓夢後‧長短共十二
條〉、〈跋元人小說‧長短共七條〉等，可知「小說」在他的眼中非不入流的
「小道」，如評《三國演義》：「今《三國演義》一種乃元人所輯，……生瑜生
亮之語皆非正史所有，然流俗深嗜之，著作家亦喜述之，述者王漁洋、徐文
長、何義門也，諸公讀書破萬卷，才學冠代，猶倦倦于此編焉，則辭非不典可
知，惜落俗套耳，捐俗套即可作紀事本末觀矣，真小說中有數文章。」〔註183〕，
在吳子光的評斷中，《三國演義》尚近實，不為誕妄之作，由於其情節舖排得
宜，故易感發人心，幾乎使得陳壽《三國志》要束之高閣，而以為《三國演
義》所述是歷史真實，這是對《三國演義》很大的讚許。不過，他認為的「捐
俗套」反而是《三國演義》成功吸引人耳目的地方，也是小說情節虛實相生
的奇處。又如評《聊齋誌異》的謀篇筆力：

生峭之色，奧衍之詞，奇而不詭於正，比之段成式《酉陽雜俎》、范
石湖《驂鸞錄》似高一籌，真小品中大手筆也。所惜遭時不偶，兀
兀成稗官一家言耳。嗟乎！鬼狐非人類也，獨懷才者相與結不解之
緣，進退而呵叱之何哉？宇宙間怪怪奇奇多匪夷所思，而一二文人
筆力足以達其所見，箋妖弔詭，遂釀為瑰奇恣肆之文，豈非史家流
派乎？〔註184〕

〔註180〕《《春秋》責備賢者說》，王國璠執行編輯：《吳子光全書（下）‧一肚皮集》，
　　　　卷8，頁514。
〔註181〕〈窮鬼說〉，王國璠執行編輯：《吳子光全書（下）‧一肚皮集》，卷9，頁589。
〔註182〕〈誨淫說〉，王國璠執行編輯：《吳子光全書（下）‧一肚皮集》，卷9，頁579。
〔註183〕〈跋元人小說〉，王國璠執行編輯：《吳子光全書（上）‧經餘雜錄》，「書後
　　　　題跋類」，卷4，頁241。
〔註184〕〈書聊齋志異後〉，王國璠執行編輯：《吳子光全書（上）‧經餘雜錄》，「書

「生峭之色，奧衍之詞」，一經「釀為瑰奇恣肆之文」後，使得《聊齋誌異》產生「奇而不詭於正」的特色。雖然吳子光同情蒲松齡的「遭時不偶」，只「兀兀成稗官一家言」，但是若小說是史家流派，亦能不朽於天地。就一定意義看，蒲松齡的懷才不遇和以《聊齋誌異》傳世，實映射吳子光內心深層立言不朽的想望，而這個想望，也有待作品的傳與不傳，和幸與不幸的差別。基於自身坎坷的遭遇，遂使吳子光對於那些有志難伸，有才難展的落魄之士，寄予無限同情的理解，也為之向世間既存的偏見澄清、辯說，如言：

> 人才各有所長，總不外兩端，一高明，一沉潛而已。沉潛之士高談心性，探索語錄家言似舍兩廡門庭別無安頓之處，此《儒林傳》中人也。高明之士嘲風弄月，抒寫性情如晉人清談之類，亦《文苑傳》中人也，不得以稗官家薄之。蓋小品中固多大手筆存焉，若以委巷讕言為小說則謬矣。〔註185〕

蒲松齡是高明之士，其《聊齋誌異》更是小品中的大手筆，《文苑傳》理當留一位置，而不應以鄙陋淺薄不實的言談視之。但就小說獨立的文學價值言，吳子光以「小說是史家流派」的認知，「正體現了明清人最常用的『補史』和『道德』兩種小說接受觀念的要旨。明清小說接受上的『補史』觀念的淵源可上溯到漢代。班固對『小說家』的看法中已流露出對『小說』的『補史』之用的認識。」〔註186〕，而「『補史』和『道德』的小說接受觀念固然為古典小說中寫實品格的樹立做出了貢獻，但它們共同的反『造作』、『添造』特色卻使小說發展悖離了早期的『傳奇』色彩，向史退化，成為道德宣教的工具，更有不少小說因道德教化的關係屢屢遭禁。這些無疑都是中國古典小說文類演進的特色。」〔註187〕

　　總體而言，好奇尚異是吳子光鮮明的文學風格，而構成此種文學「奇」風格的內涵，包括了奇地、奇景〔註188〕、奇人、奇氣、奇筆和奇文等要素，

後題跋類」，卷4，頁248。

〔註185〕〈書《紅樓夢》後〉，王國璠執行編輯：《吳子光全書（上）・經餘雜錄》，「書後題跋類」，卷4，頁254～255。

〔註186〕惠鳴：〈復古觀念對文類演進的影響〉，頁117。

〔註187〕惠鳴：〈復古觀念對文類演進的影響〉，頁118。

〔註188〕「竊臺灣風景奇絕於古無聞，《蓉州文稿》言臺灣海中番島，……今海內名勝多矣，然殘山賸水數見不鮮。……夫以臺地之奇如此，賴有大手筆者出而管領之，奪山川精氣以成一家風骨。」〈寄徐次岳孝廉書〉，王國璠執行編輯：《吳子光全書（下）・一肚皮集》，卷3，頁160。

奇地、奇景是所遇的外在之境，奇人、奇氣則從稟賦、性情和磨礪而來，奇筆
和奇文則是融貫通達內外之境後的文學表現，以成一家風骨為理想。吳子光
「深於古文之學」的「深」是在拋諸功利富貴之後而能「趨於古而無摹古之
迹」，其〈文集後序〉云：

> 今夫宇宙間物，莫大於海亦莫奇於海，其波浪接天，萬怪惶惑，颿
> 檣駭飛，瞬息千里地，文之渾雄奇傑似之；其春和景明，紫瀾不驚，
> 順風揚帆，水天一色也，文之紆徐淡蕩似之。不啻惟是，文之理通
> 於琴，愔愔琴德，其聲清越以長，令躁心人無從領解，吾取之師之；
> 文之心參於禪，一絲不掛，虛空如蓮花，不著水，是最上乘，是無
> 等等呪，吾師之資之。夫惟兼此數者而後足以言文，文奇由筆奇，
> 甚矣！文人不可無筆也，四海多文士，唯獨往獨來於數千百載之上
> 下，氣味色澤趨於古而無摹古之迹，可稱一代著作才者，實寥寥無
> 幾人。余之文則得力於客路而多成於憂傷憔悴、悲歌感慨之餘，雖
> 筆端頗有奇氣而微涉右北平音，惡覩所謂和聲鳴盛者乎？嗟乎，造
> 物忌才之說，史冊中確有明徵，文章報國之英，韓、歐外未易數覯，
> 予何人！斯敢以古之立言者自期許也，惟是賣文為活，總被虛名所
> 累，獨刀筆吏文字則寧餓死不屑為，阿齡雖飢，弗餐陶粟，此志也，
> 天日為昭矣。〔註189〕

〈文集後序〉是一篇詳述影響創作內外條件的文章，以海瀾起伏、琴音短長、
參禪悟空等象喻為文之法，是對奇筆和奇文如何資藉奇地、奇景、奇人、奇
氣之助，更深一層的賅要提點，若能兼通此數種為文之法，文心自可獨往來
天地間，成為一代著作才，本文實可視為吳子光談文章之創作及個人才學積
累通變的總綱。

　　2. 次者，就現實生活的型態、心態追慕言

　　吳子光在古文學習、創作上顯現了「奇」的文學風格，但就現實生活的
型態上，他所追慕的是陶淵明那樣簡樸清淡的生活方式。如〈答芷香居士書〉
曰：

> 今歲山人重事舌耕，力殊憊，幸小子狂狷，斐然多進取才，吾道為
> 不孤矣。……山人亦生貧而無詔，自成陶靖節沖淡家數，室無百金

〔註189〕〈文集後序〉，王國璠執行編輯：《吳子光全書（下）‧一肚皮集》，卷18，頁
　　　　1149～1150。

之蓄，泊如也。抗心希古時賢不足，取八家不足，取之《史》、《漢》先秦諸子以樹其骨而屬其氣，舉從前月露風雲之體，悉摒棄之務盡而後已。久之，而冗者、道碎者警；又久之，而徑路絕風雲通，於是文章益奇，……。邇來，囊橐益貧文益富，諸集編纂垂成，行將授梓，……入史館而操著作之權更可惜。〔註190〕

文中吳子光欣慰弟子多才且能進取傳師道，也自嘆才、學、識兼具，但未遇伯樂，否則入史館，操著作權柄必能大展長才。今即使不遇知音，又身窮家貧，但稍感安慰的是「文窮而後工」，已有煌煌巨著即將出版。吳子光以聖賢為追步典範，並輔之唐、宋八大家之文，不足則再取《史》、《漢》先秦諸子之文以樹立風骨，磨礪文氣，擺落盡棄從前風雲月露之體，回歸陶靖節式的家居與沖淡質樸之文心。其於《小草拾遺·募建貓裡文祠疏》更自剖道：「光粵嶠儒生，吳兢苗裔，趍〔註191〕丁年而作客，蠲剛日以讀經。筆底閒情，隻字挾風霜之氣；山中小草，畢生甘樗櫟之才。追丰骨于淵明，秫稻消除塵世事。」〔註192〕吳子光 24 歲移居臺灣，生平所遇多昧事理與忘恩負義之輩，四處奔忙以課徒為業，雖身窮家貧，但也在攻苦食淡的生活中體悟甚多，其平時幽居時的「筆底閒情」，無不挾藏世事風霜之氣。陶淵明的歸園田居，是大隱真隱，也是吳子光晚年所追慕的生活型態，其言「夫人非仕則學，非讀則耕，今擬用古賢帶經而鋤事例，率妻子躬耕以為食，暇則與二、三老農問雨課晴，雙柑斗酒，往聽童兒樵蘇聲、牧牛兒揚鞭叱犢聲、布穀兒割麥插禾聲，一洗箏琶俗耳，雖非天際真人，亦去羲皇上人不遠矣。」〔註193〕，正表露這樣質樸閒適生活情調的嚮往，是故追淵明之丰骨於秫稻農勞中，塵世事擾自能漸消除，離山中遠志的心境不遠矣。他心目陶淵明的形象，其〈書陶淵明〈歸去來辭〉後〉有云：

潛固恬淡君子，琴書自樂，獨不仕於晉而仕於宋為可異耳。夫斗米折腰之事俗矣，陶公則化俗為雅，遂作官場佳話。督郵至縣，頤指氣使，其目中曷嘗見有小吏耶？孰意千載下，人知有小吏，不知有

〔註190〕〈答芷香居士書〉，王國璠執行編輯：《吳子光全書（下）·一肚皮集》，卷3，頁119～120。

〔註191〕同「趁」字。

〔註192〕〈募建貓裡文祠疏〉，王國璠執行編輯：《吳子光全書（上）·小草拾遺》，原書未標頁碼。

〔註193〕〈答客問〉，王國璠執行編輯：《吳子光全書（下）·一肚皮集》，頁97～98。

> 尊官，可見士樹立貴有真耳。……總之，陶公一生讀書不知有章句，
>
> 飲酒無所為主客，故多虛空游衍之文。〔註194〕

自謙「畢生甘樗櫟之才」，免除剛日讀經的吳子光，確實和青壯時期積極用心於世，欲以文章報國的他，讓吾人看到其心境實質變化的軌跡。評陶公為恬淡君子，以琴書自樂，更將斗米折腰之事「化俗為雅」，以此不夷不惠之行、自由無礙之心，文自恣意縱遊，這也是吳子光為文所企羨的最高境界。呂賡虞在〈書陶淵明〈歸去來辭〉後〉文後評點曰：「吾師追踪淵明，故現身說法，言之親切有味如此。」〔註195〕，實一言中的，精準道出吳子光晚年的心境寫照。

〔註194〕〈書陶淵明〈歸去來辭〉後〉，王國璠執行編輯：《吳子光全書（上）·經餘雜錄》，「書後題跋類」，卷2，頁101～102。

〔註195〕〈書陶淵明〈歸去來辭〉後〉，王國璠執行編輯：《吳子光全書（上）·經餘雜錄》，「書後題跋類」，卷2，頁102。